国学新读本

王安石集

张富祥 李玉诚 注说

河南大学出版社

国学新读本编辑委员会

总策划　马小泉

主　编　李振宏

编　委　(以姓氏笔画为序)

马小泉　王　健　朱绍侯　刘小敏

李中华　李振宏　苏凤捷　何晓明

张云鹏　张富祥　宋会群　杨天宇

杨寄林　杨朝明　赵国华　郑慧生

姜建设　袁喜生　曹　峰　曹础基

曾振宇　戚良德　龚留柱　熊铁基

目　录

序 …………………………………… 李振宏（ 1 ）
《王安石集》通说 ……………………………………（ 1 ）
　一　王安石的生平和著述 …………………………（ 1 ）
　二　王安石变法的成功与失败 ……………………（ 10 ）
　三　"三不足"精神与王安石的政治理念 …………（ 21 ）
　四　王安石"新学"的成就和他的字学 ……………（ 33 ）
　五　王安石的文学：散文和诗歌 ……………………（ 45 ）
　六　英雄身后："长悲事业典型间" …………………（ 52 ）
　七　关于本选集的几点说明 ………………………（ 60 ）
《王安石集》简注 ………………………………………（ 64 ）
　甲集　书疏、奏状 …………………………………（ 64 ）
　　上仁宗皇帝言事书 ………………………………（ 64 ）
　　上时政疏 …………………………………………（ 89 ）
　　进戒疏 ……………………………………………（ 91 ）
　　辞集贤校理状四 …………………………………（ 93 ）
　乙集　札子 …………………………………………（ 98 ）
　　拟上殿札子 ………………………………………（ 98 ）

上五事札子………………………………………………（101）
论馆职札子………………………………………………（104）
本朝百年无事札子………………………………………（109）
相度牧马所举薛向札子…………………………………（113）
乞改科条制札子…………………………………………（115）
进《字说》札子……………………………………………（116）
论改《诗义》札子…………………………………………（117）
答手诏言改《经义》事札子九月十一日…………………（117）
改撰《诗义序》札子………………………………………（118）
乞解机务札子……………………………………………（119）
答手诏令就职札子………………………………………（120）

丙集　外制、表………………………………………（121）
翰林学士除三司使制……………………………………（121）
诫励诸道转运使经画财利宽恤民力制…………………（122）
百寮贺复熙河路表………………………………………（123）
诏进所著文字谢表………………………………………（125）
进《熙宁编敕》表…………………………………………（126）
进《字说》表………………………………………………（128）
进《洪范》表………………………………………………（130）

丁集　论议（上）……………………………………（132）
看详《杂议》………………………………………………（132）
详定十二事议……………………………………………（141）
《易》泛论…………………………………………………（142）
卦名解……………………………………………………（148）
谏官论……………………………………………………（154）
伯夷………………………………………………………（157）
三圣人……………………………………………………（159）

周公 …………………………………………… (161)

子贡 …………………………………………… (162)

扬、孟 ………………………………………… (164)

材论 …………………………………………… (166)

命解 …………………………………………… (169)

对疑 …………………………………………… (170)

戊集　论议(下) ……………………………… (173)

《洪范》传 …………………………………… (173)

《易》象论解 ………………………………… (196)

《周南》诗次解 ……………………………… (201)

礼论 …………………………………………… (202)

礼乐论 ………………………………………… (203)

九变而赏罚可言 ……………………………… (210)

王霸 …………………………………………… (212)

性情 …………………………………………… (214)

季子 …………………………………………… (215)

荀卿 …………………………………………… (217)

杨、墨 ………………………………………… (219)

老子 …………………………………………… (220)

庄周上 ………………………………………… (221)

庄周下 ………………………………………… (223)

原性 …………………………………………… (224)

性说 …………………………………………… (226)

太古 …………………………………………… (228)

原教 …………………………………………… (228)

原过 …………………………………………… (230)

取材 …………………………………………… (231)

兴贤 …………………………………………… (233)

委任 …………………………………………… (234)

知人 …………………………………………… (237)

风俗 …………………………………………… (238)

推命对 ………………………………………… (240)

汴说 …………………………………………… (241)

己集　杂著 …………………………………… (244)

议茶法 ………………………………………… (244)

茶商十二说 …………………………………… (245)

乞制置三司条例 ……………………………… (249)

先大夫述 ……………………………………… (250)

先大夫集序 …………………………………… (254)

题王逢原讲《孟子》后 ……………………… (255)

伤仲永 ………………………………………… (256)

《同学》一首别子固 ………………………… (257)

读《孟尝君传》 ……………………………… (258)

读《柳宗元传》 ……………………………… (258)

读《江南录》 ………………………………… (259)

书《李文公集》后 …………………………… (260)

书《洪范传》后 ……………………………… (261)

题张忠定书 …………………………………… (263)

庚集　书、启 ………………………………… (264)

答韩求仁书 …………………………………… (264)

答龚深父书 …………………………………… (270)

再答龚深父《论语》《孟子》书 …………… (271)

答王深甫书 …………………………………… (273)

答韶州张殿丞书 ……………………………… (277)

答司马谏议书……………………………………(279)

答曾公立书……………………………………(280)

与王子醇书四…………………………………(281)

与赵卨书………………………………………(284)

回苏子瞻简……………………………………(285)

答曾子固书……………………………………(286)

上相府书………………………………………(287)

上执政书………………………………………(288)

上欧阳永叔书…………………………………(290)

与刘原父书……………………………………(291)

与王逢原书……………………………………(292)

上杜学士言开河书……………………………(294)

答段缝书………………………………………(295)

答姚辟书………………………………………(297)

与祖择之书……………………………………(298)

免参政上两府启………………………………(299)

罢相出镇回谢启………………………………(300)

除宰相上两府大王免启二……………………(300)

辛集　记、序………………………………………(302)

虔州学记………………………………………(302)

桂州新城记……………………………………(305)

繁昌县学记……………………………………(308)

芝阁记…………………………………………(309)

余姚县海塘记…………………………………(310)

鄞县经游记……………………………………(312)

游褒禅山记……………………………………(313)

慈溪县学记……………………………………(315)

《周礼义》序 …………………………………………（318）

《诗义》序 ……………………………………………（319）

《书义》序 ……………………………………………（320）

《熙宁字说》序 ………………………………………（321）

《新秦集》序 …………………………………………（322）

《老杜诗后集》序 ……………………………………（323）

《唐百家诗选》序 ……………………………………（323）

《灵谷诗》序 …………………………………………（324）

送陈升之序 ……………………………………………（325）

送孙正之序 ……………………………………………（326）

送胡叔才序 ……………………………………………（327）

参考书目 …………………………………………………（329）

序

最近一些年来,一股"国学热"的思潮强劲涌动,在文化学界以至于整个社会上,引起了强烈反响。为什么在这样一个社会的大变革时代,在从传统社会向现代社会的转型期,最为传统的国学,却能引起国人的极大兴趣,这的确是一个值得思考和研究的问题。

"国学"作为一个学术文化概念,产生于近代。从渊源上讲,"国学"概念的产生,与"国粹"有些关联,并且是从对抗西学侵入的角度提出来的。今天,中华民族早已是一个独立于世界民族之林的自立自强的民族,全球经济一体化所带来的世界文化的汇合与交融,也早已是历史发展的必然趋势,而在这样的历史大势中,却会有"国学热"的产生,乍一看来,确有不可思议之处。但实际上,国学的当代走红,则与我们今天所处的历史时代有着一定的关系。

随着改革开放的迅速推进,随着市场经济的强劲发展,传统道德受到了强烈冲击,传统文化与现代文化观念的碰撞也日益强烈。于是,如何看待传统文化的问题,就严峻地提到了国人的面前。传统文化的出路何在,它从何而来,要走向何方,如何对之进行价值重估,一切关心文化问题、有着强烈历史责任感的人们,无不把关注的目光投向中国的传统学术。当然,也不排除一些对改革开放和市场经济所带来的冲击无法理解和接受,对现代经济发展对传统道德的亵渎强烈抗议的人们，自然而然地发出向传统文化复归而倡导国学的呼声。总之，不论是出于积极的思考，还是抱着一种向后看的心态，对国学的重视则成了最近十多年来一种普遍的文化选择。

于是，对待"国学热"就需要有一个分析的态度。对于任何一个民族的发展来说，传统文化都是其牢固的根基，是其一切历史的出发点，摒弃传统、甚至全盘否定传统文化，都是幼稚可笑的，不可取的。但一遇到问题就求助于传统，甚至一味狂热地提倡向传统复归，也是走不通的，过去那句常说的"倒退是没有出路的"话，虽说不是什么至理名言，却也还是有些道理的。这些年来，一些地方出现的中小学生、甚至幼儿园小朋友的读经热，就是一种值得注意的倾向。国学，毕竟是一种学术，需要有一定的文化基础，有一定的分析批判能力，才能对之进行识读、鉴别而决定其取舍。所以，严格地说，对于国学，尤其是经学，在当代中国，需要的是研究以及在此基础上的批判继承，而不是再像传统社会中那样采取唱诗班的方式，对青少年一代进行无分析地灌输。因此，如何弘扬传统文化，就是一个需要思考的问题。

正是基于以上考虑，为着弘扬优秀传统文化的需要，也为着对社会上盲目崇尚读经的风气有所引导，我们组织了这套"国学新读本"丛书，选择一些在中国传统文化中影响较大的国学典籍，对之进行简明扼要的注释，然后在读本前边，用较大篇幅解读该典籍的基本思想文化内涵，评述其在中国文化史上的地位和影响，并对如何阅读该典籍做出读书方法上的引导。通过这样一个较为翔实的导读内容，以批判分析的态度，给青年人的国学典籍阅读提供一个健康的思想导向。根据这样的宗旨，这套丛书，在大的结构上，每本都分为"通说"和"简注"两个部分，"通说"是导读的性质，"简注"在于疏通文字，希望这样的安排，能够为青年朋友和一般社会读者提供一个国学入门的向导。果能如此,也就实现了撰著者和出版者的愿望。

国学所以是国学,就在于它是我们祖国优秀民族文化和民族精神的载体。在这些国学典籍中,包含着民族文化的基因,蕴藏着民族精神的范型。衷心期待这套丛书能够成为广大读者学习国学精华、体认民族精神、继承祖国优秀文化遗产的良师益友。

李振宏

2008年2月28日

《王安石集》通说

宋哲宗元祐元年四月初六(公元 1086 年 5 月 21 日),曾在政坛上叱咤风云的重量级人物王安石在重镇江宁(今江苏南京)溘然长逝,享年 66 岁。当时哲宗虽曾照例"辍视朝"以示哀悼,又命地方应付丧事,但这位逝者的丧礼还是冷清而凄凉的。未几,诗人张舜民作《哀王荆公》七绝四首,其一、三两首云:

门前无爵罢张罗,玄酒生刍亦不多。恸哭一声唯有弟,故时宾客合如何!

去来夫子本无情,奇字新经志不成。今日江湖从学者,人人讳道是门生。

看来人情淡薄,丧事简朴,祭品没有多少,张罗其事的也只是他的两个弟弟王安礼、王安上,他生前遍天下的门生故吏、宾客知交竟都唯恐避之而不及了。世态之炎凉也真令人唏嘘!

一 王安石的生平和著述

王安石,初字介卿,后易字介甫,北宋抚州临川县城盐埠岭(今江西抚州市临川区邓家巷)人。但他并不在故籍地出生,宋真宗天禧五年十一月十二日(公元 1021 年 12 月 18 日),他出生于父亲王益为判官厅公事的江南西路临江军治所(今江西宜春市所辖樟树市临江镇)。小名獾儿,为王益后妻吴夫人长子,另有前母所生二兄及同母弟四人。

王益,初字损之,后易字舜良,真宗大中祥符八年(1015)进士。初仕为建安(今福建建瓯)主簿,转临江军判官,出领新淦县(今江西新干),改大理寺丞知庐陵县(今江西吉安),又改殿中丞知新繁县(今四川新繁)。后以太常博士、尚书都官员外郎知韶州(今广东韶关),丁父忧去职。服除,通判江宁府,于仁宗宝元二年(1039)在任去世,年46,赠工部郎中,即葬于江宁蒋山(即钟山,今紫金山)。王安石早年一直跟随游宦四方的父亲长养和生活,很少回故籍,但也曾随父亲到过京城开封。据他后来所说,其父为官仅以俸禄养家,是从来不曾添置家产的,以致当父亲去世时,"内外数十口,无田园以托一日之命"。其时王安石还不满18周岁,从此即因父亲的最后任所安家于江宁。

《宋史·王安石传》说:"安石少好读书,一过目终身不忘。其属文动笔如飞,初若不经意,既成,见者皆服其精妙。"这话不免有些夸张,但可见他少年老成,才华早有显露,名动士林。后来他在回顾旧事的《忆昨诗》中,曾对年青时"乘闲弄笔戏春色,脱略不省旁人讥"的"自负"表示追悔,又自述到他父亲莅任江宁府通判时,才忽然领悟到"男儿少壮不树立,挟此穷老将安归",于是"吟哦图书谢庆吊,坐室寂寞生伊威,材疏命贱不自揣,欲与稷、契遐相希",立志追踪古贤人,以大事业自期。

仁宗庆历二年(1042),王安石举进士,以第四名中榜,授签书淮南判官,成为当时名臣、扬州地方长官韩琦的一名幕僚。相传他在扬州,常读书达旦,稍微打个盹儿,或来不及洗漱,即匆匆上府办公。这其实是他终生的一种文化性格:起居饮食从不讲究,穿戴不修边幅,日常唯嗜书而已,至老手不释卷。他读书广博,不限于经、史、文学，在他给知心好友曾巩的书信中，便曾坦承"某自百家诸子之书，至于《难经》《素问》《本草》、诸小说无所不读，农夫、女工无所不问"，晚年还据儒家的立场多读佛经。另外一种性格，便是他为人亮直，恬然自守，交游重廉隅，砥砺文行，自主求知，从不依附名流以为进身之阶。

庆历七年（1047），王安石为淮南判官任期届满，不走朝廷规定的可以献文求试馆职的路子，自求为基层官吏，遂奉命调知鄞县（今浙江宁波鄞州区）。在鄞县任上，他鉴于旧时营田废去，当地常发生旱灾，于是发动民力"大浚治川渠"，"起堤堰，决陂塘，为水陆之利"，以抗旱兴农。又在当春青黄不接之时，借贷县府存粮给农民以救荒，约定在秋收之后加薄息偿还，邑人称便，并为之立祠陀山下。此举成为他后来执政时推行青苗法的最早试验。

自鄞县期满卸任后，王安石约有两年时间等待任命新职，其间曾休假回临川。其《书陈祈兄弟屋壁》诗谓"千里归来倦宦身，欲寻田宅豫求邻"，似乎表明他曾欲移家于故土。皇祐三年（1051），他迁任舒州通判（治今安徽潜山县城梅城镇）。方欲就任，宰相文彦博"荐安石恬退，乞不次进用，以激奔竞之风"，朝廷命召试馆职。安石以"家贫口众，难住京师"为由，上章辞召试，曾有《舒州被召试不赴偶书》诗云："戴盆难与望天兼，自笑虚名亦自嫌。槁壤太牢俱有味，可能蚯蚓独清廉。"至和元年（1054），朝廷诏予以在京差遣，欧阳修又荐其为群牧判官，他仍力辞，经欧阳修劝说才勉强就职。次年特授集贤校理，安石又固辞不拜。

嘉祐元年（1056）十二月，王安石奉命提点开封府界诸县镇公事。二年秋擢常州知州，三年二月转提点江南东路刑狱（治今江西鄱阳），当年十月入为三司度支判官，上万言书极陈当世之务（即后来被称为变法纲领的《上仁宗皇帝言事书》）。四年五月诏令直集贤院，安石犹累辞乃拜。五年四月命同修起居注，不拜；十一月再除,仍辞之累日。史载仁宗命阁门吏携敕书就三司授之,安石避之于厕所,吏人置敕书于案上径去,安石追还之,朝廷终不能夺其志。盖安石不欲以文士自鸣,故屡辞号称清要的馆职,虽以道进退,而声名益高。下至嘉祐六年六月,仁宗下诏直除王安石为知制诰,安石又辞,至七、八月乃不得已而受之,从此遂不复辞官。

嘉祐八年(1063)三月仁宗去世,四月英宗即位。是年八月王安石丧母,自京师归葬于江宁,居家服丧。治平二年(1065)服除,诏复为知制诰,安石因疾未即赴阙。四年正月英宗去世,神宗即位,闰三月即除安石知江宁府,数月后又召为翰林学士兼侍讲,安石亦皆未莅任。这期间他在家讲学,后来一些著名的学者即出于其时他的门下。

神宗即位时还不满19岁,血气方刚,决意励精图治。这位年轻的皇帝还在藩邸时,即喜读《韩非子》,倾心于法家的"富国强兵"之术;又以久闻王安石盛名而"想见其人",并对他在《上仁宗皇帝言事书》中的理财治国思想赞赏有加,于是在熙宁元年(1068)四月,特诏翰林学士王安石越次入对。史载神宗问安石"为治所先",安石答以"择术为先",鼓励神宗推诚选材,"法尧、舜"而致治,并说:"尧、舜之道至简而不烦,至要而不迂,至易而不难,但末世学者不能通知,以为高不可及尔。"二年二月,神宗即拜王安石为参知政事,以副宰相的身份全面主政,议行新法。针对时人以为安石"但知经术,不晓世务"的怀疑,安石反驳说:"经术正所以经世务,但后世所谓儒者大抵皆庸人,故世俗皆以为经术不可施于世务尔。"又就改革大计回答神宗:"变风俗,立法度,正方今之所急也。"由此拉开了变法的序幕。

历史上所称的王安石变法,主要发生在熙宁二年至七年(1069—1074)间。这时他在神宗的大力支持下,相继出台一系列变法措施,主要过程如下:

二年二月，设立制置三司条例司，既以为统筹国家财政的最高实权机关，又以为谋划和推行新法的中枢。四月，遣使考察诸路农田、水利、赋役。五月，安石上《进戒疏》，勉励神宗深戒声色，明理择材，"自爱以成德，而自强以赴功"。七月，立淮、浙、江、湖六路均输法。九月，颁青苗法，在京东、淮南、河北三路试行。十月，筑陕西绥德城，始措置宋夏边境兵事。十一月，颁农田水利约束。十二月，为起用年富力强的变法人才，增加三京留司、御史台、国子监官员名额及管理道教宫观的闲职，以安置卿、监、监司、知州等年老当退的官员。

三年正月，诏诸路发放青苗钱，禁止强行摊派。三月，殿试进士，罢诗、赋、论，仅考策问一道。十二月，立保甲法。是月，王安石升格为礼部侍郎同中书门下平章事，与韩绛并为宰相。

四年正月，从安石之请，诏鬻天下广惠仓田，为河北三路及京东常平仓本。二月，科举罢诗赋及明经诸科，以经义、论、策取士。八月，置洮河安抚司，令王韶主持招纳蕃部、边境贸易及募人营田等事。十月，罢差役法，颁布募役法。是月，立太学三舍法。

五年三月，诏出内藏库钱帛，选官于京师置市易务。五月，诏以古渭寨为通远军（今甘肃陇西），以王韶兼知军，行教阅法。是月，行保马法。八月，颁方田均税法。十月，置熙河路，以王韶为熙河路都总管、经略安抚使兼知熙州。

六年二月，王韶复河州（今甘肃临夏）。三月，设经义局，撰《三经新义》，吕惠卿兼修撰，王雱兼同修撰。七月，颁行免行法。九月，诏兴修水利。

七年三月，行方田法。四月，诏置疏浚黄河司。

以上变法措施涉及财经、政治、军事等各个方面，集中于熙宁初年，此后相继展开。变法的准备工作事实上是极其仓促的，从王安石入对到执掌朝政，前后还不到一年的时间。在这样短的时间内，有关变法的舆论宣传和具体的推行计划还不大可能做得周到而细密。因此变法从一开始，就引起轩然大波，震动朝野上下，受到反对势力的激烈反弹和抵制。有鉴于仁宗朝庆历新政失败的教训，王安石一面特别以加薪的宫观官安置守旧官僚，让他们不降低待遇而赋闲，以求减轻变法的阻力；一面大力汲引新进，提拔有才干的年轻人进入关键岗位，以便建立起可靠的变法队伍。这样的措施无疑是有效的，但因变法的实质触动皇室及中上级官僚、地方豪强和高利贷者的利益，有限度的人事变动并不能从根本上解除反对派的武装，变法过程中既不能吸引反对派的精英人才加入变法队伍，新生代变法人才的引进反而成为反对派的口实。由此而逐渐形成以司马光为代表的反对派阵营，进而扩展到宫廷内部的分歧。驯至熙宁七年前后，太皇太后和皇太后（神宗祖母和生母）便公开出面干涉，指责王安石"变乱天下"。这自然会连及神宗，以致神宗惶惑不安，在祖母面前痛哭流涕。在内外交迫之下，初欲大有为的神宗对王安石的任用也发生动摇，不得不同意罢其相位。起先神宗还想让王安石以帝王师傅的身份留居京师，以便随时顾问，因安石坚执求去，神宗不得已，遂于熙宁七年四月，命安石以吏部尚书、观文殿大学士的名义出知江宁府，变法亦因此告一段落。

王安石初罢相，推荐韩绛代替自己的位置，又擢变法的中坚人物吕惠卿为参知政事，以作韩绛的助手。当年六月，安石回到江宁，新法仍然推行着，反对派因称韩绛为"传法沙门"，吕惠卿为"护法善神"。由于当朝皇帝的威信不可挑战，反对派虽对现实状况不满意，一时却也不敢怎么样。相传安石既去，吕惠卿觊觎宰相的位置，怕安石再相，于是"凡可以害安石者，无所不用其智"，而表面上却与韩绛屡次请求神宗再召回王安石。这类传言恐怕只是出于反对派的揣测，实际情况大概是安石去后，保守势力抬头，吕惠卿不得不权衡利弊，对变法措施作些调整，必要时也作些让步。变法派内部的分化是不可避免的,失势的变法人士转向对立面的情形也不是没有,但多数还是就具体问题总结变法的负面教训。鉴于吕惠卿实际上难以担当先前王安石的角色,一时的纷争也无从弥缝,神宗于熙宁八年二月,又恢复安石的相位,使其重新主持变法,安石亦随即赴阙。同年六月,为辅助变法而修撰的《三经新义》了毕,朝廷推恩,安石又以吏部尚书平章事加职为左仆射兼门下侍郎。

王安石从罢相到复相,相隔不过10个月,而再相后已如同物是人非。首先是变法的主力吕惠卿、曾布、吕嘉问等人屡起争端,已不再是先前的志同道合,安石夹杂其间,在外人看来亦不免有被倾轧之嫌;或说其平日肘腋已尽去,人才的使用和政令的通达也都成问题。更为要害的是神宗对王安石的态度大不如前,凡安石提议之事多不从,安石甚至慨叹连皇上的五分听从也不可得。可以想见的状况是神宗遇挫而灰心,对变法的推进已无先前的热情,当然对王安石也不再言听计从。如此心有过节,王安石的态度也开始消极起来,身体稍有不适即托病不事事,以致久而神宗亦生厌。熙宁九年(1076)六月,安石因爱子王雱病卒而大为忧伤,疾病多起,遂屡求解除机务。十月,诏罢安石为镇南军节度使同平章事判江宁府,从此结束了他的政治生涯。

王安石回到江宁后,屡辞使相身份,朝廷不许,于熙宁十年六月诏以使相改除集禧观使。元丰元年(1078)正月,复拜右仆射观文殿大学士,特授开府仪同三司,封舒国公,享受大藩知府的添支待遇。三年九月,换特进,改封荆国公,从此而有荆公的敬称。

元丰八年(1085)三月,哲宗即位,诏王安石以特进为司空。又次年四月卒,赠守太傅。其赠太傅敕书出于苏轼手笔,略云:"朕式观古初,灼见天意,将有非常之大事,必生希世之异人,使其名高一时,学贯千载,智足以达其道,辩足以行其言,瑰玮之文足以藻饰万物,卓绝之行足以风动四方,用能于期岁之间,靡然变天下之俗。

故观文殿大学士守司空集禧观使王安石,少学孔、孟,晚师瞿、聃,网罗六艺之遗文,断以己意;糠粃百家之陈迹,作新斯人;属熙宁之有为,冠群贤而首用,信任之笃,古今所无。方需功业之成,遽起山林之兴,浮云何有,脱屣如遗!屡争席于渔樵,不乱群于麋鹿,进退之际,雍容可观。朕方临御之初,哀疚罔极,乃眷三朝之老,邈在大江之南,究观规模,想见风采;岂谓告终之问,在予谅闇之中,胡不百年,为之一涕!"其词感情深挚,潇洒惬当,寥寥排比,概括荆公一生,可说句句是名文。至于所称是否有他意,现在也不好推测了。

王安石晚年居钟山谢公墩,去山、距城适相半,故自号"半山老人",佚事多多。据说他每日骑驴外出,行无所止,或纵步山间,或扣卧佛寺,时亦访问农家,论学书院,而居、行、坐、卧手不离书。也有野史说他"每日只在书院读书,时时以手抚床而叹,人莫喻其意",可见他身处江湖,仍心系朝廷,从未忘怀政治。他在退居江宁的第六个年头所作的《六年》诗也曾写道:

六年湖海老侵寻,千里归来一寸心。西望国门搔短发,九天宫阙五云深。

借此亦可想见他退居后还时时抚床而叹的心情。又有一则故事说,他自称只以高僧雪峰禅师的"这老尝为众生作什么"一语做宰相,也切切反映出他从来居官从政只为天下百姓着想的心迹。

王安石平生以儒家经术立身,以政事治平为己任,著述丰博。其专门著作偏重于经学而兼及子学,其中影响最大的是《三经新义》,有关情况我们将在后面讨论他的"新学"时再作介绍。其诗文杂著则总汇于他的传世文集中,现存有《临川文集》和《王文公文集》两种版本,为时下研究王安石的主要资料依据。此外,《宋史·艺文志》还录有王安石的《熙宁奏对》78卷,又有《舒王日录》12卷。二者其实是一部书,又称《熙宁奏对日录》,或简称《熙宁日录》、《日录》,原是他在熙宁年间主政时与神宗皇帝的谈话记录,出于私记,在他去世后流出,被整理成书。所记本有很高的史料价值,哲宗绍圣时曾被用于改修《神宗实录》,后因变法反对派的攻击而渐次散佚,宋人著作中尚多引之。

《宋史·艺文志》又有题名王安石撰的《南郊式》110卷、《熙宁详定编敕等》25卷及《新编续降并叙法条贯》1卷。这几种书都是名义上由宰相主持的朝廷文件的编修与结集,并非是王安石本人的著作。

王安石还编过两种诗歌选本,一为《唐百家诗选》20卷,一为《四家诗选》10卷。《临川文集》中还收有《唐百家诗选》的短序,说明此本是他在任职群牧判官期间,由大藏书家宋敏求所提供的百余种唐人诗集中选编的,而谓"废日力于此,良可悔也",又谓"虽然,欲知唐诗者观此足矣"。此书如今尚有传本,共录唐诗104家、1262首,但其选例颇为特别,诸如李白、杜甫、韩愈、王维、韦应物、元稹、白居易、刘禹锡、柳宗元、孟郊、张籍等名家的作品皆不见收,由此引起后人的许多争议。《四家诗选》已佚,原是专收杜甫、韩愈、欧阳修、李白四家诗的选本,而以李白置后,序次亦特别,宋人或谓编者乃"第其质文以为先后之序"。《宋史·艺文志》与这两种选本一起著录的,还有王安石的《建康酬唱诗》1卷、《送朱寿昌诗》3卷,均未详其源流。而据他的《〈老杜诗后集〉序》,他还做过收集杜甫佚诗的工作。

王安石晚年倾心于佛学,时亦有撰述,见于宋人著录的有《维摩诘经注》3卷、《金刚经注》1卷、《楞严经解》10卷、《华严经解》1卷。《王文公文集》中有《进二经札子》,指的是前两种注本,而以札子进献朝廷,亦可见其撰述的郑重其事。诸书如今都已不存,时下学者于《楞严经解》有辑佚。

二 王安石变法的成功与失败

王安石变法上距北宋建国百余年，是因乘本朝政治演进与社会发展的历史形势而兴起的，最直接的目的在于扭转当时政治运作中的因循守旧作风，以期改变皇朝国家"积贫积弱"的困难局面。

北宋建立后，在太祖时期先后灭荆南、后蜀、南汉、南唐、吴越等政权，太宗即位后又灭北汉，虽亦称完成了统一，但这个统一还是很不完整的。太祖原想赎买契丹族占据的燕云十六州，后来落空；太宗雍熙北伐，屡次失败，到真宗时更有宋、辽"澶渊之盟"，宋答应每年输送银、绢给辽，从此南北对峙的局面稳定下来。西北方面，党项族拓跋氏所建立的夏王朝长期与宋、辽并峙，北宋屡攻屡败，也无善计消除威胁。另外还有云南的大理政权，也不在宋皇朝的控制之下。这样说来，北宋的政治版图就是相当有限的，集中于汉民族居住的地区。这虽然也导致汉文化的高度凝聚，在有限的版图中迅速恢复和发展，多方面的成就容易凸显起来，但在整体上缺乏汉、唐时代的开阔气象，政令的实施也因之显得局促，所以士大夫阶层总存着一种高度的忧患意识。

宋惩盛唐之后及五代时期的军阀割据之弊，实行重文轻武的国策，剥离武将的兵权，用文臣主军事，政权、军权、财权、人事权都集中于中央。主管军事的枢密院虽名义上与中央政府对掌大政，而武臣平时亦不领兵，禁军集中于首都周围，调兵权一归于皇帝；地方则以厢兵、乡兵等维持秩序，尽毁原有的城郭，以防止为聚众造反者所用。地方上的主管官员都是由中央任命的，县一级也要求在中央备案。中央主管财政的三司（盐铁、度支、户部机构合称），地位仅亚于政府、枢密院，其首脑号称"计相"，也直接听命于皇帝。这些都是为加强集权政治所采取的措施。不过皇权的稳定有个过程,宋初太祖的"杯酒释兵权"是举措之一,而到太宗弑兄登极后,皇统的传承又一度成为问题。真宗时大搞所谓"天书"的迷信活动,根子仍在皇统的内部转移。下至仁宗时,也因皇帝自身的软弱,宰相的权力增大,形成集体的操纵,始成为皇权稳定的基础。因此重稳定而付出的代价是主政者力求"安静",一切谨守"祖宗之法",凡事不敢越出于太祖、太宗既定的格局和规范,皆以成例处置,人有建明即谓之"生事"。于是因循既久,国家治理缺乏活力,在种种难题层出不穷的情境之下,便不可避免地造成"积贫积弱"的局面。

所谓"积贫",主要是就中央财政而言的。据实言之,北宋前期百余年间,经济总量还是不断提升的,但后来中央财政总是入不敷出,时时捉襟见肘。宋人以此归咎于"冗兵"、"冗官"和"冗费",即数目庞大、与日俱增却节省不下来的军费开支、政府开销和官员俸禄及皇室开支等其他费用。这些其实大要与不完整的统一有关,因为边境的防守与军费的开支是最为沉重的负担,经常占到国家赋税收入的十之七八。所谓"积弱",在宋人的心理上也是指对辽、夏的一味退让和委曲求全而言的,而其根源仍在国家实力的虚脱状态。

财经和军事上的"积贫积弱",无疑会加剧国家的盘剥,由此又导致社会下层民众处于更加困苦不堪的境地。宋朝建立伊始,即采取"不立田制"、"不抑兼并"的政策,纵容豪右势力肆意兼并土地,而赋税制度仍然沿用唐代后期以来的两税法,按亩征税,此外还有名目繁多的各种苛捐杂税和徭役。宋代统治者对"不抑兼并"有一种解释,认为"富室连我阡陌,为国守财尔",一旦民众造反或外敌入侵,"兼并之财乐于输纳",皆可为国家所用,所以"税赋不增,元元无愁叹之声,兵卒安于州郡,民庶安于田间,外之租税足以赡军,内之甲兵足以护民,城郭与乡村相资,无内外之患"。这完全是为苛敛暴政开脱的言论,因为"官户"和"形势户"享有诸多免税和免役的特权,转移和逃避赋税的手段更是不可胜数,繁重的赋税和差役负担最终要落到无权无势的中小土地主和广大自耕农的头上。肥田沃土皆为豪右所占,流民至无所归,民众的抗争因此"一年多如一年,一伙强如一伙",社会矛盾不断加剧。

仁宗庆历年间,以风节著称的范仲淹集合一批精英人物,首次对当朝的疲沓政治下猛药。他提出了10条新政措施,包括明黜陟、抑侥幸、精贡举、择官长、均公田、厚农桑、修武备、减徭役、覃(延)恩信、重命令,核心是整顿吏治。这场变革表面上看来首先触及的是士大夫阶层,特别是高级官僚的既得利益,但实质上是要对传统的政府体制进行外科手术式的整治。结果是体制难变,牵一发而动全身,庆历新政昙花一现,不数月即归于失败,朝廷政治很快又恢复到因循守旧的原状。

范仲淹的《答手诏条陈十事》曾说:"我国家革五代之乱,富有四海,垂八十年,纲纪制度日削月侵,官壅于下,民困于外,夷人骄盛,寇盗横炽,不可不更张以救之。"这是变革思潮所以涌起的现实背景。庆历新政失败后,这一思潮并未消歇。北宋末马永卿所编的《元城语录》记载刘安世之言也曾指出:"天下之法,未有无弊者。祖宗以来,以忠厚仁慈治天下,至于嘉祐末年,天下之事似乎舒缓,委靡不振,当时士大夫亦自厌之,多有文字论列。"嘉祐间王安石的《上仁宗皇帝言事书》,仍是直承范仲淹革新的精神气骨的,中心意思是说,当今"天下之财力日以困穷,而风俗日以衰坏","患在不知法度",不能"法先王之政";又强调"法先王"要法其意,鉴前代之乱亡,惩"苟且因循之祸",陶冶人才,"改易更革",以"合于当世之变"。他的《上时政疏》也谈到,"因循苟且,逸豫而无为,可以侥幸一时,而不可以旷日持久",当朝亟应汲汲乎"以至诚询考而众建贤才,以至诚讲求而大明法度"。后来他在《本朝百年无事札子》中,对当时政弊的揭露尤为详悉:

> 本朝累世因循末俗之弊，而无亲友群臣之议。人君朝夕与处不过宦官女子，出而视事又不过有司之细故，未尝如古大有为之君，与学士大夫讨论先王之法以措之天下也。一切因任自然之理势，而精神之运有所不加，名实之间有所不察。君子非不见贵，然小人亦得厕其间；正论非不见容，然邪说亦有时而用。以诗赋记诵求天下之士，而无学校养成之法；以科名资历叙朝廷之位，而无官司课试之方。监司无检察之人，守将非选择之吏，转徙之亟既难于考绩，而游谈之众因得以乱真。交私养望者多得显官，独立营职者或见排沮，故上下偷惰，取容而已，虽有能者在职，亦无以异于庸人。农民坏于徭役，当代而未尝特见救恤，又不为之设官，以修其水土之利。兵士杂于疲老，而未尝申敕训练，又不为之择将，而久其疆场之权。宿卫则聚卒伍无赖之人，而未有以变五代姑息羁縻之俗。宗室则无教训选举之实，而未有以合先王亲疏隆杀之宜。其于理财，大抵无法，故虽俭约而民不富，虽忧勤而国不强。赖非强敌昌炽之时，又无尧汤水旱之变，故天下无事，过于百年，虽曰人事，亦天助也。

这些已是王安石变法开始时的话语，可见从庆历新政到熙宁变法虽又捱过20余年，而忧患日深的政治局面并无改观，变法的呼声因此又重新高涨起来。

南宋朱熹曾一语点破王安石变法的机缘："熙宁更法，亦是势当如此。"他还指出，神宗即位富于春秋，"见两蕃（辽、夏）不服及朝廷、州县多舒缓，不及汉唐全盛时，每与大臣论议，有怫然不悦之色"，遂欲"改革法度"。又从君臣际遇的角度说："神宗聪明绝人，与群臣说话，往往领略不去，才与介甫说，便有于吾言无所不说的意思，所以君臣相得甚欢。"又说："仁宗朝是甚次第时节，国势却如此缓弱，事多不理。英宗即位，已自有性气要改作，但以圣躬多病，不久晏驾,所以当时谥之曰英。神宗继之,性气越紧,尤欲更新之。便是天下事难得恰好,却又撞着介甫出来承当。"这些话都不是为肯定王安石变法才说的,但也是对造成变法之"势"的一种必然性的诠释。

王安石变法的最重要的侧面是理财政策与财经新法的实施,主要有下列各项:

(1) 均输法。这是为供应京城皇室及百官的消费物资,而又为避免商人囤积所采取的措施。具体的做法是在淮、浙、江、湖的六路设置发运使,使预知京城的库存量和需求量,按照"徙贵就贱,用近易远"的原则,尽可能在年景丰收和物价较低的生产地区,从便征收或采购可以"变易蓄买"的物资,以待上供;非生产地区则改交税款,不强征实物。目的是"稍收轻重敛散之权归之公上而制其有无",以求"便转输,省劳费,去重敛,宽农民,庶几国用可足,民财不匮"。

(2) 青苗法。又称常平新法,规定以各路用于调节粮价、储粮备荒的常平仓、广惠仓所积存的钱谷为本,于每年的正月和五月份两期,由农民按自愿原则向官府借贷以利生产,待收获后随夏、秋两税加息十分之二或十分之三,归还谷物或现钱。目的是"赈贫乏,抑兼并,广积蓄,以备百姓凶荒",使农民在新陈不接之际,不致受到"兼并之家"高利贷的盘剥,以便能够"赴时趋事",尽力耕播。此法还附带一些借贷和还贷的具体规定,在变法过程中争议最多。反对者的口实,一是认为国家放贷取利,从伦理上说为"鄙事","甚非圣人之意";二是认为富民或被迫与贫民结保请贷,无异于是"夺富民之利",或说是"破富民以惠贫民"。这类口实明显是在保护财力雄厚的上等户私放高利贷的权利。

(3) 农田水利法。这是为有效利用可耕田和兴修水利颁布的条约式法令,包括开垦荒田、修造良田、疏浚沟渠、建立堤防、加筑灌溉工程等，用工用料均由当地民户按户等高下分摊。若工役浩大、民力不能给者，许依青苗钱例，向官府借贷，分两期或三期还息一分；系官钱不足者，许州县劝谕有物力人家出钱借贷，官为催理其利息；若一州一县不能胜任，可联合若干州县共同办理。此法成效显著，史载熙宁二年至九年间，各地兴修水利10793处，受益民田达361100余顷，受益官田也有1910余顷。其中黄河的治理是一大工程，王安石为堵塞当时黄河泛滥北流的河道及疏通东流的故道和支派，曾付出巨大的努力。

（4）募役法。又称免役法，即废除原来按户等轮流充当州县差役的办法，改由州县官府出钱雇人应役。雇役所需的经费，由乡村五等户中不再服役的上四等户按户等分摊，称为"免役钱"；原先无差役负担的女户、单丁户、未成丁户、僧道户和城市十等户中的上五等户，也要缴纳半数的役钱，称为"助役钱"。官绅形势户不再享有免役的特权，也一律按户等或田产数量减半缴纳助役钱。免役钱之外，还多取二分，称为"免役宽剩钱"，储存起来以备荒年之用，届时则不再征收免役钱。此法可使农民从劳役中解脱出来，保证劳动时间，促进生产的发展；同时也增加了政府的财政收入，并可削减杂役人数和支出。反对者最为不满的是"品官之家"，过去都免役，现在却使"衣冠之人与编户齐役"，自公卿以下皆不得免。他们替豪右说话的立场也是显而易见的。

（5）市易法。这是为控制市场物价所采取的措施，目的是"通有无，权贵贱，以平物价，所以抑兼并"。其始，是由政府出资一百万贯，在京师设立专门机构市易务，在平价时收购商贩滞销的货物，待市场缺货时再卖出；同时向商贩发放贷款，以财产作抵押，五人以上互保，每年纳息二分。后来在全国许多大城市及重要市镇设立了市易务，都隶属于由京师市易务改称的都提举市易司。与市易法相关的免行法，规定各行商铺依据赢利的多寡，每月向市易务交纳免行钱,不再轮流以实物或人力供应官府。反对派也曾以"徒损大国之体,只敛小民之怨"为由攻击市易法,但此法增加政府财政收入的成效显著,到熙宁末,所得息钱和市例钱(商业附加税)差不多已相当于夏秋两税所得现钱的总数。

(6)方田均税法。由司农寺制定,即丈量土地与调整赋税的措施。规定每年九月由知县主持丈量土地,按土地肥瘠程度定为五等,以土地数目和等级为依据,分别确定税收比例。此法要害是清查大土地所有者的"隐产漏税",但阻力重重,未能全面彻底地推行。

王安石变法的上述理财措施,以增加国家财政收入为主导思想,总体上是限制大土地所有者和特权阶层的利益的。他的基本理念是"善理财者,不加赋而国用足",即主要通过发展生产来增加税收,而并不加重农民的负担。反对者限于自身的立场,始终不承认这个道理,如司马光曾说:"天下安有此理!天地所生财货百物,不在民则在官,彼设法夺民,其害乃甚于加赋。"照他的看法,天下财富有恒数,不在这口袋即在那口袋,国家既要增加税收,又岂能不"夺民"?这其实是钻牛角,不知变通有道。王安石因此曾批评司马光"外托劘(谏)上之名,内怀附下之实,所言尽害政之事"。后来朱熹也曾议论说:"温公忠直,而于事不甚通晓。如争役法,七八年间直是争此一事,他只说不合令民出钱,其实不知民自便之。此是有甚大事,却如何舍命争?"朱熹还谈到,当王安石酝酿变法时,原是与朝臣共谋的,其中有许多人,如苏轼、程颐等,亦不以为变法不是,只是后来见人情汹汹,才转而成为反对派。这中间变法措施的不圆满不是关键,关键是变法威胁到既得利益集团的利益。

王安石变法在社会治安方面颁行的是《畿县保甲条制》,即保甲法。所谓保甲法,是由先前的耆长制演变而来的,其基本组织体制是乡村居民每5家为1保,5保为1大保,10大保为1都保,保长、大保长、都保长都从主户中选拔,以有才干心力及本保范围内物力最高的一人充任,都保还有两名都副保正。所辖主户、客户,凡有两丁以上的选一人为保丁,大保逐夜轮差五人,在保内往来巡警,遇治安事件有赏罚。逃移户、死绝户、外来户都要报知县府,外来户收入保甲,不满五户者并入别保。保丁平时耕种,闲时要接受军事训练,战时便征召入伍。这些都是为维持社会治安、防止农民反抗所采取的措施,并借以节省军费。

王安石变法的军事改革是与保甲制度有联系的。按他的设想,保丁可以训练为民兵,待其素质提高,即使之免税、出兵役,以取代专用于维护地方社会治安的巡检官所统辖的士兵,"使与募兵相参,则可以消募兵骄志,省养兵之费,事渐可以复古"。他的本意是想借鉴古代兵农合一的经验,以征兵制度取代募兵制度,从根本上解决宋代因豢养百余万雇佣兵而造成的财政困难。但北宋自建国以来所奉行的"养兵"政策本难骤革,统治者又一向严禁民间习武,因此王安石的设想最终没有付诸实施。

宋代雇佣兵到北宋中叶,已骄惰腐朽,不堪征战。王安石变法时曾整顿禁军及厢军,拣汰老弱,规定士兵至50岁必须退役;同时测试士兵,禁军不合格者改为厢军,厢军不合格者改为民籍。另外重点实行了以下几项新法:

(1)将兵法。又称置将法,即废除北宋初年定立的更戍法,改变因"将不得专其兵"而造成的"兵不知将,将不知兵"的状况,将各路驻军分为若干单位,统隶禁旅,各为选派有作战经验和能力的将官专门负责军事训练,以提高军队素质。最初在开封府界及河北、京东、京西诸路置37将,元丰中增至总天下92将,各将都有副将1人,唯东南兵3000人以下不置副将。

(2)保马法。全称义勇保甲养马法,也称保甲养马法,是为革除官养战马之弊及节省费用而采取的措施。内容是鼓励西北沿边诸路及开封府界的保甲、社团民户代养官马,凡是自愿养马的,由官府供给马匹，或官府出钱由民户购买，每户一匹，富户可两匹，总数有限额。养马户可免除一些租赋附加税，或加给草料钱。每年一次检查所养马匹的状况，有病死者要赔偿。三等以上户以10户为一保，四等以下户以10户为一社，保户马死由保户独偿，社户马死由社人半偿。平日用马，除"袭逐盗贼"外，禁止乘越三百里以上。后来此法推广到各路。

（3）军器法。将原先掌管军器制造等事务的三司下属机构胄案分出，仿唐制专置军器监，负责监督制造兵器及相关军品，并招募工匠，致力于兵器改良。

熙宁变法时在军事方面所采取的最大行动是河湟之役。先是熙宁初，曾采访边事的基层官员王韶诣阙上《平戎策》，提出要制服西夏，首先要收复河湟地区（今甘肃临夏至青海乐都一带），即他所称说的"断西夏右臂"。这一主张受到神宗的赞赏，王安石更力排众议，强力支持，遂令王韶在西北边境经营。熙宁四年（1071）春夏间，王韶先后招抚青唐（今青海西宁）一带羌人，内附者达数十万口。五年秋，他出兵攻武胜（今甘肃临洮），败诸部，筑城堡，即以其地建临洮军，又改称熙州，创设熙河路，以为进军的基地。六年春，遂进取河州（今甘肃临夏），逼使当地部族首领木征败逃，继又平定归附羌人的反叛。其秋，又接连攻占与收复宕、岷、叠、洮诸州（今甘肃宕昌、岷县、迭部、临潭），招抚羌民30万帐。七年秋冬之际，因木征乘机复围河州，王韶又批亢捣虚，率兵直趋定羌城（今甘肃广和），出其不意，连破河州外围诸部族，切断木征与西夏的通路，木征被迫率80余部出降。河湟战役拓地2000余里，成为北宋建国80余年间所取得的最大一次军事胜利，当时曾为变法派赢得很高的声誉。特别是市易法，最早即由王韶在西北边境创始施行，后为王安石所采纳。

王安石变法体现在文化事业上，最突出的是围绕三舍法（又称三舍考选法或三舍选察升补法)所进行的学校与贡举制度改革。王安石一向强调"欲一道德则修学校,欲修学校则贡举法不可不变",认为只重诗赋和专求记诵的科举办法是"败坏人才",科举"宜先除去声病偶对之文,使学者得专意经术"。为此他建议创立了率先在太学实行的三舍法,大致框架是将太学生分为上舍、内舍、外舍三等,生员经补试(招生考试)初入学者为外舍生,分斋研读,随讲官各习一经,然后依次升补内舍、上舍。初定外舍不限名额,内舍200人,上舍100人;元丰二年(1079)颁布学令,定置太学共80斋,每斋30人,凡外舍生2000人,内舍生增为300人,上舍生仍为100人。同时增加学官人数,补贴费用开支,并增拨学田、房屋税钱及有息贷款等充实太学经费。学生的培养注重品学兼优,外舍生初入学即由斋长逐月记录其品行和学艺,季终送学谕考核,再依次交学录、学正、博士考核,最后由太学长官考核,年终总评其高下,综合校定其分数。学艺考核有私试、公试和舍试。私试指外舍生日常学习的测验性考试,由太学长官自行出题,每月举行一次,孟月试经义,仲月试论,季月试策,成绩造册登记,为年终总评的主要指标之一。公试指外舍升内舍的考试,由朝廷降敕差官主考,每年举行一次(一般在二、三月间举行),初场试经义,次场试论、策,成绩入第一、第二等的,参考其平日品行和学艺的校定分数,按名额升补内舍。舍试指内舍升上舍的考试,又称上舍试,凡已校定分数的内舍生皆可参加,为标准的国家考试,每两年举行一次,试卷封弥和誊录等皆与科举的礼部试相同,太学学官不得参与。上舍又分上、中、下三等,校定分数和舍试成绩两优的内舍生补上舍上等,直接取旨释褐授官,分数最多者为状元;一优一平者补上舍中等,免礼部试,以俟殿试;两平或一优一否(不及平)者补上舍下等,免解试,以俟礼部试。三舍法的实行意在以平日考核来取代科举考试,因此科考新法亦罢诗赋、帖经,只考经义、论、策,有时还只考时务策。此外,王安石变法时还新设立明法科,专考律令和断案知识,以培养实用人才,并以待诸科不能业进士者。仁宗时一度创办而寻即中辍的武学,这时也重新设立,以百人为额。三舍法成效显著,后来推广到各类学校,直到南宋时还在不断完善。

王安石变法涉及一代制度的方方面面,气魄雄大,阻力也巨大。这场改革运动和历史上的许多变革一样,是成功与失败交织的。从变法的初衷和实效方面来说,王安石顺应时代潮流而大刀阔斧地进行改革,对于促进社会经济的发展,增加国家的财政收入,增强国力,抵御外侮,缓解北宋积贫积弱的局面,赋予社会运作以新的活力,都有着积极的作用,不能因为反对派的抵制和后来的失败,就说变法完全没有成功。即使退一步说,变法能够排除万难,陆续推行开来,就已经是一种成功。在王安石退出权力中心以后,各项变法措施事实上仍然大体被继续实行着,直到神宗去世以前并未发生根本性的变动。这也说明变法自有其社会基础,不但在财政领域,在军事、文化等领域也显示其有效性。

但到神宗去世后,年幼的哲宗即位,宣仁太后(神宗之母)临朝,即开始一反熙宁、元丰之政,致力于恢复祖宗旧制。元祐元年(1086),旧党领袖人物司马光及吕公著等被召回主政,乃全面反攻倒算,仅数月间即将熙、丰新法废除略尽,史称"元祐更化"。这种不问青红皂白的做法是有些荒唐的,新法实行将近20年,有许多具体措施是便民利民的,奈何不计较利害短长,一朝即尽行废去!当时连曾经反对王安石变法的苏轼也看不下去,力争不得,以致愤称固执的司马光为"司马牛"。如免役法,苏轼就认为大要是切实可行的,且社会适应既久,连这也要罢掉,实在不近情理。他甚至直言自己当初对王安石变法虽耿耿于怀,而"辄守偏见","所言差谬,少有中理者"。其实持此种意见的不止于苏轼,如当时大臣吕大防、范纯仁、李常等,也都以为"免役法不可轻改"。

《宋名臣言行录后集》引《厄史》说:"公在金陵,闻朝廷变其法,夷然不以为意。及闻罢役法,愕然失声曰:'亦罢至此乎!'良久,曰:'此法终不可罢!安石与先帝议之两年乃行,无不曲尽。'后果如其言。"这是说免役法的推行本来就难,而司马光等人罢之亦难。事实是此法被仓促罢废后,在许多地方仍然被继续推行着,旧时差役法的恢复反而又造成新的烦扰。直到南宋中叶,倪思的《经锄堂杂志》还曾言及:"新法若雇役,至今用之,东南为便,不见其害。"

元祐间守旧势力对熙、丰新法的全面否定,自然象征着王安石变法的失败,但多是意气用事,举措不典。他们不仅要从制度上全部抹除王安石变法的痕迹,而且还篡改神宗朝史官的原始记录,按自己的意志重修《神宗实录》,这也是极不尊重历史的做法。更不可思议的是,他们还以"安边息民"为由,否定熙宁年间对西夏作战的胜利成果,把当时所攻取的葭芦、米脂、浮屠、安疆四城寨又还给了西夏。而政治上更为严重的后果是,"元祐更化"党同伐异,以台谏官为鹰犬,对新法的拥护者一律加以排斥、打击,导致旧党与新党之争的大爆发,同时旧党内部也分裂出多个派系,使北宋党争达到巅峰。朝廷由此陷入党争的泥沼而不可拔,在某种程度上也不能不说已为北宋亡国的结局埋下了引线。

三 "三不足"精神与王安石的政治理念

熙宁三年(1070)三月下旬,宋廷为召试李清臣等人为馆职,命翰林学士院出试题。时为翰林学士的司马光拟进策问一道,先引《诗》《书》之文,称"王者造次动静未尝不考察天心而严畏之"、"三代嗣王未有不遵禹、汤、文、武之法而能为政者"、"与众同欲则令无不行、功无不成",下又云:

今之论者或曰:"天地与人了不相关,薄食震摇皆有常数,不足畏忌；祖宗之法未必尽善，可革则革，不足循守；庸人之情喜因循而惮改为，可与乐成，难与虑始，纷纭之议，不足听采。"意者古今异宜，《诗》《书》陈迹，不可尽信邪？将圣人之言，深微高远，非常人所能知，先儒之解或未得其旨邪？愿闻所以辨之。

这道策问是针对王安石初掌大政时的"三不足"言论拟定的，进呈后即被神宗否定，第二天贴纸批出，令"别出策目试清臣等"。

《续资治通鉴长编纪事本末》载录其日王安石上朝，与神宗有如下对话：

上谕安石曰："闻有三不足之说否？"安石曰："不闻。"上曰："陈荐言外人云，今朝廷以为天变不足惧，人言不足恤，祖宗之法不足守。昨学士院进试馆职策，专指此三事，此是何理？朝廷亦何尝有此！已令别作策问矣。"安石曰："陛下躬亲庶政，无流连之乐、荒亡之行，每事唯恐伤民，此即是惧天变。陛下询纳人言，无小大，唯言之从，岂是不恤人言？然人言固有不足恤者，苟当于义理，则人言何足恤？故《传》称'礼义不愆，何恤于人言'；郑庄公以'人之多言，亦可畏'矣。故小不忍致大乱，乃诗人所刺，则以人言为不足恤，未过也。至于祖宗之法不足守，则固当如此。且仁宗在位四十年，凡数次修敕，若法一定，子孙当世世守之，则祖宗何故屡自变改？今议者以为祖宗之法皆可守，然祖宗用人，皆不以次。今陛下试如此，则彼异论者必更纷纷。"

"三不足"之说，后人一般引称"天变不足畏，人言不足恤，祖宗之法不足守"，或称"天变不足畏，祖宗不足法，人言不足恤"。看王安石对神宗的回答，他先前似乎并未正式提出过"三不足"的口号，故谓"未闻"，他的现存文字中也未见有这样明确的表述。也许"三不足"的概念只是司马光根据其时王安石的辩驳之言概括来的，而王安石的答问也并未直接加以否定，大概他在变法之初确曾有过类似的言论。《宋史·王安石传》说："安石性强忮,遇事无可否,自信所见,执意不回。至议变法,而在廷交执不可,安石传经义,出己意,辩论辄数百言,众不能诎。甚者谓天变不足畏,祖宗不足法,人言不足恤,罢黜中外老成人几尽,多用门下儇慧少年。"这些话出自宋人后来重修的神宗实录、国史,秉承的是元祐党人的观念,已不是实事求是的评价。后世多照抄照转,至谓王安石倡"三不足"之说乃"万世罪人",也不过是人云亦云的"溢恶"之言。

"不畏天"命题的概括和风传,可能与熙宁二年(1069)二月再次入相的大僚富弼有关系。《宋史·富弼传》载:"时有为帝言灾异皆天数,非关人事得失所致者,弼闻而叹曰:'人君所畏惟天,若不畏天,何事不可为者！此必奸人欲进邪说,以摇上心,使辅拂谏争之臣无所施其力。是治乱之机,不可以不速救。'即上书数千言力论之。"其言指责"今中外之务渐有更张,大抵小人惟喜生事",保守的立场非常鲜明。未几,他又借久旱而有雨之事,上疏劝神宗"益畏天戒,远奸佞,近忠良"。其时王安石初参大政,"用事雅不与弼合",所以富弼的攻击不遗余力。"不畏天"之说既由富弼以上书的形式发难,又由司马光借策试的机会散播,于是一时在朝臣中风传。不过严格说来,在中国传统思想文化中,"畏天"是天人合一意义上的一种观念形态,"不畏天"实指不惧天灾异祸,则是人事处理上的一种精神状态,二者并不完全是等价的概念,笼统地把"天变不足畏"改换成"不畏天"未见得能够钳制人之口。

中国传统文化以"敬天法祖"为要义中的要义,"天命"思想起源极早。在统治者的宣传中,"天命"思想往往成为"皇权神授"的翻版,在今已不足为训；但在天人合一的认识论上,所谓"畏天"也有尊重自然、顺从自然规律的意义。自先秦以来,中国古籍中有关"畏天显"、"畏天命"、"畏天戒"、"畏天威"的论说连篇累牍,通常是两种倾向并存的,但主要地应从后一种意义上去理解。在王安石的现存论述中也多有这类词汇,如他的《本朝百年无事札子》中即提到"仰畏天,俯畏人",《赐韩琦乞致仕不允诏》中也提到"惟畏天命,亦惟闵民",《复仇解》中亦谈及"克己以畏天心",《贾魏公神道碑》中又谈及"畏天威,爱人力"。这些实质上都是强调人事的,所谓"畏天"不过是一种泛化的语称,用以代指自然规律与人事规律,并不涉及宗教观念上的超自然、超社会力量。

亘古先民惑于奇异的自然现象,统治者或因"神道设教"而谓之"天谴"。然先秦荀子的《天论》已谓星坠木鸣、日月有蚀、风雨不时之类,不过是"天地之变、阴阳之化、物之罕至者","怪之可也,而畏之非也","政平"则灾异并起亦"无伤","政险"则灾异不至亦"无益"。西汉董仲舒发挥"天谴"之说,构造出系统的"天人感应"理论,纯就天人之际的认知言之,实是中国思想史上的一股逆流,东汉王充的《论衡》即多驳之,明言"天动气"并不能"以应政治"。唐代柳宗元的《天说》更断言:"天地大果蓏也,元气大痈痔也,阴阳大草木也,其乌能赏功而罚祸乎?功者自功,祸者自祸,欲望其赏罚者大谬,呼而怨、欲望其哀且仁者愈大谬矣。"宋初学者或承其说,径谓"人自人,天自天,天人不相与,断然以行乎大中之道,行之则有福,异之则有祸,非由感应也"(《徂徕集·与范十三奉礼书》)。王安石的看法大抵亦如此,其《洪范传》有云:

> 然则世之言灾异者非乎?曰:人君固辅相天地,以理万物者也。天地万物不得其常,则恐惧修省,固亦其宜也。今或以为天有是变,必由我有是罪以致之;或以为灾异自天事耳,何豫于我?我知修人事而已。盖由前之说,则蔽而葸;由后之说,则固而怠。不蔽不葸、不固不怠者,亦以天变为己惧,不曰天之有某变必以我为某事而至也,亦以天下之正理考吾之失而已矣。此亦"念用庶征"之意也。

这些话是用来重新解释《尚书·洪范》篇的"念用庶征"的。自董仲舒以来，历代学者解释该篇所述的"休咎之征"，率称雨、旸、燠、寒、风等自然现象的吉凶皆为人君行事之验。王安石不相信这类说法，认为天变并非取决于人事，并强调若从旧说，将使人蔽于知天知人而畏葸不前，其讲解最为合理。晁公武的《郡斋读书志》曾概括说："安石以刘向、董仲舒、伏生明灾异为蔽，而别著此《传》，以'庶征'所谓'若'者不当训顺，当训如人君之五事，如天之雨、旸、寒、燠、风而已。大意言天人不相干，虽有变异，不足畏也。"

王安石谈灾异，主流思想是以为"天变不足畏"。不过在这里，他同时强调了人君遇灾异则当"恐惧修省"，"以天变为己惧"。这似乎与"天变不足畏"的思想相矛盾，但他显然不认为人君对于天变即可听而不闻、视而不见、漠不关心，正当因天变而戒惧戒慎，加修人事，"以天下之正理考吾之失"，防止固蔽怠惰。这与前述他对神宗所说的"无流连之乐、荒亡之行，每事唯恐伤民，此即是惧天变"还是一个意思，所谓"惧天变"实与"天变不足畏"相反相成。盖有惧有不惧，方能"不蔽不葸、不固不怠"，"辅相天地，以理万物"。

北宋学者对天人关系的理解主于"天人合一"，多不赞成柳宗元的"天人相分"观念。如石介认为"言人而遗乎天，言天而遗乎人，未尽天人之道"。欧阳修提出"圣人不绝天于人，亦不以天参人"，强调"人事"中即有"天意"，尽人事、顺人心即是"奉天"。同时学者张载的《正蒙》也说，儒者"因明致诚，因诚致明，故天人合一，致学而可以成圣，得天而未始遗人"。这是古代儒学史上首次明确提及"天人合一"的命题。王安石在其《九变而赏罚可言》一文中也谈到：

> 古之言道德所自出而不属之天者，未之有也。……后世则不然，仰而视之曰：彼苍苍而大者何也？其去吾不知其几千万里，是岂能如我何哉？吾为吾之所为而已，安取彼？于是遂弃道德，离仁义，略分守，慢形名，忽因任而忘原省，直信吾之

是非，而加人以赏罚，于是天下始大乱，而寡弱者号无告。其文是借鉴庄子的"九变"说而讨论社会治理之道的自然秩序和规律的，透露出来的思想倾向还是道德形名等皆基于"天人合一"，亦不主张完全以天人相分离。他在《推命对》一文中又曾申述说，人生"贵若贱"是"天所为"，"贤不肖"则在"吾所为"，"天人之道合，则贤者贵、不肖者贱；天人之道悖，则贤者贱而不肖者贵"；"天人之道悖合相半，则贤不肖或贵或贱"。这类话语在今天看来已不见得都合适，但他的基本理念还是反对贵贱贫富皆由命中注定的迷信说法，主张积极的人生是"修身以俟命，守道以任时"，非是听任"天命"的摆布。因此他在《对难》一文中又强调："圣人不言命，教人以尽乎人事而已。"《二程遗书》载有程氏弟子对王安石所说"尧行天道以治人，舜行人道以事天"的疑问，程颐的答辞谓"介甫自不识道字，道未始有天人之别"；然南宋黄伦的《尚书精义·总论》引张氏曰："所性者天也，修为者人也。尧行天道以治人，故典（《尧典》）之所载者天也；舜行人道以奉天，故典（《舜典》）之所载者皆人也。语其至，则天也、人也，其实一也。"王安石所称的"尧行天道以治人，舜行人道以事天"，见于所撰《尚书新义》，以张氏之言衡之，倒不失为一种发明。

以上略及于宋人对天人关系的整体认识，总的意思是想表明，所谓"畏天"和"不畏天"应当辩证地看待，在通常的语境下未可片面地拘执于一端。纯从性理上说，人是自然界中的一员，"天命之谓性，率性之谓道"，自当对自然法则心存敬畏之情，是谓"畏天"；但在"天变"的灾异面前，只讲"畏天"实是一种被动的、消极的、不应采取的态度，只有"不畏天"才是主动的、积极的、应当树立的精神状态。事实上，当王安石变法"渐欲更张"之时，反对派之所以祭出"畏天"的口号，大力攻击"天变不足畏"之说，其要害并不在于如何理解"畏天"与"不畏天"的关系，而在于他们所担心的"不畏天"

之说可能对年轻气盛的宋神宗产生不可预测的影响。富弼明言"人君所畏惟天，若不畏天，何事不可为者"！这等于是说，若神宗听信"天变不足畏"之言，则种种不可设想的事体都可能出现，朝政的变乱将不可免。其时王安石正屡屡规劝神宗"大有为"，他在《本朝百年无事札子》中还特别强调："惟陛下躬上圣之质，承无穷之绪，知天助之不可常恃，知人事之不可怠终，则大有为之时，正在今日。"富氏为此大唱反调，恰可反证王安石变法的大无畏精神，"天变不足畏"不啻是变法舆论准备的第一纲领。

有资料表明，王安石的这一思想是一贯的，并非只是出于一时规谏的需要。《续资治通鉴长编》于熙宁七年（1074）四月记载：

> 上以久旱，忧见容色，每辅臣进见，未尝不叹息恻怛，欲尽罢保甲、方田等事。王安石曰："水旱常数，尧、汤所不免。陛下即位以来，累年丰稔，今旱暵虽逢，但当益修人事，以应天灾，不足贻圣虑耳。"上曰："此岂细事，朕今所以恐惧如此者，正为人事有所未修也。"

这所谓"不足贻圣虑"，也就是"天变不足畏"的转语，而"益修人事，以应天灾"的提示，也与上引《洪范传》的思想完全相合。

关于"三不足"之说中的"人言不足恤"，在人事活动中本属一般的道理，无足为怪，而在王安石变法时也成为被攻击的由头。所谓"人言"，在通常的意识下自是指流俗之言，非是指特定条件下可供选择的公义若有用之言。司马光的策问借用先秦法家的言论提出质疑，既以"与众同欲则令无不行、功无不成"为前提，又指"人言不足恤"意为"庸人之情喜因循而惮改为，可与乐成，难与虑始，纷纭之议，不足听采"。这其实仍是站在"流俗"的立场上，自甘于"庸人"之称，指责王安石特立独行，不用众议。"人言"问题是有两面性的。王安石在《上欧阳永叔书》中曾称"人之多言，亦甚可畏"，这是顾及人情的一面；相反的一面，则因变法是大事业，自须突破流俗，勇于实践，不必老是忧虑反对者的议论，如王安石在《与孟逸秘校手书》中所说："悠悠之议，恐不足恤，在力行之而已。"后来反对派群起而攻之，最常用的言词便是说他"弃公论为流俗之语"、"诋公论为流俗"、"一切诋为流俗浮论"、"守道忧国者谓之为流俗"之类。反对派当然也不是都认定"祖宗之法"就完全没有弊端的，但总以为历朝"思虑已精审，讲究已详备"，"但当补缉，不可变更"，实质上还是一种死抱住"祖宗之法"不肯放的态度。王安石以政治家的气魄发动改革，不为这类"公论"所动，并力劝神宗"自拔于流俗之外"。陈瓘的《四明尊尧集》是专门攻讦王安石的《熙宁奏对日录》的，其《论道》门摘录有《日录》的一段文字，记载王安石曾进言神宗：

> 譬如运瓮，须在瓮外方能运，若坐瓮中，岂能运瓮？今欲制天下之事，运流俗之人，当自拔于流俗之外，乃能运之。今陛下尚未免坐于流俗之中，何能运流俗，使人顺听陛下所为也？

"运瓮"的典故大概是由《晋书·陶侃传》所记"运甓"的故事误传而来的，而已转意为自拔于流俗的譬喻。守旧派官僚总是标榜自己的言行代表"公论"，其实是为自身的利益而溺于流俗，故处处与新法为敌。司马光在熙宁三年（1070）二月的《与王介甫书》，以长篇大论列举种种不实之词，指责王安石"用心太过，自信太厚"。王安石在《答司马谏议书》中反驳说：

> 今君实所以见教者，以为侵官、生事、征利、拒谏，以致天下怨谤也。某则以谓受命于人主，议法度而修之于朝廷，以授之于有司，不为侵官；举先王之政以兴利除弊，不为生事；为天下理财，不为征利；辟邪说，难壬人，不为拒谏。至于怨诽之多，则固前知其如此也。人习于苟且非一日，士大夫多以不恤国事、同俗自媚于众为善，上乃欲变此，而某不量敌之众寡，欲

出力助上以抗之,则众何为而不汹汹?……如日今日当一切不事事,守前所为而已,则非某之所敢知。

这封书信仅用寥寥数语,便把王安石不忧不惧流俗之言的气度和底蕴都揭示出来了。《宋史·陆佃传》还记载他针对"外间颇以为拒谏"的议论笑称:"吾岂拒谏者?但邪说营营,顾无足听。"事实上,当初各项新法的实施都曾广泛听取内外官员的意见,并在社会调查的基础上逐渐推开;特别是免役法,王安石曾在鼓励神宗"胜异论"的同时建言:"议助役事已一年,须令转运使、提点刑狱、州县体问百姓,然后立法;法成,又当晓谕百姓,无一人有异论,然后着为令。"变法的举措如此慎重,首先是着眼于下层民众利益所体现的社会公义的。由此又可反证,反对派以"异论"当"公论",不过是在自觉充当权贵豪强的代言人。

历史上的改革家大开大阖,无不首重破流俗。如先秦《商君书》中即屡有"治世不一道,便国不法古"的言论,又说"常人安于故习,学者溺于所闻,此两者所以居官而守法,非所与论于法之外"。商鞅变法也有"愚民"的成分,在今当加批判,而他抑制旧贵族、勇于革新的精神还是值得称道的。王安石有《商鞅诗》云:

自古驱民在信诚,一言为重百金轻。今人未可非商鞅,商鞅能令政必行。

王安石变法不顾流俗,与商鞅同声相应。今人或把王安石说成是法家,没有必要,他继承的是商鞅的改革精神。此种反潮流的赞叹,用以印证"人言不足恤"也是切题的。

关于"三不足"之说中的"祖宗之法不足守",在宋人大概是最为敏感的,特别是在仁宗朝谨守"祖宗成法"之风已颓然不可复返的形势下。然自古治道与制度有因有革,从无一成不变之法,所以王安石面对"祖宗之法不足守"的指责,径直称说事理"固当如此":"若法一定,子孙当世世守之,则祖宗何故屡自变改?"他在嘉祐三年《上仁宗皇帝言事书》中一开头即指出：

> 今朝廷法严令具，无所不有，而臣以谓无法度者，何哉？方今之法度，多不合乎先王之政故也。孟子曰：有仁心仁闻而泽不加于百姓者，为政不法于先王之道故也。……然臣以谓今之失，患在不法先王之政者，以谓当法其意而已。夫二帝三王相去盖千有余载，一治一乱，其盛衰之时具矣，其所遭之变、所遇之势亦各不同，其施设之方亦皆殊，而其为天下国家之意，本末先后，未尝不同也。臣故曰：当法其意而已。法其意，则吾所改易更革，不至乎倾骇天下之耳目，嚣天下之口，而固已合乎先王之政矣。

此所谓"法先王之政"而"法其意"，只是理论上的一种托词，其本意是以为先王的制度设施无不可"改易更革"。其下文又说："今以一路数千里之间，能推行朝廷之法令，知其所缓急，而一切能使民以修其职事者甚少，而不才苟简贪鄙之人至不可胜数，其能讲先王之意，以合当时之变者，盖阖郡之间往往而绝也。"因此他主张"鉴汉、唐、五代之所以乱亡，惩晋武苟且因循之祸，明诏大臣思所以陶成天下之才，虑之以谋，计之以数，为之以渐，期为合于当世之变"，又屡就理财等事体强调"通其变"。又指出："观朝廷异时欲有所施为变革，其始计利害未尝熟也，顾有一流俗侥幸之人不悦而非之，则遂止而不敢。夫法度立，则人无独蒙其幸者，故先王之政虽足以利天下，而当其承弊坏之后、侥幸之时，其创法立制未尝不艰难也。"这些都是他变法思想的直接表达，所谓"观朝廷异时欲有所施为变革"云云，显然是指庆历新政而言的，而惜乎"遂止而不敢"。言外之意，要变法就要果敢，而不必顾及流俗之人攻击变法之言"迂阔而熟烂"的口头禅。

当时守旧派反对变法，也无非是以为祖宗既有成法，则非至大坏即不可变。这方面最典型的言论，如司马光在嘉祐六年（1061）

所作的《五规·惜时》篇中所说:"夫继体之君谨守祖宗之成法,苟不隳之以逸欲,败之以谗谄,则世世相承,无有穷期。"这与《资治通鉴》卷29所载汉元帝永光五年(前39)匡衡上疏中的有关言论极相合。其疏有云:"臣闻治乱安危之机,在乎审所用心。盖受命之王,务在创业垂统,传之无穷;继体之君,心存于承宣先王之德,而褒大其功。……陛下圣德,天覆孚,爱海内,然而阴阳未和、奸邪未禁者,殆论议者未丕扬先帝之盛功,争言制度不可用也,务变更之。所更或不可行而复复之,是以群下更相是非,吏民无所信,臣窃恨国家释乐成之业,而虚为此纷纷也。"司马光撰《资治通鉴》,并未有明确批评王安石变法的文字,然而他在材料的选择之间,主张慎重守成而反对轻易变法的思想却时有流露。据《资治通鉴后编》熙宁二年七月记载:

  (神宗)御迩英阁,司马光读《通鉴》,至汉曹参代萧何事,曰:"参不变何法,得守成之道,故孝惠、高后时天下晏然,衣食滋殖。"帝曰:"汉常守萧何之法不变,可乎?"光曰:"何独汉也,使三代之君常守禹、汤、文、武之法,虽至今存可也。汉武帝取高帝约束纷更,盗贼半天下;元帝改宣帝之政,而汉业遂衰。由此言之,祖宗之法,不可变也。"

其事又载于《宋史·司马光传》,文字稍有节略。所谓"祖宗之法不可变",后来成为守旧派指责王安石最多的口实,类似的言论不一而足,至谓王安石变法使"祖宗之法扫地无遗"。论其权舆,皆因司马光为守旧派的宗主。

  王安石的政治理念,若一言以蔽之,可说全在一个"变"字。在传世《临川文集》中,一个"变"字出现将近200次,绝大多数与他的变法思想有关。除上面提到的以外,如他的《度支副使厅壁题名记》说:"今理财之法有不善者,其势皆得以议于上而改为之,非特当守成法,各出入,以从有司之事而已。"《赐元丰敕令格式表》说:

"然趋变以制宜,或非初令,则取新而垂裕,宜有成书。"《代王鲁公(德用)乞致仕表》说:"陛下接三后之烈,享百年之平,势盈则非易以持,法久则当通其变。"《非礼之礼》说:"夫天下之事,其为变岂一乎哉?固有迹同而实异者矣。今之人遇遇然求合于其迹,而不知权时之变,是则所同者古人之迹,而所异者其实也。事同于古人之迹,而异于其实,则其为天下之害莫大矣。此圣人所以贵乎权时之变者也。"《禄隐》说:"如圣贤之道皆出于一,而无权时之变,则又何圣贤之足称乎?圣者,知权之大者也;贤者,知权之小者也。"这些都是自古即有的"穷则思变"及中国史学上大力提倡的"通变"思想,体现在政治理论和实践上,总目标是经世致用,富国强兵。王安石的所有政治理念都是建立在"通变"思想的基础之上的,"三不足"之说则成为他"通变"思想的外化逻辑与变革实践的精神动力。

"通变"思想涉及中国文化史和政治学上的一个持久纷争的命题,即所谓"王霸之辩"。这一命题主要起于先秦孟子学派与荀子学派之间的论争,一般称儒家之学为"王道",法家之学为"霸道"。若从先秦文化学上观察,可以说"王道"之学是法古的、守成的、讲常道的、求安定的、礼不厌繁的、理想主义的、守经而不从权的、反功利的,"霸道"之学则是反古的、注重现实的、讲变道的、求革新的、创造的、权宜的、尚简易的、实用主义和功利主义的。前者是先秦鲁文化和鲁学的风格,后者是齐文化和齐学的风格,二者并无高下优劣之分。不过汉以后学者的王霸之辩,大率承继古典传统,落实于贤人政治,而不甚强调二者的分别。其实"王道"、"霸道"分言之为二,合言之就只是一个"治道"。治道是分层次的,所以王霸之辩从一开始就可以分为几对主要的范畴:一是公私义利之辩,二是德治与刑治之辩,三是正统与非正统之辩。宋儒谈王霸,大体上主于公私义利的范畴。值得注意的是,王安石作《王霸论》(《论议·王霸》),提出"仁义礼信,天下之达道,而王霸之所同";而二者所以会成为不同的名目,在他看来是由于"其心异":"其心异则其事异,其事异则其功异,其功异则其名不得不异。"他的意思是,"王者之道,其心非有求于天下",故"以仁义礼信修其身而移之政",虽功成名就,而天下"莫知其为王者之德";"霸者之道则不然,其心未尝仁,而假王者之道以示其所欲;其有为也,唯恐民之不见而天下之不闻"。这还是从公私关系上立论的,而立论的基点在传统儒学,似乎仍带有"尊王贱霸"的倾向,但也不否认王者也须讲功利。就所论言之,此文有可能是他先前讲学时的作品,不似他变法前后的言论。司马光也曾作《王霸说》,开头即提出"王、霸无异道",以为二者"皆本仁祖义,任贤使能,赏善罚恶,禁暴诛乱",只是"名位有尊卑,道德有深浅,功业有巨细,政令有广狭","非若黑白甘苦之相反"。他的这一论说也没有涉及有关变法的争议。

四　王安石"新学"的成就和他的字学

王安石既是杰出的政治家和改革家,又是卓有建树的学术家和文学巨擘。他的学术以经学为主,代表著作是《周礼新义》、《尚书新义》、《诗经新义》三书①,合称《三经新义》。时称其学为"荆公新学",影响巨大。

三书总汇王安石平生研究成果,久有积功,但正式编集是在变法开始以后。《续资治通鉴长编》于熙宁五年(1072)正月记载:"王安石以试中学官等第进呈,且言黎侁、张谔文字佳,第不合经义。

---

①三书之名,王安石自称《周礼义》、《书义》(或《尚书义》)、《诗义》,《宋史·艺文志》作《新经周礼义》、《新经书义》、《新经毛诗义》,晁公武《郡斋读书志》作《新经周礼义》、《新经尚书义》、《新经毛诗义》,陈振孙《直斋书录解题》作《周礼新义》、《书义》、《新经诗义》。这里用后人习称,分名《周礼新义》、《尚书新义》、《诗经新义》。

上曰:'经术今人人乖异,何以一道德?卿有所著,可以班(颁)行,令学者定于一。'安石曰:'《诗》已令陆佃、沈季长作《义》。'上曰:'恐不能发明。'安石曰:'臣每与商量。'"这是总纂《三经新义》的缘始,目的在统一学者的解经标准。陆佃为王安石门生,沈季长为王安石妹夫,时皆为国子监直讲。由安石先令二人作《诗义》,可知他在熙宁四年十月初立太学三舍法之后,就已开始统筹《三经新义》的修撰。六年三月,神宗再申"举人对策,多欲朝廷早修经义,使义理归一",乃正式下诏经理其事,于国子监置局,以"详定修撰经义所"为名,由王安石提举,以知制诰吕惠卿兼修撰,太子中允崇政殿说书王雱兼同修撰。下设检讨官,初由新赐进士及第余中、朱服、邵刚、唐懿、叶杕、练亨甫充任,后增白衣进士徐禧、吴著、陶临,又增馆阁校勘、吕惠卿之弟吕升卿,以及州县官曾旼、刘泾等。同时国子监讲官每月轮值两员,专供各自所习本经的讲义材料。七年四月,王安石初次罢相后仍兼提举,吕惠卿以参知政事兼同提举;九月,吕升卿又升任同修撰。在此期间,检讨官时往江宁,随安石修书。至八年二月,王安石复相,《三经新义》于当年六月修成进上。七月,诏颁赐宗室、太学及诸州府学。又诏付杭州、成都府路转运司镂板颁行,所得发行钱入封桩库,半年一次上报中书省;禁止私印私卖,违者杖一百,许人告发,告发者赏钱二百千。

王安石对《三经新义》的修撰是极其认真的。他在元丰三年(1080)所上的《乞改〈三经义〉误字札子二道》,是对三书版本的校勘,凡原本写误、用字有误、字序颠倒、刊刻误字、异体字改写等,皆一一指出,丝毫不苟;对于欲删削添改的注文,也多听取学者的意见,反复推敲斟酌,落实到具体的字数。三书中最为王安石所重的是《周礼新义》一书。其书原有22卷,今所存《四库全书》本名为《周官新义》,系四库馆臣由《永乐大典》中辑出,厘为16卷(另附《考工记解》2卷),大致尚保存原貌,今人所补佚文也不过数十条。

王安石序云：

> 士弊于俗学久矣，圣上闵焉，以经术造之，乃集儒臣训释厥旨，将播之校学，而臣某实董《周官》。惟道之在政事，其贵贱有位，其后先有序，其多寡有数，其迟数（速）有时，制而用之存乎法，推而行之存乎人。其人足以任官，其官足以行法，莫盛乎成周之时。其法可施于后世，其文有见于载籍，莫具乎《周官》之书。……自周之衰以至于今，历岁千数百矣，太平之遗迹扫荡几尽，学者所见无复全经，于是时也，乃欲训而发之。臣诚不自揆，然知其难也，以训而发之之为难，则又以知夫立政造事、追而复之之为难。然窃观圣上致法就功，取成于心，训迪在位，有冯有翼，亹亹乎乡（向）六服承德之世矣。以所观乎今，考所学乎古，所谓见而知之者，臣诚不自揆，妄以为庶几焉。

由序称"臣某实董《周官》"，可知《周礼新义》确出于王安石笔削。蔡绦《铁围山丛谈》亦谈及，蔡氏曾亲见其书原写本，"笔迹犹斜风细雨，诚介甫亲书"。细玩其序意和有关论说，可知王安石之所以特重《周礼》，一是由于他认为"一部《周礼》，理财居其半"（《答曾公立书》），而"理财"正为当今天下之急务，故托古即以此书为重；二则《周礼》为职官之书，"其贵贱有位，其后先有序，其多寡有数，其迟数（速）有时"，有法度，有职事，道存乎法，政存乎人，细大不捐，井然有序，用以考古通今，正可为当下施政修职的取鉴。这与他在《上仁宗皇帝言事书》中所强调的两大要点，一则法先王之道而修法度，二则改革政事而立人才，仍一脉相通，前后呼应。他的一贯思想是"聚天下之众者莫如财，理天下之财者莫如法，守天下之法者莫如吏"（《翰林学士除三司使制》），故通言理财、变法、择人为一体之事，质诸经术则有取于《周礼》。

当时人及后人对《周礼新义》的责难，焦点在以为《周礼》不可用、不可复。但《周礼》的性质、源流、真伪是一事，后世对《周礼》的理解和应用又是一事。若如晁公武《郡斋读书志》所说,王安石只是"以其所创新法尽傅著经义,务塞异议者之口",则此类言论还是罗织之词,并未揭示出《周礼新义》对于王安石变法的理论意义。王安石对于《周礼》中有关"理财"的记载,最直接取鉴的是其《地官·司徒》篇中的"泉府"之说,亦即特重于官府掌管钱财的机构所本有的调剂商品及平衡物价的职能。针对变法反对派所谓"与民争利"的责难,王安石在《答曾公立书》中曾明确反驳说:"政事所以理财,理财乃所谓义也。一部《周礼》,理财居其半,周公岂为利哉?奸人者,因名实之近而欲乱之,以眩上下,其如民心之愿何?始以为不请,而请者不可遏;终以为不纳,而纳者不可却。盖因民之所利而利之,不得不然也。"这是说真正的"义"即是"因民之所利而利之",正不必讳言"利","理财"岂能不言"利"?要害在取公利而弃私利,即使民众对变法的措施暂时有不理解之处,而终究会明白公利即"义",必将普遍接受。最为守旧派所反对的青苗法,曾被当作否定王安石纂修《周礼新义》之用心的主要依据,而韩琦在熙宁三年(1070)更以长篇奏疏,直接针对"泉府"之说发难,以为《周礼》所载多"不可施于今";又谓青苗法取息已倍于《周礼》,加敛又重,绝不是"周公太平已试之法",况且自汉代以来即不闻有国家"贷钱取利之法"。此类言论,在当时几乎连篇累牍。问题在于,王安石托古改制,既深知"立政造事、追而复之之为难",也并不认为《周礼》的政事记载都可照搬;他所注重的是"推明先王法意",法其意而不法其事,以为"摧制兼并,均济贫乏,变通天下之财"的借鉴。倘若不计"利害多少",只拿《周礼》"不可施于今"来说事,又因青苗法的"一二败事"而尽废王安石变法的全部理财措施,则又难以服变法派之心。《文献通考·经籍考》载有马端临对《周礼》的评论,认为"《周礼》所载,凡法制之琐碎烦密者,可行之于封建之时,而不可行之于郡县之后",其理固然,但青苗法是变通的时代性措施,仍当与

《周礼》原载的"泉府之法"两分来看。清初全祖望的《鲒埼亭集外编·荆公〈周礼新义〉题词》曾说:"盖荆公生平用功此书最深,所自负以为致君尧、舜者俱出于此,是固熙、丰新法之渊源也,故郑重而为之。"《四库全书》对《周礼新义》的提要也有客观的评价,以为其书"具有发明,无所谓舞文害道之处"。

在《三经新义》中,《尚书新义》也是王安石早就开始用功的一部。据王安石《书义序》,熙宁二年他"以《尚书》入侍",旋为执政,即由其子王雱继续经筵讲事。因"虞夏商周之遗文,更秦而几亡,遭汉而仅存,赖学士大夫诵说,以故不泯,而世主莫或知其可用",故神宗命纂辑新说进献。以此知《尚书新义》虽主要由王雱执笔撰成,而实为父子之学的汇集。其书原为13卷,已佚,而如今还能搜辑的佚文尚有700余条,略可借以窥见其原貌。现存王安石《尚书》学的单篇著作,如《洪范传》,诠释极详,估计其内容已尽入《尚书新义》中。此书依经诠义,包含许多精到的见解,其中有些也反映出他的变法意识和相关理念。由于《尚书》的今文部分是最难读的,注释则难上加难,因此《尚书新义》能注则注,不能注则缺之,这点也受到学者的称赞。如朱熹就说过:"荆公不解《洛诰》,但云其间煞有不可强通处,今姑择其可晓者释之。今人多说荆公穿凿,他却有如此处。"林之奇在《尚书全解》中也说过,《尚书新义》"于逸书未尝措一辞,皆阙而不论,此又王氏之所长,而为近世法者也"。这也是学者治学应有的严谨态度。

《诗经新义》一书,原为20卷,王安石的《诗义序》谓"上既使臣雱训其辞,又命臣某等训其义,书成以赐太学,布之天下,又使臣某为之序",也是父子之学。上文已提及,此书在正式奉命修撰之前,王安石已嘱陆佃、沈季长为之;后来吕升卿与王雱共同主修,吕升卿曾删改王雱的注本而别成一本奏进,结果大为王安石所不满,又不得不加以回改。其书后世也已散佚,但今人所辑佚文尚达千余条，盖大体佚而未失，仍是研究《诗》学的重要著作。照现代学者的看法，王氏《诗经新义》大抵仍宗毛传，是得失并存的。其中的义理发挥受传统《诗序》的影响，仍多附会政治，这在今天看来已是一种缺点。不过他认为《诗经》的大序（总序）和各篇的小序都不是孔子的弟子子夏所作，这对汉、唐诸儒汲汲于孔子或子夏作《诗序》的说法是个突破；而他同时又强调，"其言约而明，肆而深，要当精思而熟读之"，"不当疑其有失"。后来在政治上和学术上均与王安石相对立的程颐，虽坚持《诗经》的大序为孔子所作，但认为小序乃当时"国史（史官）所为"，大体采取了王安石的观点。《诗序》问题甚为复杂，南宋时仍有尊序的一派，而郑樵、朱熹等人则力辩《诗序》之妄，以至于去《序》说《诗》。不过类似《诗序》的文字，可能先秦时已有，近年收集到的上博简中被称为《孔子诗论》的文献，有学者即认为与《诗序》有联系。《宋史·艺文志》另录有《舒王诗义外传》12卷，大概是宋徽宗时王氏后学集录《诗经新义》中的有关内容而成，不知对王氏旧说是否有所更正。

《三经新义》自颁行学官后，即成为科举取士的标准用书。《郡斋读书志·新经尚书义》的提要说，当时举子程文皆用王说，"或少违异，辄不中程，由是独行于世者六十年"；而"天下学者喜攻其短，自开党锢之禁，世人羞称焉"。这所谓"喜攻其短"云云，是说《三经新义》笼罩科考的局面，到宋钦宗"罢元祐学术之禁，不专王氏之学"后才发生变化，从此学者"羞称"其书。陈师道《后山谈丛》谓王安石改科举，本欲"变学究为秀才"，不料学子"专诵王氏章句而不解义，正如学究诵注疏"，结果是"变秀才为学究"，又回复到故步了。这其实是科举制度本有的弊端，而不是由《三经新义》的出现才造成的。《宋史·陈公辅传》载公辅力攻王安石的"新学"，谓其"学术之不善尤甚于政事"，"诋诬圣人，破碎大道"，使学者"不治《春秋》"，"不读《史》、《汉》"，弃龟鉴之学于不顾，流于无用之空言。

然学术与政治毕竟还应两分来看,未可混为一谈。《宋史·韩维传》说元祐时"执政欲废王安石《新经义》,维以当与先儒之说并行,论者服其平"。其时罢废新法的骨干人物刘挚也曾上奏说,"故相王安石训经旨,视诸儒义说,得圣人之意为多","夫安石相业虽有间,然至于经术学谊,有天下公论所在"。诗人黄庭坚亦曾有"荆公六艺学,妙处端不朽"的诗句。最早系统反攻王氏《三经新义》的著作,莫如程颐高足杨时的《三经义辩》,随后又有杨时门生王居正的《三经辩学》,时称自此"天下遂不复言王氏学"。然朱熹曾谈及:"龟山(杨时)一出,追夺荆公王爵,罢配享孔子,且欲劈毁《三经》板,士子不乐,遂相与聚问,《三经》有何不可,辄欲毁之?当时龟山亦谨避而已。"可见在初荆公"新学"的罢废多不得士子之心。朱熹还说过:"王氏《新经》尽有好处,盖其极平生心力,岂无见得著处?"又说《尚书》的"介甫解亦不可不看","人说荆公穿凿,只是好处亦用还他"。宋末陈大猷也曾指出:"荆公穿凿固多,至其的确处,不可例以为凿而弃之。"

纯从学术上说,王安石的"新学"说到底只是一家之言,而他的创见和贡献在学术史上是不能泯灭的。清初《资治通鉴后编》引南宋刘清之云:"王介甫不凭注疏,欲修圣人之经,不凭今之法令,欲新天下之法,可谓知务。……后之君子必不安于注疏之学,必不局于法令之文,二者正则治道自举矣。"朱彝尊《经义考》又录刘清之云:"介甫《三经义》皆颁之学官,既而诛绝之甚,遂泯其传。自今思之,或不无一二可取,当时不以人废言可也。"如今研究宋代经学,则更当摆脱当时政治上的羁绊,专从学术上对《三经新义》作出实事求是的评价。

王安石的"新学"不止于《三经新义》,旧题王安石撰的经学著作,见于著录的尚有《易解》、《左氏解》、《论语解》、《孟子解》、《礼记要义》、《孝经义》等。据现在所知,这些书中的大部分并非就是他本人的原作，而多与王雱及王氏门下学者有关系，但仍可划入王氏"新学"的范畴。其中《易解》一书，《宋史·艺文志》著录为14卷，与安石门生龚原的《续解易义》17卷、耿南仲的《易解义》10卷并存，今唯耿氏之书有传本。《左氏解》1卷是专门考辨《左传》成书年代的写作，在辨伪学上不无意义。《论语》方面，《宋史·艺文志》著录王安石《论语通类》1卷、王雱《论语解》10卷，当即《郡斋读书志》所称的"王介甫《论语解》"，大概《论语解》本为王雱的讲义，王安石只为作《通类》，后来由王氏后学收拾成书。旧时题名王安石的《礼记要义》和《孝经义》，估计也出于王氏后学的结撰。

《孟子》之学的研讨，在王安石"新学"中占有重要的位置。《郡斋读书志》著录王安石、王雱、许允成《孟子解》各14卷，共42卷，提要云："介甫素喜孟子，自为之解，其子雱与其门人许允成皆有注释，崇、观间场屋举子宗之。"然《宋史·艺文志》据宋代国史著录，亦只有王雱的《孟子注》和许允成《孟子新义》二书，而不见有王安石之书，另外又有龚原的《孟子解》10卷、邹浩的《孟子解》14卷，以及王安石早年好友王令的《孟子讲义》5卷。孟子其人，作为先秦儒家的代表人物，传播其"仁政"思想不遗余力，号称"勇过于孟贲"。王安石变法倡"大有为"之说，对孟子极为尊崇，曾有《孟子》诗云：

沉魄浮魂不可招，遗编一读想风标。何妨举世嫌迂阔，故有斯人慰寂寥。

孟子之名，在《临川文集》中出现百余次。其形于咏叹者，除此诗外，还有"虽微樊父明，不失孟子直"、"仁声入人深，孟子言之醇"、"韩公（韩愈）既去岂能追，孟子有来还不拒"、"他日若能窥孟子，终身何敢望韩公"等诗句。孟子之被指为"迂阔"，在王安石也有如感同身受。其所作《王深父（回）墓志铭》，以为"世皆称其学问文章行治，然真知其人者不多，而多见谓迂阔，不足趣（趋）时合变"，此言不啻是王安石的夫子自道。《孟子》一书,到宋代始被尊为儒家经典,然在北宋时亦曾兴起疑孟之风,而变法反对派的疑孟多半是针对着王安石的尊孟倾向的。

上述诸书之外,《郡斋读书志》还录有王介甫、王元泽、吕吉甫(惠卿)、陆佃、刘仲平(概)五人注释《老子》的作品,时称"熙宁五注"。现存《道藏》中尚存有吕惠卿的《道德真经传》4卷和具录王雱等人传注的《道德真经集注》10卷,而未有王安石、陆佃、刘概之书。王雱的注以变化的观点释《老子》,与王安石变法的基本理念相应。《道藏》另存有王雱的《南华真经新传》20卷,即《庄子》注,与其《老子》注为姊妹篇。此书大旨主于事物进化之道,于《庄子》各篇皆有解题,又分段注释,文辞简练周到,思想敏锐捷给,实高于普通注家一等。

对于王安石"新学"的评价,应有宽阔的眼光看待,未可局限于具体的著作。学者共知,宋人治经的最大特点,在于不依傍古人,敢于突破传统的章句训诂模式,删繁就简,摆落汉唐旧注,直求经书原文,自出新意,自立新解,注重个性化的发明,强调有别于前世章句训诂的义理之学。这一学风上的变化自宋初以来就逐渐有所表现,而到仁宗庆历前后更趋向鲜明,如被称为"宋初三先生"的胡瑗、孙复和石介,就都已不是谨守经学训诂的"醇儒"。欧阳修所自称的"至哉天下乐,终日在几案"的读书法,也曾被概括为"以经为正,而不汩于章读笺诂"。通常认为代表这一风气的最早著作是刘敞的《七经小传》,但其书只是札记的性质,条目大多只论经文的一字一句或一义,体例并不完整。真正大开义理之学新路的代表作品,还是王安石主修的《三经新义》。在此之前,他对传统的治经方式也已表示不满,如他的《书〈洪范传〉后》说:

孔子没,道日以衰熄。浸淫至于汉,而传注之家作,为师则有讲而无应,为弟子则有读而无问。非不欲问也,以经之意为尽于此矣,吾可无问而得也。岂特无问,又将无思,非不欲思也,以经之意为尽于此矣,吾可以无思而得也。夫如此,使其传注者皆已善矣。固足以善学者之口耳,不足善其心,况其有不善乎?宜其历年以千数,而圣人之经卒于不明,而学者莫能资其言以施于世也。予悲夫《洪范》者,武王之所以虚心而问与箕子之所以悉意而言,为传注者汨之,以至于今冥冥也,于是为作《传》,以通其意。呜呼!学者不知古之所以教而蔽于传注之学也久矣,当其时欲其思之深、问之切而后复焉,则吾将孰待而言邪?

其文不是仅仅指斥传统传注的叠床架屋之繁,而在于经师门派之学不能使人深思而切问,资经学以经世。他的《除左仆射谢表》也谈到,孔、孟之时,斯文"精义尚存",逮至秦火之后,经术"遂失源流之正",以致"章句之文胜质,传注之博溺心",不复为有用之学。《三经新义》的开新,宗旨即在培育经世致用的人才。

后来宋人对当世经学风气的变化认识不一。王应麟的《困学纪闻》中有一段经常被后人引述的话:

> 自汉儒至于庆历间,谈经者守训故而不凿。《七经小传》出,而稍尚新奇矣;至《三经义》行,视汉儒之学若土梗。古之讲经者,执卷而口说,未尝有讲义也。元丰间,陆农师(佃)在经筵,始进讲义。自时厥后,上而经筵,下而学校,皆为支离曼衍之词,说者徒以资口耳,听者不复相问难,道愈散而习愈薄矣。陆务观(游)曰:"唐及国初,学者不敢议孔安国、郑康成,况圣人乎!自庆历后,诸儒发明经旨,非前人所及。然排《系辞》,毁《周礼》,疑《孟子》,讥《书》之《胤征》、《顾命》,黜《诗》之序,不难于议经,况传注乎!"斯言可以箴谈经者之膏肓。

这些话总体上是批评宋人所主张的义理之学的,不只是针对王安石的"新学",但"新学"是个重要的分水岭。然而义理之学也不是全不讲训诂的,章句讲解的方式也还习用,只是讲解注重义理,主旨已大变,经术无复旧观。

儒家传统意义上的义理之学,宋人原称道学,后世则通称理学。旧时学者谈宋代理学,几乎全都瞩目于程、朱一派的学说,以致理学的名目为这一派所独占。实则广义理学的大波初由王安石"新学"一派掀起,固不得把"新学"的学术排除于理学之外。较宽泛地说,二程所标榜的"自家体贴出来"的理学,其实是在他们激烈反对王安石"新学"的语境中逐渐树立起来的,是广义理学的支流而非滥觞。由此便形成两系的理学:一系是尚权变、重创新、讲功利的王安石"新学",一系是尊古道、重守成、反功利的程朱理学。两系的理学立场不同,价值观有异,纯从学术上讲是对立而互补的,不出传统"王霸之辩"的内涵。仅就义理之学在宋代的源流而言,程朱一系上溯到"宋初三先生"及周敦颐、张载等人的学说,是一种反向的构筑,然"三先生"及张载等人原亦非反功利主义者,即如程颐等人在初也并非就一例反对变法,程朱学者所取者不过是宋初曾经普遍存在的"复古"倾向而已。"新学"的一系也是可以上溯的,庆历新政的实践自不必说,李觏的《周礼致太平论》及"治国之实,必本于财用"等论说尤为王安石变法思想的先导。后来朱熹围绕"天理"而完整构筑起程朱理学的大体系,而"新学"的影响也并未消失,以陈亮、叶适为代表的永康、永嘉学派就还是直承"新学"的功利主义精神气骨的。直到清初以黄宗羲、全祖望等人为代表的浙东学派,仍深系于宋代"新学"的情结,与程朱理学相对立。这些在学术史、文化史上,都是需要博识通观的。

前人指斥王安石经学的穿凿附会,难解的症结在于他的字学,即《字说》之学。他认为汉字"虽人之所制,本实出于自然","其声之抑扬开塞、合散出入,其形之衡从曲直、邪正上下、内外左右,皆有义,皆本于自然,非人私智所能为",因此他多年倾心于此,付出很多精力，撰成《字说》一书，意欲"同道德之归，一名法之守"，以辅助其经学。据有关资料推考，其字学先在太学次第流行，至熙宁末年已有《字说》20卷本编成，与《三经新义》一起发布；下至元丰年间，王安石又亲手陆续增补为24卷本表进朝廷。其书在元祐间被禁用，而绍圣中复雕版印行以程试诸生，一时为之作注者甚多。《宋会要辑稿·崇儒五》记载唐耜于政和七年（1117）上进《字说集解》一编，多至30册、120卷，诏授卬州知州，集一时王氏字学之大成。

王安石解字的方法是成问题的，最大的问题是不从传统的"六书"说，离析汉字的偏旁，几乎皆以主观性的会意说之（有时也及于象形）。如解释"士"、"工"、"才"三字，说中间的竖画只是上面出头叫"士"，上下皆出头叫"才"（其左下一撇古字作一横），上下皆不出头叫"工"，所以意义不同。又如说"空"是以人工挖土穴，"同"表示"冂一口"而无是非，"笼"表示竹"内虚而有节，所以笼物，虽若龙者，亦可笼焉"，"蟋蟀"是"其率之为悉"，"蜘蛛"是"设一面之网，物触而后诛之"等等，虽也顾及汉字的形、音、义，但都不合于传统文字学的规矩。至于俗间所传其释字之语，如"水皮为波"、"土皮为坡"、"同田为富"、"水骨为滑"之类，又纯为笑谈了。

王安石字学颇为突出的一面，是反复阐释"天道尚变"、"新故相除"的观念，为他的变法理论提供文字学上的依据。最典型的例子，如现存《周官新义》所附《考工记》的注文释"革"字：

三十年为一世，则其所因必有革。革之要，不失中而已。治兽皮去其毛谓之革者，以能革其形。革有革其心，有革其形，若兽则不可以革其心者。不从世而从廿从十者，世必有革，革不必世也。……革，有为也，故爪掌焉。

这段话的意思是，本来"三十年为一世"，世与世之间必有因有革，但"革"字不以"世"字当头，而以"廿"、"十"贯通上下，说明"世必有革，革不必世"，一二十年也可以有革。所谓"故爪掌焉"，是指"革"

字别体的中间部分或作两个相对的手爪形,是为古"为"字,所以"革"即表示"有为"。像这类串说,实际上属于训诂学的范畴,不属于纯粹的文字学。

《字说》中当然也不是全无正确的诠释,特别是有些本为会意的字,王氏的解说也是合理的,并吸取了前人的成果。严格地讲,学术上的穿凿缘于宋人自出新义的风气,而不只是"新学"为然,如今则更当注意他的字学所反映的变革理念,仅从文字学上审视也不全面。况且汉唐经学既可怀疑,传统小学也未尝不可批判。王安石的本意似乎是想超越"六书",从文字的音声形体"皆本于自然"的理论层次上,以深入探讨文字的起源,因而他的字学哲学意味甚浓,对复兴传统小学也不无积极的意义。关键在于他没有把握好继承与创新的尺度,导致解字的方法走偏,脱离了传统小学的正途。

五　王安石的文学:散文和诗歌

古人善写文章及诗赋的行家里手,在今都可称为文学家,王安石是北宋时期这方面的杰出代表人物之一。

总体而论,王安石首先是政治家和思想家,然后才是学术家和文学家。他的文学创作是和政治活动密切联系在一起的,文学主张大抵不脱"文以载道"的中国式宗旨,而更强调经世致用。他在《上人书》中说:

> 尝谓文者,礼教治政云尔。其书诸策而传之人,大体归然而已。而曰"言之不文,行之不远"云者,徒谓辞之不可以已也,非圣人作文之本意也。……孟子曰:"君子欲其自得之也。自得之则居之安,居之安则资之深,资之深则取诸左右逢其原。"独谓孟子之云尔非直施于文而已,然亦可托以为作文之

本意。且所谓文者,务为有补于世而已矣;所谓辞者,犹器之有刻镂绘画也。诚使巧且华,不必适用;诚使适用,亦不必巧且华。要之,以适用为本,以刻镂绘画为之容而已。不适用,非所以为器也;不为之容,其亦若是乎? 否也。然容亦未可已也,勿先之其可也。

文章贵在心得,"以适用为本",容饰虽不可或缺,而不可以先其本。他在《与祖择之书》中又说:"治教政令,圣人之所谓文也。书之策,引而被之天下之民,一也。圣人之于道也,盖心得之;作而为治教政令也,则有本末先后,权势制义而一之于极。其书之策也,则道其然而已矣。"所以他的《张刑部诗序》提倡为文"明而不华,喜讽道而不刻切",同时对宋初诗坛西昆派杨亿、刘筠等人的绮丽文风提出批评:"杨、刘以其文词染当世,学者迷其端原,靡靡然穷日力以摹之,粉墨青朱,颠错丛庬,无文章黼黻之序,其属情藉事不可考据也。"他的《上邵学士书》也强调"诚发乎文,文贯乎道,仁思义色,表里相济",并谓"尝患近世之文,辞弗顾于理,理弗顾于事,以襞积故实为有学,以雕绘语句为精新,譬之撷奇花之英,积而玩之,虽光华馨采,鲜缛可爱,求其根柢,济用则蔑如也"。缺乏现实感的东西,仅靠容饰则无从求其真有气象。

王安石的散文为"唐宋八大家"之一,多取法孟子、韩愈,"唯陈言之务去",笔力雄健,文辞高简,奇崛中有质朴,峻峭中显平易,精诚坦率,法度谨严,特以品格取胜,不自张扬而自处地位尽高。曾巩又曾称"安石文学行义不减扬雄",王安石的《答龚深父书》也称道"扬雄者,自孟轲以来未有及之者",其《扬子二首》又谓"儒者陵夷此道穷,千秋止有一扬雄",别有《扬子》诗谓之"千古雄文造圣真,眇然幽息入无伦",则王安石的文学也曾受到扬雄的影响。他的《上仁宗皇帝言事书》是平生政事治平的大作,恢弘开阔而本于经术,清人曾谓之"秦汉而下未有及此者",后来变法虽败,"而斯文之在天壤间,终不失为悬诸日月不刊也"。他的《本朝百年无事札子》尖锐揭示本朝因循之弊,彰显社会危机,尤以坦诚凌厉助成其文势。他的《答司马谏议书》短小精悍,言简意赅而措词得体,显示的刚毅精神和逻辑力量却不可摇动。论政治文章的气势和规模,王安石在古代所有政治家中也少堪其比。

王安石的散文以议论性的居多,而说理不拘一格,绅绎别出心裁。如他的《再答龚深父〈论语〉〈孟子〉书》论道德性命问题,有正题,有反题,然后衡之以理,以证正反相成,其主旨是阐释道德性命之说有经有权,而总归于君子行事之"惟义所在"。其文多抽象概念,而概括力、逻辑性极强,思想深刻,理据分明,用语简净,丝丝入扣,连环而下,一气呵成,很有孟子善辩的风格,可称是一篇不同凡响的说理文。其文集中的《论议》部分多可作如是观。他的一些小品文,如《鲧说》、《读孟尝君传》、《书刺客传后》、《伤仲永》等,往往只取人物事迹的一个侧面作评述,特重立意,感情色彩浓厚,或仅三言五语,即使人倍觉新鲜。

王安石的记叙散文皆篇幅无多,简洁明快,而偏重记事,结合说理,少有环境及景物描写。如他的《游褒禅山记》,其结构是颇费心思的。开头数句只简略交代褒禅山与华山之名的源起,而有一笔及于仆碑,其余景物皆撇去不记。接下又一笔带过前洞,专写后洞的"入之愈深,其进愈难,而其见愈奇",以及探洞未极夫所当至之悔,而于其洞之"深"、其进之"难"、所见之"奇"皆不及其细节。全文重点实不在记游,而在兴叹说理,借探洞的"深"、"难"、"奇"三字引出如下的哲理:凡立志有为者,既要有一定的主客观条件,又要有坚强的毅力,百折不挠,矢志不悔,才能达成理想的目标;又借仆碑,以喻为学要"深思而慎取"。作者的写作技巧之高明,在于紧扣题材,从严取舍,精加剪裁,善于铺垫,起承转合,洞见义理,不尚记游作品的藻饰。刘熙载的《艺概》曾说,本篇的"深"、"难"、"奇"

三字如荆公之"学与文",认为其"得失并见于此"。然其难能处非常人可比,尤可矫除俗文的琐细繁冗之弊。

王安石文学的一大侧面是他的诗歌创作。现存他的诗作还有一千五六百首,在他的文集中占有相当大的篇幅。他早年的诗作关注社会现实,每有反映民间疾苦的作品。如他的《感事》、《兼并》、《河北民》、《收盐》等诗,皆明白如话,直斥吏治的腐败、官府的榨取和豪强兼并的横行,为经常遭受天灾人祸之苦的百姓鸣不平。王安石的变法理念和具体举措,时亦反映到他的诗作中。如《省兵》诗即反映出他后来在军事方面推行将兵法的基本思路,《发廪》诗则反映他推行青苗法、方田均税法等措施的思想背景。这一类现实主义的作品,可以作为研究王安石早期政治思想的辅助材料使用。

王安石后期的诗歌创作,特别是他再次罢相后寓居金陵时的作品,在内容和风格上与前期有明显区别。人生的起伏经历所致,这时他流连陶醉于山水田园中,创作题材相对狭窄,内容和言辞收敛,大量的写景诗、咏物诗取代了前期政治诗的位置,抒发一种闲适情趣,苦闷中有安顿。然其艺术造诣却臻于圆熟之极境,尤精于绝句,盛誉满天下。黄庭坚的《跋王荆公禅简》说:"余尝熟观其风度,真视富贵如浮云,不溺于财利酒色,一世之伟人也。暮年小语,雅丽精绝,脱去流俗,不可以常理待之也。"叶梦得《石林诗话》也说:"王荆公少以意气自许,故诗语惟其所向,不复更为涵蓄。如'天下苍生待霖雨,不知龙向此中蟠',又'万绿丛中红一点,动人春色不须多','平治险秽非无力,润泽焦枯是有材'之类,皆直道其胸中事。后为群牧判官,从宋次道尽假唐人诗集,博观而约取,晚年始尽深婉不迫之趣。"

所谓"深婉不迫之趣",尤见于他的不胜枚举的小诗。最为脍炙人口的如《梅花》:

> 墙角数枝梅,凌寒独自开。遥知不是雪,为有暗香来。

此诗清气之极,而后两句可能脱自相传为古逸诗的"只言花是雪,不悟有香来"。王安石偏爱梅花,咏梅之诗多多,不唯造语清丽,且常能道人之所不能道。他的许多绝句并无奇险之语,而意境总是超群脱俗。如他的《示俞秀老》之一:

> 不见故人天际舟,小亭残日更回头。缲成白雪三千丈,细草孤云一片愁。

天际、扁舟、小亭、残日、白雪、细草、孤云,种种意象,诗中有画。而活用李白的"白发三千丈"之语,皆因别离的"一片愁",寄寓的却是友情之深长。以诸物、诸色、诸景映衬者,又如《题西太一宫壁》六言首篇:

> 杨柳鸣蜩绿暗,荷花落日红酣。三十六陂春水,白头想见江南。

此诗亦绝佳,故相传苏轼奉祠于此,注目久之而曰:"此老野狐精也。"幽默中蕴涵极品的欣赏。同样人见人爱的荆公极品小诗还有《泊船瓜洲》:

> 京口瓜洲一水间,钟山只隔数重山。春风又绿江南岸,明月何时照我还。

诗中一个"绿"字,《容斋随笔》说:"吴中士人家藏其草,初云'又到'南岸,圈去'到'字,注曰'不好',改为'过'。复圈去而改为'入',旋改为'满',凡如是十许字,始定为'绿'。"此所谓"深婉"也,一个意动用词即显生气满人寰。又如《江上》诗:

> 江北秋阴一半开,晓云含雨却低回。青山缭绕疑无路,忽见千帆隐映来。

其语如信手拈来,而新颖别致,妥帖自然。又如《书湖阴先生壁》:

> 茅檐长扫静无苔,花木成畦手自栽。一水护田将绿绕,两山排闼送青来。

此诗静中有动：近则茅屋花木自在，绿水环绕多情；远则青山气势若奔，苍翠排闼扑面。静动相须是诗人的追求，王安石最能得其真谛。然而荆公只写"静"亦精绝，如《钟山即事》：

> 涧水无声绕竹流，竹西花草弄春柔。茅檐相对坐终日，一鸟不鸣山更幽。

水无声，花草柔，人对坐，鸟不鸣，山居之幽静殆无以复加；然种种幽静都是即时的，此种即时仍寓有不停息的"流"、"弄"、"坐"、"鸣"之动。此类小诗皆观察细致，巧丽精工，意境幽远清新，所表现的自然之美令人心旷神怡。

王安石记节日风俗的诗作，最有名的如《元日》：

> 爆竹声中一岁除，东风送暖入屠苏。千门万户曈曈日，总把新桃换旧符。

或说此诗是讴歌熙宁变法后的新气象的，其实诗面不过是中国除夕文化的一种写真而已，深厚的文化积淀蕴涵在通俗的语言中，欢快而明亮，令人耳目一新。宋人称王安石的绝句诗为"王荆公体"，其原因大体如《石林诗话》所说："王荆公晚年诗律尤精严，造语用字，间不容发；然意与言会，言随意遣，浑然天成，殆不见有牵率排比处。"这主要是就王安石后期诗歌的艺术特征而言的，如构思之巧妙、用字之工稳、用典之贴切、对仗之整饬之类；然关键在诗的意境与感染力，不落俗套，若不经意而常出人意表，此又非仅是苦吟艰索所能至。

宋人好做哲理诗，如苏轼的《题西林壁》："横看成岭侧成峰，远近高低各不同。不识庐山真面目，只缘身在此山中。"诗是好诗，但观之如生恍惚与憋闷感。王安石的《登飞来峰》则完全是另一种意境：

> 飞来山上千寻塔，闻说鸡鸣见日升。不畏浮云遮望眼，自缘身在最高层。

身处千寻之上，超然物外，极目望去，不为浮云尘氛所障蔽，则一切

"庐山真面目"皆清清楚楚,非有大政治家的气魄不能道此。此诗真似是针对苏诗而作的,若比之脱胎换骨,则毋宁与两人的地位有关。

王安石的咏史诗皆独具见解,而最为出新的莫如是他的《明妃曲》二首:

(一)明妃初出汉宫时,泪湿春风鬓脚垂,低徊顾影无颜色,尚得君王不自持。归来却怪丹青手,入眼平生未曾有,意态由来画不成,当时枉杀毛延寿。一去心知更不归,可怜著尽汉宫衣,寄声欲问塞南事,只有年年鸿雁飞。家人万里传消息,好在毡城莫相忆,君不见咫尺长门闭阿娇,人生失意无南北!

(二)明妃初嫁与胡儿,毡车百辆皆胡姬,含情欲语独无处,传与琵琶心自知。黄金杆拨春风手,弹看飞鸿劝胡酒,汉宫侍女暗垂泪,沙上行人却回首。汉恩自浅胡自深,人生贵在相知心,可怜青冢已芜没,尚有哀弦留至今。

其诗一洗自古"华夷之辨"的种种传统观念,站在古代宫女个人命运的立场上叙事,径谓"人生失意无南北","汉恩自浅胡自深",立意超绝,感情深沉,堪称是绝无仅有的佳作。南宋初范冲竟撷拾其要句,在宋高宗面前诋毁王安石之为人,比之汉奸刘豫亦"不是罪过","今之背君父之恩投为盗贼者,皆合于安石之意"。《鹤林玉露》也称:"苟心不相知,臣可以叛其君、妻可以弃其夫乎?"这样的周纳锻炼,把文学作品当历史来读,适足为有识之士所鄙。自来咏昭君出塞者多,或叙其哀怨悲恨之情,或写其失身异域之苦,或又臆测其眷恋旧主之心,皆不脱俗套。自王安石此作出,欧阳修、曾巩、司马光、梅尧臣等皆有唱和,然无一能与安石之作比肩,此又未可仅以文学修养言之。

王安石不以词作名家,现存其词仅有 20 余首,然亦自成一格。旧时以"瘦削雅素"评之,不尽惬当。其中最有气势的是人人皆知的《桂枝香·金陵怀古》。其词上阕描述金陵晚秋"画图难足"的壮丽景观,气象开阔绵邈;下阕慨叹六朝的兴废荣辱,隐喻现实,寄兴遥深而又切近。全词胸襟广大,立意高远,叙写层次分明,用典贴切自然,遣词造句有类散文,一扫旧时绮靡纤细的词风,有着极高的识度和独创性,故被称为金陵怀古词的绝唱。《临川文集》中还另有《金陵怀古》律诗五首,可与此词对看。怀古的诗词无论怎么写,一般都不脱离士大夫阶层的忧国之思,但能高瞻远瞩、洒脱大气的不多见。在北宋词坛上,范仲淹的《渔家傲·秋思》("塞下秋来风景异")已是有豪气的,至王安石的《桂枝香·金陵怀古》而豪气已畅,又及苏轼的《念奴娇·赤壁怀古》则卓立豪放一派,诸词皆流誉后世。

王安石的诗歌创作当然也不是处处都高人一等的,作品也并非一切皆佳。他晚年的精益求精是一面,而过分讲究技巧又会走上"老去渐于诗律细"的路子,也有弊端。且议论偏多,时押险韵,不免"瘦硬";至谈禅悦、说佛理,则又晦涩干枯。但综合他的散文和诗歌来看,皆成就非凡,如高峰巍然耸立,至不可攀。质言之,他的文学地位差不多和他的政治地位相埒,在文学史和政治史上的光辉都足以照耀千古。

六 英雄身后:"长悲事业典型间"

历史上的英雄人物,无论在当时还是后世,社会评价往往是冰火两重天的。人们习称"盖棺论定",实际上,人物评价都是时代性的,人死之后也并不能论定,有时还会差别很大。王安石有一首《读史》诗说:

> 自古功名亦苦辛,行藏终欲付何人。当时黮暗犹承误,末俗纷纭更乱真。糟粕所传非粹美,丹青难写是精神。区区岂

尽高贤意，独守千秋纸上尘。

人生辛苦万状而有大功名者，其行迹出处之真实是难以托付给任何人的。当时情实暗昧自会有很多误解，后来流俗的纷纭议论更可能以假乱真。金无足赤，人无完人，糟粕与粹美并存，历史记录最难完整写出的便是人物的精神风貌和客观贡献。区区一人的行实不可能都达到高贤的标准，尘封于纸上的千秋功罪不过任人评说而已。此种态度，有哲理，也是实情，对所有见于历史书写的人物其实都一样。

王安石生前的事业在艰难中行进，时人的评价已是两极，但正直的士大夫还是尊重其为人的。元祐元年王安石去世时，已为执政的司马光鉴于神宗、哲宗两朝交替之际的政治形势，还曾专门致书同僚吕公著叮嘱：“介甫文章节义过人处甚多，但性不晓事，而喜遂非，致忠直疏远，谗佞辐辏，败坏百度，以至于此。今方矫其失，革其弊，不幸介甫谢世，反复之徒必诋毁百端，光意以谓朝廷特宜优加厚礼，以振起浮薄之风。”司马光对王安石的政治评价也是偏词，但还有意防止对他身后的人身攻击，以免涉及神宗生前的行实。后来激烈攻击"荆公新学"的道学家杨时也说过："如彼修身之洁，宜足以化民也。"王安石廉洁奉公，有口皆碑，同时他襟怀坦荡，也不以政见影响私交。野史记载他与司马光"素相善"，变法时虽反复辩论，而"知温公长者，必不修怨也"。又相传苏轼先前被贬黄州，元丰中他自黄州徙汝州，由水路取道金陵，已退居金陵的王安石还野服骑驴，到江边等他下船。苏轼上岸，见一戴斗笠、坐马扎的老头儿在等人，细看乃"大丞相"，亦讶以野服相见，开口就说："轼亦自知相公门下用轼不著（着）。"王安石也不答话，相招游蒋山，谈论终日乃罢，过后又对人称道苏轼："不知更几百年，方有如此人物！"至少在文学上，他与苏轼是向来心通而无芥蒂的。

不过元祐党人对熙、丰新法的全面罢废，事实上已固化王安石

"误国"的形象,对他个人品行的负面评价也是早晚的事。但政治形势难料,至元祐八年(1093)高太后去世,哲宗亲政,朝廷又风云突变。由于哲宗对高太后和元祐诸臣的专横擅国久已不满,因而亲政后即召见新党,起用曾任参知政事的变法派人物章惇为宰相,以继承神宗成法为名,从头变更时政,时称"绍述",并从次年起改年号为绍圣。绍圣二年(1095),加谥神宗为"绍天法古运德建功英文烈武钦仁圣孝皇帝",又追谥王安石为文公,配享神宗庙庭,名义上要逐一恢复熙、丰新法。然时过境迁,新法已无从尽复,且所谓"绍述"已丧失新法本有的改革性质,大要在反拨元祐之政而已。更大的震荡是党争之祸再起,绍述诸臣一面尽为元祐间被迫害和排斥的新党人物平反昭雪,一面又加力报复元祐党人,凡对立派人士一时斥逐殆尽,许多重要官员被流放,以致朝政益弊。在军事上,新党对西夏转而采取强硬政策,绍圣、元符之际曾屡败夏兵,迫使西夏求和,而浩大的军费开支也使不景气的财政形势雪上加霜。

这一番折腾历时六年有余,至元符三年(1100)正月,年龄尚不满24岁的哲宗病逝,政治形势又接连出现反复。因哲宗无嗣,继位者一度成为大问题,最终由神宗皇后向氏决策,神宗子、哲宗弟、端王赵佶得以继位,是为徽宗,而向太后也得以垂帘听政。先是章惇曾称徽宗"轻佻不可以君天下",及向太后听政,一遵神宗母高太后衣钵,数月间即罢去章惇相职,重新起用元祐党人,并追复司马光等30余人官爵,废除绍述新政。但这位向太后半年后即因病还政于徽宗,转个年头而去世,尚未掀起大的波澜。徽宗正式当政后,初欲在固守神宗法度的同时,调和熙、丰新党与元祐旧党之争,两派人士并用,故改元建中靖国;然党争的痼疾已不可救药,欲建中道而不灵,徽宗很快又走上绍述的路子,复改元崇宁,意即崇奉熙宁新政。崇宁元年(1102)七月,蔡京入相,旋即禁止元祐制度,用熙宁制置三司条例司故事,设置都省讲议司,自为提举,以"讲议熙、丰已行法度及神宗欲为而未暇者"。九月,蔡京又迎合徽宗,沆瀣一气,将元祐中反对新法及元符中有过激言行的文武臣僚,包括司马光、文彦博、吕公著、吕大防、范纯仁、韩维、苏辙等大臣,凡120人,列为"奸党",分别定其罪状,并由徽宗亲自书写姓名,刻石立于端礼门外,时称"元祐党人碑"。由此兴起大规模的党锢之祸,号称"旌别淑慝,明信赏刑,黜元祐害政之臣,靡有佚罚",且规定列名者一律"永不录用",党人子孙不许留京师,不许参加科举考试。此后蔡京又自书"奸党"姓名为大碑,颁于郡县,令监司长吏厅皆刻石。崇宁三年六月,又复为"元祐党籍",更增至309人,亦由蔡京手书而颁布天下,连新党人物陆佃、章惇、曾布、王珪等也网罗其中。同时下诏禁毁党人著述,如苏洵、苏轼、苏辙、黄庭坚、张耒、晁补之、秦观、马涓等人的文集,以及范祖禹《唐鉴》、范镇《东斋记事》、刘攽《诗话》、文莹《湘山野录》等,悉行劈板焚毁。是年王安石被追封为舒王,配食文宣王孔子庙,列于颜、孟之次,荣宠至于人臣之极。

  人所共知,北宋末自崇宁以至宣和的20多年间,徽宗穷奢极欲,不务正业,以蔡京、梁师成为首的"六贼"横行无忌,擅权蠹国,朝野上下贿赂公行,乌烟瘴气,国是已全无章法可言。"六贼"既相互勾结,又彼此倾轧,虽托名于绍复神宗,尊崇王安石,声言要继承熙宁新法,实际上他们只是把新法当作攫取私利的工具,取其名而乱其实,以致弄得面目全非,所作所为并无一件合乎新法。靖康之变前,徽宗出逃,钦宗即位,曾从道学家杨时之请,下诏追夺王安石的王爵,并停止其配享神宗庙廷的资格。然北宋旋即灭亡,徽宗、钦宗俱被金人掳掠北上,对王安石的追贬也随即变成一纸空文。

  从南宋初年开始,统治集团对王安石变法的评价又完全回复到元祐更化的轨道。一方面是宋高宗在战乱中取得皇位,为开脱其父兄徽、钦二宗亡国的历史罪责,即因时议而将"六贼"乱国的祸根推溯至王安石变法；另一方面，也为争取皇室贵族的支持，高宗极力推崇元祐更化的灵魂人物宣仁高太后，意在否定"绍述"，为元祐旧党翻案，而又借太后的风范以遮蔽神宗的过失。还在建炎元年(1127)五月，高宗甫即位，即诏称"宣仁圣烈皇后保佑哲宗，有安社稷大功"，而"奸臣怀私，诬蔑圣德，著在史册"，因令国史院差官"摭实刊修，播告天下"，以雪其"诬谤"，并为此而追贬绍述新党的重要人物蔡确、蔡卞和邢恕。至绍兴四年(1134)五月，以政局稍定，即从史官之请，命重修绍圣间改修的《神宗实录》及崇宁以后修定的《哲宗实录》，以便更修神宗、哲宗两朝国史。时言者已称"元祐之政乃是顺人情，合公道，复祖宗之旧，成神宗之志"，无非是迎合高宗，"誉元祐而非熙、丰"。是年八月，高宗召见直史馆范冲，更直称"朕最爱元祐"；又相与论"王安石之奸"，反复指斥其"坏天下人心术"，定调修史要"直书安石之罪"，以明变法"非神宗之意"，且以为如此即可使"神宗成功盛德，焕然明白"。未几，又重申靖康初追夺安石王爵之诏，并追毁其告命文件。王安石变法至此被彻底否定，有关定性的言词后来明著于宋代国史，貌似公正而实主于负面的评价，并进而成为宋以后元、明、清诸朝代表官方的基本立场。元修《宋史》的《王安石传》是照抄宋代国史而来的，其"论曰"直称王安石"汲汲以财利兵革为先务，引用凶邪，排摈忠直，躁迫强戾，使天下之人嚣然丧其乐生之心，卒之群奸嗣虐，流毒四海，至于崇宁、宣和之际，而祸乱极矣"，更指王安石为北宋亡国的元凶。此等文字影响所及，对王安石的学问和人品的攻击也就日甚一日，以致"奸邪"之说不绝如缕。宋理宗时正式取缔王安石配享孔庙的资格，谓之为"万世罪人"，从此程朱道学大兴，"荆公新学"几至全被摈弃为异端邪说。史学上对王安石的型塑亦越发不典，尤为出格的是清初陈景云改编《宋史》，竟将王安石列入《奸臣传》，其褒贬之不正以至于如此！

尽管旧时官方对王安石变法的总体评价是否定性的,但政界、学界乃至乡里社会的看法依旧纷然多歧而不主于一律。其中持正面态度并为王安石辩护者,如南宋心学大家陆九渊的《荆国王文公祠堂记》有云:

> 公畴昔之学问,熙宁之事业,举不遁乎使还之书(《上仁宗皇帝言事书》)。而排公者,或谓容悦,或谓迎合,或谓变其所守,或谓乖其所学,是尚得为知公者乎?气之相迕而不相悦,则必有相訾之言,此人之私也。公之未用,固有素訾公,如张公安道(张方平)、吕公献可(吕诲)、苏公明允(苏洵)者,夫三公者之不悦于公,盖生于其气之所迕。公之所蔽,则有之矣,何至如三公之言哉?熙宁排公者,大抵极诋訾之言,而不折之以至理,平者未一二,而激者居八九。上不足以取信于裕陵(神宗),下不足以解公之蔽,反以固其意,成其事,新法之罪,诸君子固分之矣。

此言主于指责反对派的不公,而言"新法之罪"还是拘于官方的评价。明人陈汝锜的《甘露园短书》论王安石:"宋,武衰而积弱之国也。……故吾以为编保甲法习民兵,已逆知他日之必有靖康;而靖康之所以河决鱼烂者,正以保甲之法坏。蒙其名而弃其实,额日广而锐日销,驱病妇弱子张空卷以与饿豺狼斗,而立碎于爪吻之下耳,尚介甫之诅且詈乎?"又论司马光:"靖康之祸,论者谓始于介甫,吾以为始于君实。非君实能祸靖康,而激靖康之祸者君实也。"又谓"熙、丰、元祐之史,则不幸而近于儿戏",是致"是君实而非介甫"。这便把靖康之祸的滥觞直接指向元祐党人了。明人章衮的《王临川文集序》也说:"靖康之祸,公已逆知其然,乃苦心戮力,不畏艰难,不避谤议,而每事必为者,固(周)公旦'天未阴雨,绸缪牖户'之心也。……而古今议者,乃以靖康之祸、之狱独归于公,无亦秦人枭辕参夷之习未亡乎?"其意谓南宋以后把靖康之祸推溯于王安石乃罗织太甚，无异于秦人之车裂商鞅而夷其族。清初王夫之的《宋论》也曾批评元祐党人"非无忧国之诚也，而刚大之气，一泄而无余"，"上不知有志未定之冲人（年轻皇帝），内不知有不可恃之女主，朝不知有不修明之法守，野不知有难仰诉之疾苦，外不知有睥睨不逞之强敌，一举而委之梦想不至之域"，只欲罢黜新法，而不顾治国利民之术。这些话都是有感于当下时政而言的，皆非无根的史论。为王安石辩诬最力的要推嘉庆间蔡上翔的《王荆公年谱考略》，书中引无名氏之语云：

> 荆公之时，国家全盛，熙河之捷，扩地数千里，开国百年以来所未有者。南渡以后，元祐诸贤之子孙及苏、程之门人故吏发愤于党禁之祸，以攻蔡京为未足，乃以败乱之由，推原于荆公，皆妄说也。其实徽、钦之祸由于蔡京，蔡京之用由于温公，而龟山之用又由于蔡京，波澜相推，全与荆公无涉。

这有可能是蔡上翔氏自己或其门人的话而假托于无名氏者，皆欲洗去旧时累加于王安石的所谓"误国"之罪，而明指北宋亡国之祸，元祐党人的大开党争之门不能辞其咎。

据实言之，王安石变法自亦有诸多缺陷，上述辩诬性质的正面评说也不无过头之处，且多出于尊崇乡贤的传统。但从经世致用的理论层面上说，社会改革时时而有，不会有止境，一味保守的做法永远不足取。元祐党人谨守"祖宗之法"，沉湎于既得利益，处处顺从流俗，以世故为利器，又以个体人格凌驾于国格之上，以无为抑制有为，则当社会治理亟须变革之时，其"迂腐"程度实远过于变法派的不顾流俗。反言之，王安石变法在大方向上不容否定，其具体实效也应大部分给以肯定。

近世学术模式大变，对王安石变法的评价已不囿于旧说。梁启超在1908年出版的《王荆公》一书的《叙论》中说：

> 宋太傅荆国王文公安石，其德量汪然若千顷之陂，其气节

岳然若万仞之壁,其学术集九流之粹,其文章起八代之衰,其所设施之事功,适应于时代之要求而救其弊。其良法美意,往往传诸今日莫之能废;其见废者,又大率皆有合于政治之原理,至今东西诸国行之而有效者也。呜呼!皋、夔、伊、周,邈哉邈乎,其详不可得闻;若乃于三代下求完人,惟公庶足以当之矣。悠悠千祀,间生伟人,此国史之光,而国民所当买丝以绣、铸金以祀也。

其言景行仰止,不厌其高,大有"斯世当以同怀视之"的味道。梁氏把熙宁变法的青苗法和市易法看作近代"文明国家"的银行,把免役法视同各国所征收的所得税,把保甲法与今世之警察相比类,于是统谓王安石变法"实国史上、世界史上最有名誉之社会革命",乃至誉之为"社会主义"学说的先行者。自梁氏此书出,学术界即掀起一股为王安石正名或曰翻案的热潮,而率多比附近现代制度言之。胡适也曾说过:"看惯了近世国家注重财政的趋势,自然不觉得李觏、王安石的政治思想的可怪了。懂得了近世社会主义的政策,自然不能不佩服王莽、王安石的见解和魄力了。"所谓"社会主义",还是早期经济社会学意义上的一种理解,不是指科学社会主义。还有人认为,孙中山的民生主义也曾受到王安石创见的影响。现在不必计较诸家叙事的有关言词,事实是不同时代的社会治理措施有因有革,也不无远隔而相通之处。现代史家黄仁宇也认为:"在我们之前900年,中国即企图以金融管制的办法操纵国事,其范围与深度不曾在当日世界里任何其他地方提出。当王安石对神宗赵顼说'不加税而国用足',他无疑已知道可以信用借款的办法刺激经济之成长。……因此王安石与现代读者近,而反与他同时代人物远。"王安石变法的历史遗产不只是精神上的,其中的有些成分也可与现代管理制度相接洽。

王安石生前执掌朝政还不足8年,而死后背负骂名却在800

年以上。张舜民《哀王荆公》诗的第四首说:

> 江水悠悠去不还,长悲事业典型间。浮云却是坚牢物,千古依栖在蒋山。

历史的长河如大江东去,永无停息,"浪淘尽千古风流人物"。王安石留给人们的是一出悲剧,而他的事业却始终是一种典型的存在,在波澜起伏中光芒闪烁。他生前视功名如浮云,而浮云依栖,功名常在,千秋功罪,皆付予落照苍烟。近世对这位伟人尊崇有加,骂名卸去,然时下的评价也还是多种多样的,并不都是褒词。旧时代的核心评价观念已不适用,但有些常理性的成分仍被参考;新生的评价标准力求合乎历史实际和人物特点,而理解和诠释也免不了见仁见智。大凡有分量的学术课题,一般不会有终极的结论,对王安石变法的研究也将与时俱进,长期持续。

七　关于本选集的几点说明

中国人文的价值观念,自古即有立德、立功、立言的"三不朽"之说。唐人孔颖达称"立德谓创制垂法,博施济众","立功谓拯厄除难,功济于时","立言谓言得其要,理足可传",这是从圣贤治世的层次上立论的,不止于个体生命价值的超越。王安石从不以"圣贤"自居,当然也不会自称为"完人",而作为曾被列宁所称道的"中国十一世纪时的改革家",其德、其功、其言已足以长存于天地间,其历史影响也已超越我们民族的国度。

我们这次选编《王安石集》,主要依据《四库全书》所收的《临川文集》,并以多种版本及相关载籍参校。王安石文集的搜辑和整理,就现在所知,还在北宋末政和至宣和年间,信奉王学的大臣薛昂和王安石之孙王棣已先后奉诏为之,但据说他们的稿本皆因"后罹兵火"而没有传世。北宋末或南宋初曾有闽本、浙本的王集流传,可能出于王学后人的私纂,均未详其体制。比较明确的是南宋绍兴十年(1140),临川郡守詹大和重新校定《临川集》刊行,厘为一百卷,豫章黄次山为之序,时称临川本,是为现存《临川文集》的祖本。绍兴二十一年,王安石的曾孙王珏又校订临川本文字而刊刻于临安(其中四首诗作有删移),是为今所称杭州本。从此这一系统的版本流传渐广,元、明、清诸朝多有修补翻刻。在这一系统之外,现在还别有《王文公文集》一种存世,原为绍兴间舒州(今安徽舒城)所刻,时称龙舒本(龙舒为舒城别称)。据杭州本的小序所说,龙舒本的刊刻尚在杭州本之前,可能与临川本相先后。近世有龙舒本的两种宋刻残帙传出,是用公文纸刷印的,为蝶装形式,今分藏于上海博物馆与日本东京宫内省图书寮;而两残帙除去重复的卷次之后,恰可配得全帙,珠联璧合,是为现在通行的《王文公文集》。此本亦为100卷,篇目与《临川文集》基本无异,但编辑次序不同,且有个别篇目多出,可以看成是《临川文集》的一种异本。相比较而言,《临川文集》的类编稍为条理一些,然各类文字的先后次序也不清楚。这两种文集都无王安石的行状、墓志或神道碑之类的文字附及(其他文献也不见),这对考察王安石的生平事迹和政治思想、治学源流等等,不能不说也是一种缺憾。

《临川文集》为诗文总集,前38卷为诗,后62卷为文。诗的部分主要是古诗、律诗两大类,凡有34卷,后4卷附以挽辞、集句、歌曲(词)、四言诗、古赋、乐章、上梁文、铭赞。文的部分细分为18目,凡有书疏1卷、奏状1卷、札子4卷、内制(包括册文、表本、青词、密词、祝文、斋文、诏书)4卷、外制7卷、表6卷、论议及杂著10卷(论议九与杂著一同卷)、书7卷、启3卷、记2卷、序1卷、祭文和哀辞2卷、神道碑3卷、行状及墓表1卷、墓志10卷;若将内制、外制合为一类,祭文至墓志合为一类,则共有12类。

文集、文选之学,难处首先就在去取。我们这次的选编,原则上以反映王安石思想和学术的文字为主，然篇幅所限，只能按相对的标准择要甄录。原集各体诗的部分，约占实际篇幅的一半，主要关乎文学，这次一律不选，仅在此文上节稍作括述。所选之文，仍照顾原集的类目，保留了书疏、奏状、札子、外制、表、论议、杂著、书、启、记、序11目，而略按篇幅的大小，有分有合，厘为甲、乙、丙、丁、戊、己、庚、辛八个分集，总称为《王安石集》。类目和选文的排列次序，仍一依原集存录的先后，不作其他形式的改排。所有选篇都是原文，只作校订，不加删减。其中书疏诸篇为王安石变法的纲领性文件，故今全都收入；札子也有较高的史料价值，论议、杂著则是反映王安石学术思想的主要部分，本集所选亦稍多，而书、启、记、序的部分只能择要选录。唯奏状、制书、进表基本上是官样文书，故选录较少，祭文以下及墓志碑铭等则都略去。全部选文只有百余篇，仅占原集文目的十分之一左右，容量偏狭，但大抵可以反映王安石政事理念与学术思想的基本风貌。各篇都加了注释，力求简要，目的在为青年学者提供一种便读的文本，同时也可供专业工作者参考。

青年学者初读《王安石集》，首先要树立现代史学观念，实事求是地看待历史人物，不要轻信旧时代官方对王安石变法的否定性评价；也不要轻信杂史所传有关王安石为人的一些逸闻轶事，这类记载多是有贬而无褒，极少有信实可言。为此就需要扩展读书，适当检阅几种有关宋史的新式著作，把王安石的政治活动和学术体系都放到宋代社会发展的大背景上观察，既要讲求通古鉴今，也要避免不适当的比附。具体阅读王安石的文集，可以先耐心细读他的《上仁宗皇帝言事书》和《本朝百年无事札子》，以求把握他力行变革的指导思想，然后展开阅读，逐次翻看他对当时变法过程和各项措施的有关论说。其论议部分不只是谈政治的，大量保存的还是他多年积累的学术探讨文章，有必要重点关注。这类文章虽经、史、子、集无所不谈,而差不多全是围绕经学展开的,一归于事功之实学的心性与义理,又与后来程朱学派的理学大不相同。他的"新学"实发端于政治而落实于政治,然其学术性质并不因此而减弱,高标卓识,独领风骚。他的杂著、书信、记序等,凡非应酬文字,也无不贯穿着他的政治理念、历史观点和学术宗旨,所以要真正了解王安石,不可不掌握"新学"的锁钥。其中经学知识连篇累牍,文风则上追两汉,不似普通唐宋文章之易读,是当观海观澜,细心领会。

本书由张富祥、李玉诚合作完成。篇目的确定和注述体例均由张富祥负责,通说亦由张富祥撰写;注文由李玉诚起草,最后由张富祥统加修订、补注、删次、改写、定稿。不足或错误之处,还请读者不吝赐教。

2014 年夏秋初稿
2015 年新春删定

《王安石集》简注

甲集　书疏、奏状

上仁宗皇帝言事书

　　臣愚不肖,蒙恩备使一路①,今又蒙恩召还阙廷②,有所任属③,而当以使事归报陛下。不自知其无以称职,而敢缘使事之所及,冒言天下之事④,伏惟陛下详思而择其中⑤,幸甚!

　　[**注释**]①备使一路:指担任行政区划路一级所设的监司官。王安石此次上书前实任江南东路提点刑狱公事。　②阙廷:朝廷。　③任属(zhǔ):信用托付。犹言任用。　④冒言:冒昧地议论。　⑤中:指适用的言论。

　　臣窃观陛下有恭俭之德,有聪明睿智之才,夙兴夜寐无一日之懈,声色狗马、观游玩好之事无纤介之蔽①,而仁民爱物之意孚于天下②,而又公选天下之所愿以为辅相者属之以事③,而不贰于谗邪倾巧之臣④。此虽二帝三王之用心⑤,不过如此而已,宜其家给人足,天下大治。而效不至于此,顾内则不能无以社稷为忧⑥,外则不能无惧于夷狄,天下之财力日以困穷,而风俗日以衰坏,四方有志之士諰諰然常恐天下之久不安⑦,此其故何也?患在不知法度故也。今朝廷法严令具⑧,无所不有,而臣以谓无法度者,何哉?方今之法度,多不合乎先王之政故也⑨。

[注释]①纤介:同"纤芥",细微、细小,一丁点儿。蔽:被蒙蔽。此指偏好。 ②孚:信。 ③天下之所愿以为辅相者:指有辅相公望的人。属(zhǔ):托付。 ④不贰于谗邪倾巧之臣:意谓不任用谗佞、奸邪、倾轧、巧诈之人为臣。不贰,无二心,承上句"公选"而言,指无意于任用不肖之人。 ⑤二帝三王:指唐尧、虞舜、夏禹、商汤、周文王及武王。 ⑥顾:反而。 ⑦諰諰(xǐ)然:忧心惊惧貌。久不安:《临川文集》下卷《拟上殿札子》作"不久安"。
⑧具:备,详备、详尽。 ⑨先王之政:指儒家所称以二帝三王为代表的理想化的政治制度。其核心内容多体现在儒家经典中,而后世有不同的诠释和发挥。

孟子曰:"有仁心仁闻,而泽不加于百姓者,为政不法于先王之道故也。"①以孟子之说,观方今之失,正在于此而已。夫以今之世去先王之世远,所遭之变、所遇之势不一,而欲一二修先王之政②,虽甚愚者犹知其难也。然臣以谓今之失,患在不法先王之政者,以谓当法其意而已③。夫二帝三王相去盖千有余载,一治一乱,其盛衰之时具矣④。其所遭之变、所遇之势亦各不同,其施设之方亦皆殊,而其为天下国家之意,本末先后未尝不同也⑤。臣故曰:当法其意而已。法其意,则吾所改易更革,不至乎倾骇天下之耳目,嚣天下之口⑥,而固已合乎先王之政矣。虽然,以方今之势揆之⑦,陛下虽欲改易更革天下之事、合于先王之意,其势必不能也。陛下有恭俭之德,有聪明睿智之才,有仁民爱物之意,诚加之意,则何为而不成、何欲而不得?然而臣顾以谓陛下虽欲改易更革天下之事⑧、合于先王之意,其势必不能者,何也?以方今天下之人才不足故也。

[注释]①语出《孟子·离娄上》,有节括。仁心仁闻,仁民爱物的用心和声望。泽,恩惠。 ②一二:喻从少量事情上做起,循序渐进。 ③以谓:犹今言"以为"。法其意:谓效法先王治道当效法其用意,而不是一一恢复其具体措施。 ④具:详。 ⑤本末先后:指社会和国家治理措施的轻重缓急和实施程序。 ⑥嚣:吵闹,争议。此为使动用法,谓使天下喧嚣不已。 ⑦揆:测度,估计。 ⑧顾:反。

臣尝试窃观天下在位之人,未有乏于此时者也。夫人才乏于上,则有沈废伏匿在下①,而不为当时所知者矣。臣又求之于闾巷草野之间,而亦未见其多焉。岂非陶冶而成之者②,非其道而然乎?臣以谓方今在位之人才不足者,以臣使事之所及,则可知矣。今以一路数千里之间,能推行朝廷之法令,知其所缓急,而一切能使民以修其职事者甚少,而不才苟简贪鄙之人至不可胜数③;其能讲先王之意,以合当时之变者,盖阖郡之间往往而绝也。朝廷每一令下,其意虽善,在位者犹不能推行,使膏泽加于民;

而吏辄缘之为奸④,以扰百姓。臣故曰:在位之人才不足,而草野闾巷之间亦未见其多也。夫人才不足,则陛下虽欲改易更革天下之事,以合先王之意,大臣虽有能当陛下之意而欲领此者,九州之大、四海之远,孰能称陛下之指以一一推行⑤?此而人人蒙其施者乎⑥!臣故曰:其势必未能也。孟子曰:"徒法不能以自行⑦。"非此之谓乎?然则方今之急,在于人才而已。诚能使天下之才众多,然后在位之才可以择其人而取足焉。在位者得其才矣,然后稍视时势之可否⑧,而因人情之患苦,变更天下之弊法,以趋先王之意甚易也。今之天下亦先王之天下,先王之时人才尝众矣,何至于今而独不足乎?故曰:陶冶而成之者,非其道故也。

[注释]①沈:同"沉"。　②陶冶:陶铸,喻教育培养。　③苟简:苟且草率。　④辄:总是。缘:因。　⑤称(chèn):合乎。指:旨意。　⑥此而:如此则……蒙其施:暗昧而推测行之。　⑦语出《孟子·离娄上》,意谓仅有法令而不能推行,则法令不能自行。　⑧稍:渐。

商之时,天下尝大乱矣,在位贪毒祸败,皆非其人。及文王之起,而天下之才尝少矣。当是时,文王能陶冶天下之士,而使之皆有士君子之才,然后随其才之所有而官使之。《诗》曰:"岂弟君子,遐不作人。"①此之谓也。及其成也,微贱兔罝之人犹莫不好德②,《兔罝》之诗是也,又况于在位之人乎?夫文王惟能如此,故以征则服,以守则治。《诗》曰:"奉璋峨峨,髦士攸宜。"③又曰:"周王于迈,六师及之。"④言文王所用文武,各得其才,而无废事也。及至夷、厉之乱⑤,天下之才又尝少矣。至宣王之起,所与图天下之事者,仲山甫而已⑥,故诗人叹之曰"德輶如毛","维仲山甫举之,爱莫助之"⑦。盖闵人士之少⑧,而山甫之无助也。宣王能用仲山甫,推其类以新美天下之士,而后人才复众。于是内修政事,外讨不庭⑨,而复有文、武之境土。故诗人美之曰:"薄言采芑,于彼新田,于此菑亩。"⑩言宣王能新美天下之士,使之有可用之才,如农夫新美其田,而使之有可采之芑也。由此观之,人之才未尝不自人主陶冶而成之者也。所谓陶冶而成之者何也? 亦教之养之,取之任之,有其道而已。

[注释]①此为《诗经·大雅·旱麓》诗句,意为:和乐平易的君子,怎会不能造就为人才? 岂弟(kǎi tì),同"恺悌",和乐平易。遐,通"胡",何。　②兔罝(jū):捕兔的网。"兔罝之人"泛指猎人,喻指地位低下之人。《诗经·周南》有《兔罝》篇,小序以为因周之教化行,虽微贱之人亦"莫不好德",故致"贤人众多"。　③此为《诗经·大雅·棫(yù)朴》诗句,意为:捧着酒器端庄肃穆,英俊之士举止合宜。璋,璋瓒,祭祀时盛酒的玉器。髦,俊。攸,语助词。此诗小序谓诗意体现的是周文王能任用贤才。　④此亦为《大雅·棫朴》诗句,意为:周王远征,六军皆从。喻武才众多。于迈,往行,指征伐。　⑤夷、厉:周夷王与周厉王父子。史载夷王时王室衰微,厉王残暴而被国人放逐。　⑥宣王:周宣王,厉王之子。史称"宣王中兴"。仲山甫:周宣王时大臣。后世多以其喻指良臣贤辅。　⑦此所引诗句见《诗经·大雅·烝民》,意谓功德轻如鸿毛,却只有仲山甫能建立,可惜无人相助。輶(yóu),轻。爱,惜。　⑧盖:连接词。闵:通"悯",惜。人士:指人才。　⑨不庭:不朝于王庭,指不宾服者。　⑩此为《诗经·小雅·采芑》诗句,旧注谓指以新美之物养育军士。薄言,句首发语词。芑(qǐ),一种野菜。于,往。新田、菑(zī)亩,均指新开垦的田地。古人谓田一岁曰菑,二岁曰新。

所谓教之之道何也？古者天子、诸侯，自国至于乡党皆有学①，博置教导之官而严其选，朝廷礼乐刑政之事皆在于学②。士所观而习者，皆先王之法言③、德行、治天下之意，其材亦可以为天下国家之用。苟不可以为天下国家之用则不教也，苟可以为天下国家之用者则无不在于学，此教之之道也。

[注释]①国：都城。乡党：乡里。古籍或称周制五百家为党，一万二千五百家为乡。学：学校。　②皆在于学：古时政教不分，学校常为议政之所。　③法言：合乎礼法的精要言论，也指格言警句。

所谓养之之道何也？饶之以财①，约之以礼，裁之以法也。何谓饶之以财？人之情不足于财，则贪鄙苟得，无所不至。先王知其如此，故其制禄，自庶人之在官者，其禄已足以代其耕矣②。由此等而上之，每有加焉，使其足以养廉耻，而离于贪鄙之行。犹以为未也，又推其禄以及其子孙，谓之世禄。使其生也，既于父子兄弟妻子之养，昏姻朋友之接，皆无憾矣；其死也，又于子孙无不足之忧焉。何谓约之以礼？人情足于财而无礼以节之，则又放僻邪侈，无所不至。先王知其如此，故为之制度，婚丧祭养燕享之事、服食器用之物皆以命数为之节，而齐之以律度量衡之法③。其命可以为之，而财不足以具则弗具也；其财可以具，而命不得为之者，不使有铢两分寸之加焉。何谓裁之以法？先王于天下之士，教之以道艺矣，不帅教则待之以屏弃远方、终身不齿之法④；约之以礼矣，不循礼则待之以流、杀之法⑤。《王制》曰：变衣服者，其君流⑥；

《酒诰》曰:"厥或诰曰'群饮',汝勿佚,尽执拘以归于周,予其杀。"⑦夫群饮、变衣服,小罪也。流、杀,大刑也。加小罪以大刑,先王所以忍而不疑者⑧,以为不如是,不足以一天下之俗而成吾治。夫约之以礼,裁之以法,天下所以服从无抵冒者⑨,又非独其禁严而治察之所能致也。盖亦以吾至诚恻怛之心,力行而为之倡。凡在左右通贵之人⑩,皆顺上之欲而服行之,有一不帅者,法之加必自此始。夫上以至诚行之,而贵者知避上之所恶矣⑪,则天下之不罚而止者众矣。故曰:此养之之道也。

[注释]①饶:使……富足。 ②自庶人之在官者:谓自平民在官府为吏者。代其耕:代其耕种所得的收获。《礼记·王制》谓古时农夫受公田百亩,土地的好坏分为五等,可以分别养活九人、八人、七人、六人、五人,平民在官府为吏者的俸禄即按这标准制定。 ③燕享:同"宴享"。命数:实指人的等级差别。古人以为社会地位不同即是"命"不同,有一定之数。节:节制。齐之以律度量衡之法:即按固定标准治理。 ④不帅教:不循从教化。帅,通"率"。屏弃远方:摒弃于边远之地。不齿:不与同列。此实指不录用。 ⑤流、杀:流放、诛杀,指重刑。 ⑥此句意指服饰僭越礼制者,将被君主流放。《礼记·王制》原文:"变礼易乐者为不从,不从者君流;革制度衣服者为畔(叛),畔者君讨。" ⑦此处所引《尚书·酒诰》之文意为:如果有人告发说有聚众饮酒的,你们不要让他们逃走,要把他们都抓起来交给周人,我们将处之以死刑。诰,通"告",告发。佚,同"逸",逃走。 ⑧忍:忍心,残忍。不疑:指不疑于用刑。 ⑨抵冒:触犯(法律)。 ⑩左右通贵之人:指君主近侍中的亨通显贵之人。 ⑪恶(wù):憎恶,反对。

所谓取之之道者何也?先王之取人也,必于乡党,必于庠序①,使众人推其所谓贤能,书之以告于上,而察之诚贤能也,然后随其德之大小、才之高下而官使之。所谓察之者,非专用耳目之聪明,而听私于一人之口也②,欲审知其德问以行③,欲审知其才问以言,得其言行则试之以事。所谓察之者,试之以事是也,虽尧之用舜亦不过如此而已,又况其下乎!若夫九州之大,四海之远,万官亿丑之贱④,所须士大夫之才则众矣⑤,有天下者又不可以一二自察之也⑥,又不可以偏属于一人⑦,而使之于一日二日之间考试其行能而进退之也⑧。盖吾已能察其才行之大者以为大官矣,因使之取其类,以持久试之而考其能者以告于上,而后以爵命禄秩予之而已。此取之之道也。

[注释]①庠序:古代学校之称。古籍或说"夏曰校,殷曰庠,周曰序"。②听私:以私心听从。 ③欲审知其德问以行:欲确实了解其品德则考察其行为。 ④万官亿丑之贱:指众多官职及各种品类的低贱职业。丑,类别。 ⑤须:通"需"。 ⑥一二:一两件事。自察:指君主亲自考察。 ⑦偏属(zhǔ)于一人:片面地托付给某一人。 ⑧行能:德行才能。进退之:推荐他或贬退他。

所谓任之之道者何也?人之才德,高下厚薄不同,其所任有宜有不宜。先王知其如此,故知农者以为后稷,知工者以为共工①。其德厚而才高者以为之长,德薄而才下者以为之佐属。又以久于其职,则上狃习而知其事,下服驯而安其教②,贤者则其功可以至于成,不肖者则其罪可以至于著③,故久其任而待之以考绩之法。夫如此,故智能才力之士,则得尽其智以赴功,而不患其事之不终、其功之不就也。偷惰苟且之人,虽欲取容于一时,而顾僇辱在其后④,安敢不勉乎?若夫无能之人,固知辞避而去矣,居职任事之日久,不胜任之罪不可以幸而免故也。彼且不敢冒而知辞避矣,尚何有比周、谗谄、争进之人乎⑤?取之既已详,使之既已当,处之既已久,至其任之也,又专焉而不一二以法束缚之⑥,而使之得行其意。尧、舜之所以理百官而熙众工者⑦,以此而已。《书》曰:"三载考绩,三考,黜陟幽明。"⑧此之谓也。然尧、舜之时,其所黜者则闻之矣,盖四凶是也⑨;其所陟者,则皋陶、稷、契⑩,皆终身一官而不徙。盖其所谓陟者,特加之爵命禄赐而已耳。此任之之道也。

[注释]①后稷:传说的农官名。相传周人始祖名弃,尧、舜时为后稷。共工:传说的工官名。相传有能工巧匠名倕,尧、舜时为共工。 ②狃(niǔ)习:熟习,习惯。服驯:顺从。安其教:安心听从教令。 ③著:彰显。 ④僇(lù)辱:耻辱。此指玩忽职守而受处分,则将自取其辱。 ⑤冒:此指假装称职。比周:勾结。 ⑥处之:使之处官。专焉:使之专任。一二:犹言时时。法:指有关规定。 ⑦理:治。熙众工:兴起众功。熙,兴;一释"广"。工,通"功"。 ⑧语出《尚书·舜典》,意谓百官政绩三年一考,九年三考,据考核结果分别黜陟。黜,降职或罢免;陟,升职。幽,指政绩不彰;明,指政绩显著。 ⑨四凶:指传说舜时被流放的部落首领共工(水官)、驩(huān)兜、三苗、鲧。 ⑩皋陶(gāo yáo):相传尧、舜时为刑官。稷:即后稷。契:商人祖先,相传尧、舜时为司徒。

夫教之、养之、取之、任之之道如此,而当时人君又能与其大臣悉其耳目心力,至诚恻怛思念而行之①,此其人臣之所以无疑,而于天下国家之事无所欲为而不得也。方今州县虽有学,取墙壁具而已②,非有教导之官、长育人才之事也。唯太学有教导之官,而亦未尝严其选。朝廷礼乐刑政之事未尝在于学,学者亦漠然自以礼乐刑政为有司之事,而非己所当知也;学者之所教,讲说章句而已③。讲说章句固非古者教人之道也,近岁乃始教之以课试之文章④。夫课试之文章,非博诵强学、穷日之力则不能;及其能工也,大则不足以用天下国家,小则不足以为天下国家之用⑤。故虽白首于庠序,穷日之力以帅上之教⑥,及使之从政,则茫然不知其方者皆是也。

[注释]①至诚恻怛思念:精诚恳切的思虑。恻怛(cè dá),恳切,有哀矜、忧患之意。 ②取墙壁具:比喻学校教育只训练学生写一些无用的文章。唐宋时常称政令颁之有司而不被奉行者,为"挂墙壁"之虚文。 ③讲说章句:指传统经学只重解释篇章字句而不重阐发大义的教习方式。 ④课试之文章:指科举考试中的策试。自唐时始试时务策。课试,考试。 ⑤"及其"以下是说:等到科举考试的文章能做得精工,其才大者不足以用以治理天下国家,其才小者更不足以对天下国家有用。 ⑥帅上之教:循从国家的教育。

　　盖今之教者,非特不能成人之才而已,又从而困苦毁坏之,使不得成才者,何也?夫人之才成于专而毁于杂,故先王之处民才,处工于官府,处农于畎亩,处商贾于肆,而处士于庠序,使各专其业而不见异物①,惧异物之足以害其业也。所谓士者,又非特使之不得见异物而已,一示之以先王之道,而百家诸子之异说皆屏之而莫敢习者焉。今士之所宜学者,天下国家之用也。今悉使置之不教②,而教之以课试之文章,使其耗精疲神,穷日之力以从事于此。及其任之以官也,则又悉使置之③,而责之以天下国家之事。夫古之人以朝夕专其业于天下国家之事,而犹才有能有不能。今乃移其精神,夺其日力,以朝夕从事于无补之学,及其任之以事,然后卒然责之以为天下国家之用④,宜其才之足以有为者少矣。臣故曰:非特不能成人之才,又从而困苦毁坏之,使不得成才也。

[注释]①异物:指不同的职业和技能。 ②置之不教:指放弃学以致用的教育。置,弃。 ③置之:此指放弃所学。 ④卒然:突然。卒,通"猝"。责:求。

又有甚害者。先王之时,士之所学者,文武之道也。士之才有可以为公卿大夫,有可以为士,其才之大小、宜不宜则有矣。至于武事,则随其才之大小,未有不学者也。故其大者,居则为六官之卿,出则为六军之将也①;其次则比闾族党之师,亦皆卒两师旅之帅也②。故边疆宿卫皆得士大夫为之,而小人不得奸其任③。今之学者,以为文武异事,吾知治文事而已;至于边疆宿卫之任,则推而属之于卒伍,往往天下奸悍无赖之人④,苟其才行足自托于乡里者,亦未有肯去亲戚而从召募者也⑤。边疆宿卫,此乃天下之重任,而人主之所当慎重者也。故古者教士以射、御为急⑥,其他技能则视其人才之所宜而后教之,其才之所不能则不强也。至于射则为男子之事,人之生有疾则已,苟无疾,未有去射而不学者也。在庠序之间,固当从事于射也。有宾客之事则以射,有祭祀之事则以射,别士之行同能偶则以射⑦,于礼乐之事未尝不寓以射,而射亦未尝不在于礼乐祭祀之间也。《易》曰:"弧矢之利,以威天下。"⑧先王岂以射为可以习揖让之仪而已乎?固以为射者,武事之尤大,而威天下、守国家之具也,居则以是习礼乐,出则以是从战伐。士既朝夕从事于此而能者众,则边疆宿卫之任皆可以择而取也。夫士尝学先王之道,其行义尝见推于乡党矣,然后因其才而托之以边疆宿卫之事,此古之人君所以推干戈以属之人⑨,而无内外之虞也⑩。今乃以夫天下之重任,人主所当至慎之选,推而属之奸悍无赖、才行不足自托于乡里之人,此方今所以愗愗然常抱边疆之忧,而虞宿卫之不足恃以为安也。今孰不知边疆宿卫之士不足恃以为安哉?顾以为天下学士以执兵为耻,而亦未有能骑射行阵之事者,则非召募之卒伍,孰能任其事者乎?夫不严其教、高其选,则士之以执兵为耻,而未尝有能骑射行阵之事,固其理也。凡此,皆教之非其道故也。

[注释]①居:指平时。六官之卿:指古代统军与执政的高官。古时有不同名目,其职事略相当于后世吏、户、礼、兵、刑、工六部尚书的执掌,而军政不分。出:指征战。 ②比闾族党之师:指乡里宗族武装。古籍称五家为比,五比为闾。古时寓兵于农,兵民不分。卒两:古代军事编制单位。古籍或称周制二十五人为一两,百人为一卒。 ③奸:通"干",求取。 ④属(zhǔ):托付。奸悍无赖之人:指宋代招募之兵的无德行者。宋代实行募兵制,应募者多为市井无赖之徒。 ⑤苟:假如。亲戚:亲属。 ⑥射、御:射箭、驾车。古代大学以六艺为教,包括礼、乐、射、御、书、数,射与御为武事。 ⑦别士之行同能偶则以射:古代诸侯国学岁贡优异学子于天子之大学,如果品行、学艺相当,则以试射区别其高下。见《汉书·食货志上》。按:此处所举各种射仪,皆谓古时教育以文武并重不相离。 ⑧语出《周易·系辞下》,意谓射兵的发明可以威慑暴力争斗。 ⑨属之人:托付于他人。指专任能文能武的将领。按:宋代收武将兵权,以文臣为边帅,而文臣多不知兵,故王安石有此言。⑩虞:担忧。

方今制禄大抵皆薄,自非朝廷侍从之列①,食口稍众,未有不兼农商之利而能充其养者也。其下州县之吏,一月所得,多者钱八九千,少者四五千,以守选、待除、守阙通之②,盖六七年而后得三年之禄,计一月所得乃实不能四五千,少者乃实不能及三四千而已。虽厮养之给亦窘于此矣③,而其养生、丧死、婚姻、葬送之事皆当于此。夫出中人之上者,虽穷而不失为君子;出中人之下者,虽泰而不失为小人;唯中人不然,穷则为小人,泰则为君子④。计天下之士,出中人之上下者,千百而无十一,穷而为小人、泰而为君子者,则天下皆是也。先王以为众不可以力胜也,故制行不以己而以中人为制⑤,所以因其欲而利道之⑥,以为中人之所能守,则其志可以行乎天下而推之后世。以今之制禄而欲士之无毁廉耻,盖中人之所不能也。故今官大者,往往交赂遗,营资产,以负贪污之毁⑦;官小者,贩鬻乞丐⑧,无所不为。夫士已尝毁廉耻以负累于世矣,则其偷惰取容之意起,而矜奋自强之心息⑨,则职业安得而不弛,治道何从而兴乎? 又况委法受赂,侵牟百姓者往往而是也⑩。此所谓不能饶之以财也。

[**注释**]①侍从:指高级官员。宋代称殿阁学士、直学士、待制与翰林学士、给事中、六部尚书、侍郎为侍从,又称中书舍人等为小侍从。 ②守选:宋代低级文臣参与吏部铨选的一种规定。选人任满,例须等待下次到吏部注授差遣,称守选。待除:官员任满,等待除授新职。守阙:也称"待阙",指申请某一官职的缺额或等待现任官员任满以代之的规定。 ③厮养之给:役人供役所得的给养。句意指低级官员俸禄微薄,雇用役人亦感窘困。 ④此处意思是:上等品格的人,虽穷困而不失节操,仍可为君子;下等品格的人,虽安泰而无节操,就仍是小人;只有中等品格的人,若穷困就会失节成小人,若安泰则

可持节成君子。　⑤"制行"句:节制人的行为不以一己为标准,而以中等人的行为确定规范。　⑥利道:同"利导"。　⑦交赂遗:交接贿赂。遗(wèi),馈赠。负贪污之毁:背负贪污的坏名誉。　⑧贩鬻乞丐:贩卖乞求。　⑨矜奋:振奋、勤奋。　⑩委法:弃法律于不顾。侵牟:侵害求取。

　　婚丧、奉养、服食、器用之物,皆无制度以为之节,而天下以奢为荣,以俭为耻,苟其财之可以具,则无所为而不得。有司既不禁,而人又以此为荣,苟其财不足而不能自称于流俗①,则其婚丧之际,往往得罪于族人亲姻,而人以为耻矣。故富者贪而不知止,贫者则强勉其不足以追之②,此士之所以重困,而廉耻之心毁也。凡此,所谓不能约之以礼也。

　　[注释]①自称:指自我解释。如邻里婚丧嫁娶,而无财凑份子,则难以开口解释。　②追:指随俗。

　　方今陛下躬行俭约,以率天下,此左右通贵之臣所亲见。然而其闺门之内,奢靡无节,犯上之所恶,以伤天下之教者①,有已甚者矣,未闻朝廷有所放绌,以示天下。昔周之人拘群饮,而被之以杀刑者②,以为酒之末流生害,有至于死者众矣,故重禁其祸之所自生。重禁祸之所自生,故其施刑极省,而人之抵于祸败者少矣。今朝廷之法所尤重者,独贪吏耳。重禁贪吏而轻奢靡之法,此所谓禁其末而弛其本。然而世之识者,以为方今官冗,而县官财用已不足以供之③,其亦蔽于理矣。今之人官诚冗矣,然而前世置员盖甚少,而赋禄又如此之薄,则财用之所不足,盖亦有说矣,吏禄岂足计哉?

臣于财利,固未尝学,然窃观前世治财之大略矣。盖因天下之力以生天下之财,取天下之财以供天下之费,自古治世未尝以不足为天下之公患也,患在治财无其道耳。今天下不见兵革之具,而元元安土乐业④,人致己力以生天下之财。然而公私常以困穷为患者,殆以理财未得其道,而有司不能度世之宜而通其变耳。诚能理财以其道而通其变,臣虽愚,固知增吏禄不足以伤经费也。方今法严令具,所以罗天下之士,可谓密矣。然而亦尝教之以道艺,而有不帅教之刑以待之乎⑤?亦尝约之以制度,而有不循理之刑以待之乎?亦尝任之以职事,而有不任事之刑以待之乎?夫不先教之以道艺,诚不可以诛其不帅教⑥;不先约之以制度,诚不可以诛其不循理;不先任之以职事,诚不可以诛其不任事。此三者,先王之法所尤急也。今皆不可得诛,而薄物细故非害治之急者⑦,为之法禁月异而岁不同,为吏者至于不可胜记,又况能一二避之而无犯者乎⑧?此法令所以玩而不行⑨,小人有幸而免者,君子有不幸而及者焉。此所谓不能裁之以刑也。凡此,皆治之非其道也。

[注释]①恶(wù):憎恶。以:而。　②被(pī)之:使之遭受。　③县官:指天子,代指国家。　④元元:黎民百姓。　⑤刑:此指各种处罚措施,不仅指刑罚。　⑥诛:惩罚。　⑦薄物细故:指无关紧要的事体和行为。　⑧此处指法禁条目繁多而多变,以致吏人不能记,难以使人一一规避而不犯。　⑨玩:玩弄,轻忽,不认真对待。

方今取士，强记博诵而略通于文辞，谓之茂才异等、贤良方正①。茂才异等、贤良方正者，公卿之选也，记不必强，诵不必博。略通于文辞，而又尝学诗赋，则谓之进士；进士之高者，亦公卿之选也。夫此二科所得之技能不足以为公卿，不待论而后可知。而世之议者，乃以为吾常以此取天下之士，而才之可以为公卿者常出于此，不必法古之取人而后得士也。其亦蔽于理矣。先王之时，尽所以取人之道，犹惧贤者之难进，而不肖者之杂于其间也。今悉废先王所以取士之道，而殴天下之才士悉使为贤良、进士②，则士之才可以为公卿者固宜为贤良、进士，而贤良、进士亦固宜有时而得才之可以为公卿者也。然而不肖者苟能雕虫篆刻之学③，以此进至乎公卿，才之可以为公卿者困于无补之学，而以此绌死于岩野，盖十八九矣！夫古之人有天下者，其所以慎择者，公卿而已。公卿既得其人，因使推其类以聚于朝廷，则百司庶物无不得其人也④。今使不肖之人幸而至乎公卿，因得推其类聚之朝廷，此朝廷所以多不肖之人，而虽有贤智，往往困于无助，不得行其意也。且公卿之不肖既推其类以聚于朝廷，朝廷之不肖又推其类以备四方之任使，四方之任使者又各推其不肖以布于州郡，则虽有同罪举官之科⑤，岂足恃哉？适足以为不肖者之资而已。其次九经、五经、学究、明法之科⑥，朝廷固已尝患其无用于世，而稍责之以大义矣。然大义之所得，未有以贤于故也⑦。今朝廷又开明经之选⑧，以进经术之士，然明经之所取，亦记诵而略通于文辞者则得之矣。彼通先王之意而可以施于天下国家之用者,顾未必得与于此选也。其次则恩泽子弟⑨,庠序不教之以道艺,官司不考问其才能,父兄不保任其行义⑩,而朝廷辄以官予之,而任之以事。武王数纣之罪,则曰:"官人以世"⑪。夫官人以世而不计其才行,此乃纣之所以乱亡之道,而治世之所无也。又其次曰流外⑫,朝廷固已挤之于廉耻之外,而限其进取之路矣。顾属之以州县之事,使之临士民之上,岂所谓以贤治不肖者乎?以臣使事之所及,一路数千里之间,州县之吏出于流外者往往而有,可属任以事者殆无二三,而当防闲其奸者皆是也⑬。盖古者有贤不肖之分,而无流品之别,故孔子之圣而尝为季氏吏,盖虽为吏而亦不害其为公卿。及后世有流品之别,则凡在流外者,其所成立,固尝自置于廉耻之外而无高人之意矣。夫以近世风俗之流靡⑭,自虽士大夫之才,势足以进取,而朝廷尝奖之以礼义者,晚节末路往往怵而为奸⑮,况又其素所成立无高人之意,而朝廷固已挤之于廉耻之外,限其进取者乎?其临人亲职⑯,放僻邪侈,固其理也。至于边疆宿卫之选,则臣固已言其失矣。凡此,皆取之非其道也。

[注释]①茂才异等、贤良方正:均为古代取士科目。始于西汉察举,宋代用为贡举科目。 ②殴:借为"驱",驱使。古时用同"驱"字。 ③雕虫篆刻之学:比喻词章之学为童子学书般的摹画小技。 ④庶物:庶事,各种政事。 ⑤同罪举官之科:宋代荐举官员的一项规定。被举荐者履职后若有过罪,举主要承担相应的连带责任。 ⑥九经、五经、学究、明法之科:皆为宋代贡举考试科目。九经、五经科主于考经义,学究科只考对一经的背诵和理解,明法科主于考律令知识。 ⑦未有以贤于故:指举子对经典大义的理解,未见有比过去更好的。 ⑧明经之选:宋仁宗嘉祐年间,于进士、诸科外,又别

设明经科,考经典大义及时务策。　⑨恩泽子弟:指靠父辈功爵特准入官的贵族子弟。　⑩保任:担保。行义:德行表现。　⑪官人以世:任人为官用世袭制。语出《尚书·泰誓上》,为周武王伐商时指责商纣王之语。　⑫流外:宋代官与吏有别,不入流品(在九品之外)的胥吏称"流外人",简称"流外"。　⑬防闲:防禁,预防控制。　⑭流靡:流行、风行。靡,顺风倒下。　⑮怵:被诱惑。　⑯临人亲职:临民为官,身履其职。亲,指到职任事。

方今取之既不以其道,至于任之又不问其德之所宜,而问其出身之后先①;不论其才之称否,而论其历任之多少②。以文学进者,且使之治财;已使之治财矣,又转而使之典狱③;已使之典狱矣,又转而使之治礼。是则一人之身,而责之以百官之所能备,宜其人才之难为也。夫责人以其所难为,则人之能为者少矣;人之能为者少,则相率而不为。故使之典礼,未尝以不知礼为忧,以今之典礼者未尝学礼故也;使之典狱,未尝以不知狱为耻,以今之典狱者未尝学狱故也。天下之人亦已渐渍于失教,被服于成俗④,见朝廷有所任使非其资序,则相议而诎之⑤;至于任使之不当其才,未尝有非之者也。且在位者数徙,则不得久于其官,故上不能狃习而知其事,下不肯服驯而安其教,贤者则其功不可以及于成,不肖者则其罪不可以至于著。若夫迎新将故之劳,缘绝簿书之弊⑥,固其害之小者,不足悉数也。设官大抵皆当久于其任,而至于所部者远,所任者重,则尤宜久于其官,而后可以责其有为。而方今尤不得久于其官,往往数日辄迁之矣。取之既已不详,使之既已不当,处之既已不久,至于任之则又不专,而又一二以法束缚之,不得行其意。臣故知当今在位多非其人,稍假借之权⑦,而不一二以法束缚之,则放恣而无不为⑧。虽然,在位非其人,而恃法以为治,自古及今未有能治者也。即使在位皆得其人矣,而一二以法束缚之,不使之得行其意,亦自古及今未有能治者也。夫取之既已不详,使之既已不当,处之既已不久,任之又不专,而一二之以法束缚之,故虽贤者在位,能者在职,与不肖而无能者殆无以异。夫如此,故朝廷明知其贤能足以任事,苟非其资序,则不任以事而辄进之,虽进之,士犹不服也⑨;明知其无能而不肖,苟非有罪为在事者所劾,不敢以其不胜任而辄退之,虽退之,士犹不服也⑩。彼诚不肖无能,然而士不服者何也?以所谓贤能者任其事,与不肖而无能者亦无以异故也。臣前以谓不能任人以职事,而无不任事之刑以待之者,盖谓此也。

[注释]①出身:指官员入仕前的身份和入仕途径,如进士及第、进士出身或同出身、上舍出身或同出身等。有出身人命官和迁转比无出身人(主要是荫补入仕者)受优待。 ②称否(chèn pǐ):称职与否。历任:指资历。宋制,文武官员的各种实际职务皆有任期,满一任即得一资,循资迁转。 ③典:掌管。 ④渍(zì):浸染。失教:教令缺失。被(pī)服于成俗:依循于已成的风俗。 ⑤资序:资历顺序。讪:诽谤。 ⑥迎新将故:迎新官,送旧官。将,送行。缘绝簿书之弊:指交接文书时的弊端。吏人为此营私舞弊,故意弃去一些文件,被称为缘绝。 ⑦假借之权:给予一些自主权力。 ⑧放恣:放肆。 ⑨此处意思是:明知有贤能之人足以担任某一职务,假如他资历不够,就不能任命而提拔他,即使提拔了,士人仍不服。 ⑩此处意思是:明知无能不肖之人,只要不是有罪被弹劾,也不敢因为他不胜任就罢黜其职,即使罢黜了,士人仍不服。

夫教之、养之、取之、任之,有一非其道,则足以败天下之人才;又况兼此四者而有之,则在位不才、苟简贪鄙之人至于不可胜数,而草野闾巷之间亦少可任之才固不足怪。《诗》曰:"国虽靡止,或圣或否。民虽靡膴,或哲或谋,或肃或艾。如彼泉流,无沦胥以败。"①此之谓也。夫在位之人才不足矣,而闾巷草野之间亦少可用之才,则岂特行先王之政而不得也?社稷之托封疆之守,陛下其能久以天幸为常,而无一旦之忧乎!盖汉之张角,三十六万同日而起②,所在郡国莫能发其谋。唐之黄巢③,横行天下,而所至将吏无敢与之抗者。汉、唐之所以亡,祸自此始。唐既亡矣,陵夷以至五代④,而武夫用事,贤者伏匿消沮而不见⑤,在位无复有知君臣之义、上下之礼者也。当是之时,变置社稷盖甚于奕棋之易⑥,而元元肝脑涂地,幸而不转死于沟壑者无几耳。夫人才不足,其患盖如此。而方今公卿大夫,莫肯为陛下长虑后顾,为宗庙万世计,臣窃惑之。昔晋武帝趣过目前⑦,而不为子孙长远之谋,当时在位亦皆偷合苟容,而风俗荡然,弃礼义,捐法制⑧,上下同失,莫以为非,有识固知其将必乱矣。而其后果海内大扰,中国困于兵革者二百余年。伏惟三庙祖宗神灵所以付属陛下⑨,固将为万世血食而大庇元元于无穷也。臣愿陛下鉴汉、唐、五代之所以乱亡,惩晋武苟且因循之祸,明诏大臣,思所以陶成天下之才,虑之以谋,计之以数⑩,为之以渐,期为合于当世之变,而无负于先王之意,则天下之人才不胜用矣。人才不胜用,则陛下何求而不得,何欲而不成哉!

[注释]①引诗出《诗经·小雅·小旻(mín)》,意为:国是虽不定,而有圣者、有非圣者。人民虽不多,而有哲人、有谋士、有敬臣、有治臣。不要像泉流那样一去不返,沦陷败亡。靡,不、无。止,定。肬(wǔ),大、多。艾,通"乂(yì)",治。 ②张角:东汉末年黄巾起义领袖。万:当作"方"。《后汉书·皇甫嵩传》:"(张角)以善道教化天下,转相诳惑,十余年间,众徒数十万,连结郡国……遂置三十六方……大方万余人,小方六七千。"《后汉书·灵帝纪》误作"三十六万"。北宋张方平上仁宗《论地震请备寇盗事》谓"黄巾贼天下同日起,凡三十六万众",与王安石此书同误。 ③黄巢:唐末农民起义军领袖。曾攻入唐都长安,建立大齐政权。 ④陵夷:衰败。 ⑤伏匿消沮:隐居藏匿,消沉沮丧。 ⑥奕碁:同"弈棋"。 ⑦趣过目前:只图眼前过得去。趣,通"趋"。《晋书·五行志》:"武帝每延群臣,多说平生常事,未尝及经国远图。……何曾谓子遵曰:'国家无贻厥之谋,及身而已,后嗣其殆乎!'"《资治通鉴》卷八十七"臣光曰":"何曾议武帝偷惰,取过目前,不为远虑。" ⑧捐:弃。 ⑨三庙:指宋初太祖、太宗、真宗三位皇帝。 ⑩计之以数:指规划培养人才的数量、过程和要点等。犹言胸中有数。

夫虑之以谋,计之以数,为之以渐,则成天下之才甚易也。臣始读《孟子》,见孟子言王政之易行,心则以为诚然①。及见与慎子论齐、鲁之地,以为先王之制国大抵不过百里者,以为今有王者起,则凡诸侯之地或千里,或五百里,皆将损之,至于数十百里而后止②。于是疑孟子虽贤,其仁智足以一天下,亦安能毋劫之以兵革,而使数百千里之强国,一旦肯损其地之十八九,比于先王之诸侯③?至其后,观汉武帝用主父偃之策,令诸侯王地悉得推恩封其子弟,而汉亲临定其号名,辄别属汉,于是诸侯王之子弟各有分土,而势强地大者卒以分析弱小④。然后知虑之以谋,计之以数,为之以渐,则大者固可使小,强者固可使弱,而不至乎倾骇变乱败伤之衅⑤。孟子之言不为过,又况今欲改易更革,其势非若孟子所为之难也。臣故曰:虑之以谋,计之以数,为之以渐,则其为甚易也。

[注释]①诚然:确实如此。 ②此处括述孟子与慎子辩论之言,见《孟子·告子下》。按孟子的意思,上古天子之地千里,诸侯之地百里(如齐、鲁初封也不过百里),当今若有王者兴起,依古制,诸侯之地皆当减损。他的本义是想表明,王者以仁义有天下,诸侯之臣亦当引导君主以仁义立国,而不当为扩张土地以战争殃民。慎子,名滑厘,兵家学者,《告子下》谓"鲁欲使慎子为将军"。制国,指天子分封诸侯的规制。 ③以上为王安石初读《孟子》时的质疑,以为王者要统一天下,不可能不采取战争手段,否则诸侯之强国孰肯自损其地?劫,劫掠,攻取。兵革,指战争。 ④以上指汉景帝时镇压吴、楚等七国叛乱后,武帝初年为进一步削弱诸侯王的势力,采取主父偃的计策,下令诸侯王推私恩,分封子弟为列侯,名义上是施德惠,实际上是离析各王国,并将离析出来的侯国纳入郡县的体制,以强化中央集权。王安石言此,意在说明不通过战争,也可以假借仁义削弱强势诸侯。主父偃,姓主父,名偃,武帝时官至中大夫,后以齐王自杀事被族诛。分析,剖分离析。 ⑤衅:祸乱。

然先王之为天下,不患人之不为,而患人之不能;不患人之不能,而患己之不勉。何谓不患人之不为,而患人之不能?人之情所愿得者,善行、美名①、尊爵、厚利也,而先王能操之以临天下之士。天下之士有能遵之以治者,则悉以其所愿得者以与之;士不能则已矣,苟能则孰肯舍其所愿得,而不自勉以为才?故曰:不患人之不为,患人之不能。何谓不患人之不能,而患己之不勉?先王之法,所以待人者尽矣,自非下愚不可移之才②,未有不能赴者也。然而不谋之以至诚恻怛之心力行而先之,未有能以至诚恻怛之心力行而应之者也③。故曰：不患人之不能，而患己之不勉。陛下诚有意乎成天下之才，则臣愿陛下勉之而已。

[注释]①美名："美"原误作"矣"，据《宋文选》卷十一、《历代名臣奏议》卷三十三、《唐宋八大家文钞》卷八十一所引改。此处文字，其《拟上殿札子》作"人所愿得者尊爵厚禄，而所荣者善行，所耻者恶名也"。　②化用孔子"唯上知与下愚不移"（《论语·阳货》）之语，指不能自勉成才者。　③此二句意指求才养才，朝廷当首先定策以精诚恳切之心力行，然后士人才能同样力行响应。

臣又观朝廷异时欲有所施为变革①，其始计利害未尝熟也。顾有一流俗侥幸之人不悦而非之②，则遂止而不敢。夫法度立则人无独蒙其幸者，故先王之政虽足以利天下，而当其承弊坏之后、侥幸之时，其创法立制未尝不艰难也。以其创法立制，而天下侥幸之人亦顺说以趋之③，无有龃龉，则先王之法至今存而不废矣。惟其创法立制之艰难，而侥幸之人不肯顺悦而趋之，故古之人欲有所为，未尝不先之以征诛而后得其意④。《诗》曰："是伐是肆，是绝是忽，四方以无拂。"⑤此言文王先征诛，而后得意于天下也。夫先王欲立法度，以变衰坏之俗而成人之才，虽有征诛之难，犹忍而为之，以为不若是不可以有为也。及至孔子，以匹夫游诸侯，所至则使其君臣捐所习，逆所顺，强所劣，憧憧如也，卒困于排逐⑥。然孔子亦终不为之变，以为不如是不可以有为，此其所守盖与文王同意⑦。夫在上之圣人莫如文王，在下之圣人莫如孔子，而欲有所施为变革,则其事盖如此矣。今有天下之势,居先王之位,创立法制非有征诛之难也,虽有侥幸之人不悦而非之,固不胜天下顺悦之人众也。然而一有流俗侥幸不悦之言,则遂止而不敢为者,惑也⑧。陛下诚有意乎成天下之才,则臣又愿断之而已⑨。夫虑之以谋,计之以数,为之以渐,而又勉之以成,断之以果然,而犹不能成天下之才,则以臣所闻盖未有也。

[注释]①异时:往时。按:此处所言变革当是指庆历新政。 ②顾:但。 ③顺说:同"顺悦"。他书所引多作"顺悦"。 ④征诛:征伐惩治。 ⑤引诗见《诗经·大雅·皇矣》,言周文王伐崇、伐密之事。肆,亦纵兵征伐之意。绝、忽,灭。拂,违抗。 ⑥此处意指孔子晚年周游列国,所到之处即使其国君臣捐弃他们所熟悉的东西,违逆他们顺适的风俗,勉强他们接受不擅长的事物,往来不定,而最终还是困迫于被斥逐(如厄于陈、蔡等)。憧憧(chōng)如,往来不定貌。按:此言孔子为推行自己的理想而不顾流俗。 ⑦所守:所坚持的。同意:同样的用心。此指有为而言。 ⑧惑:迷惑,不明理。 ⑨断:决断。此指希望朝廷作出决断。

然臣之所称,流俗之所不讲,而今之议者以谓迂阔而熟烂者也①。窃观近世士大夫,所欲悉心力耳目以补助朝廷者有矣,彼其意非一切利害,则以为当世所能行者,士大夫既以此希世,而朝廷所取于天下之士亦不过如此②。至于大伦大法③、礼义之际,先王之所力学而守者盖不及也,一有及此则群聚而笑之,以为迂阔。今朝廷悉心于一切之利害、有司法令于刀笔之间非一日也,然其效可观矣④,则夫所谓迂阔而熟烂者,惟陛下亦可以少留神而察之矣。昔唐太宗贞观之初,人人异论,如封德彝之徒⑤,皆以为非杂用秦、汉之政不足以为天下，能思先王之事开太宗者，魏文贞公一人尔⑥。其所施设，虽未能尽当先王之意，抑其大略可谓合矣⑦。故能以数年之间，而天下几致刑措⑧，中国安宁，蛮夷顺服，自三王以来未有如此盛时也。唐太宗之初，天下之俗犹今之世也，魏文贞公之言固当时所谓迂阔而熟烂者也，然其效如此。贾谊曰："今或言德教之不如法令，胡不引商、周、秦、汉以观之。"⑨然则唐太宗之事，亦足以观矣。

[注释]①迂阔而熟烂：迂阔而不切事情，都是陈词滥调。　②以上所述为保守派的观念，以为当世所能推行的各项用人措施，只要不是关系到各方面利害关系的，士大夫一向都以此迎合世俗，朝廷应有的取士之道也不过是这个样子。一切利害，指各方面利害关系。希世，迎合世俗。　③大伦大法：指重大伦理规范和法规。　④"今朝廷"至"可观"：句意指朝廷将一切利害关系及政府机构的具体法令都尽量作出文字规定，但其工作非一日，其效果却并不显著。刀笔之间，指作出文字规定，形于公牍。　⑤封德彝：名伦，字德彝，以字行。唐初大臣，官至尚书右仆射。　⑥魏文贞公：即魏征。字玄成，谥曰文贞。唐初大臣，官制宰相，助太宗成就贞观之治，为中国古代直言诤谏之大臣的典范。　⑦抑：或。　⑧刑措：指虽有刑罚而措置不用。喻天下大治。　⑨引文见贾谊《新书》及《汉书·贾谊传》，有节括。贾谊，西汉初著名政论家。

臣幸以职事归报陛下，不自知其驽下无以称职①，而敢及国家之大体者，以臣蒙陛下任使而当归报。窃谓在位之人才不足，而无以称朝廷任使之意，而朝廷所以任使天下之士者或非其理②，而士不得尽其才，此亦臣使事之所及，而陛下之所宜先闻者也。释此一言，而毛举利害之一二,以污陛下之聪明,而终无补于世,则非臣所以事陛下惓惓之义也③。伏惟陛下详思而择其中,天下幸甚!

[注释]①驽下:愚钝卑下。此用为谦辞。　②非其理:不合情理,有不当之处。　③"释此"以下亦为谦辞,意谓:为此释怀而一为陛下言之,只不过粗略列举一二利害关系,徒以污陛下聪明,若到底空言于治世无补,则非是臣下事君的拳拳尽忠之义。释,释怀,放下。以久欲言而未言,今始言之,故曰"释"。一言,《宋文选》《播芳大全文粹》及《唐宋八大家文钞》所引作"不言",疑非,今仍从原文。毛举,粗举,《临川文集》下卷《拟上殿札子》作"徒举"。惓惓(quán):通"拳拳",诚挚恳切。

上 时 政 疏

年月日①,具位臣某昧死再拜上疏尊号皇帝陛下②。臣窃观自古人主享国日久,无至诚恻怛忧天下之心,虽无暴政虐刑加于百姓,而天下未尝不乱。自秦已下享国日久者,有晋之武帝、梁之武帝、唐之明皇③。此三帝者,皆聪明智略有功之主也,享国日久,内外无患,因循苟且,无至诚恻怛忧天下之心,趋过目前而不为久远之计,自以祸灾可以无及其身,往往身遇灾祸而悔无所及;虽或仅得身免,而宗庙固已毁辱,而妻子固已困穷④,天下之民固已膏血涂草野,而生者不能自脱于困饿劫束之患矣⑤。夫为人子孙使其宗庙毁辱,为人父母使其比屋死亡⑥,此岂仁孝之主所宜忍者乎!然而晋、梁、唐之三帝以晏然致此者⑦,自以为其祸灾可以不至于此,而不自知忽然已至也。盖夫天下⑧至大器也,非大明法度不足以维持,非众建贤才不足以保守。苟无至诚恻怛忧天下之心,则不能询考贤才⑨，讲求法度。贤才不用，法度不修，偷假岁月则幸或可以无他⑩，旷日持久，则未尝不终于大乱。

[注释]①年月日：古代奏疏首书年、月、日，此为省略格式。 ②具位：谓徒具其位，为古人上奏所用的谦辞。昧死：冒死，亦自卑之谦辞。 ③此所举三帝，若以其即位之年和谢世（或卸位）之年均以一年计，则晋武帝司马炎在位26年(265—290)，梁武帝萧衍在位48年(502—549)，唐明皇李隆基在位45年(712—756)。 ④妻子：妻子和儿女。 ⑤劫束：本谓钳制束缚，喻窘困。 ⑥比屋：家家户户。比，连接。 ⑦晏然：安闲之貌。 ⑧天下：代指国家。 ⑨询考：寻访察考。 ⑩偷假岁月：苟且度日。

伏惟皇帝陛下有恭俭之德，有聪明睿智之才，有仁民爱物之意。然享国日久矣，此诚当恻怛忧天下，而以晋、梁、唐三帝为戒之时。以臣所见，方今朝廷之位未可谓能得贤才，政事所施未可谓能合法度，官乱于上，民贫于下，风俗日以薄，才力日以困穷，而陛下高居深拱，未尝有询考讲求之意。此臣所以窃为陛下计，而不能无慨然者也。夫因循苟且，逸豫而无为，可以徼幸一时①，而不可以旷日持久。晋、梁、唐三帝者，不知虑此，故灾稔祸变生于一时②，则虽欲复询考讲求以自救，而已无所及矣。以古准今，则天下安危治乱尚可以有为，有为之时莫急于今日，过今日则臣恐亦有无所及之悔矣。然则以至诚询考而众建贤才，以至诚讲求而大明法度，陛下今日其可以不汲汲乎③！《书》曰："若药不瞑，厥疾弗瘳。"④臣愿陛下以终身之狼疾为忧⑤，而不以一日之瞑眩为苦。臣既蒙陛下采擢，使备从官⑥，朝廷治乱安危，臣实预其荣辱。此臣所以不敢避进越之罪⑦,而忘尽规之义⑧。伏惟陛下深思臣言,以自警戒,则天下幸甚!

[注释]①徼幸:同"侥幸"。 ②灾稔(rěn)祸变:灾之成,祸之变。稔(rěn),本指庄稼成熟,引申为积久养成。 ③汲汲:急切之貌。 ④语出《尚书·说命上》,"不瞑"原作"弗瞑眩"。意谓若服药不感到头晕目眩,则其病便不能治愈。瞑,闭目,此指犯困的样子。瘳(chōu),病愈。 ⑤狼疾:疑难病症。 ⑥从官:侍从官,见上篇注。 ⑦进越:犹"僭越",进言行事超过名分。 ⑧尽规:尽心规谏。

进 戒 疏

熙宁二年五月十一日,朝散大夫右谏议大夫参知政事护军赐紫金鱼袋臣某昧死再拜上疏皇帝陛下。臣窃以为陛下既终亮阴①,考之于经,则群臣进戒之时②,而臣待罪近司,职当先事有言者也③。窃闻孔子论为邦,先"放郑声",而后曰"远佞人"④。仲虺称汤之德,先"不迩声色,不殖货利",而后曰"用人惟己"⑤。盖以谓不淫耳目于声色玩好之物,然后能精于用志⑥。能精于用志,然后能明于见理;能明于见理,然后能知人;能知人,然后佞人可得而远。忠臣良士与有道之君子类进于时,有以自竭⑦,则法度之行、风俗之成甚易也。若夫人主虽有过人之材,而不能早自戒于耳目之欲,至于过差以乱其心之所思⑧,则用志不精;用志不精,则见理不明;见理不明,则邪说诐行必窥间乘殆而作⑨,则其至于危乱也岂难哉?

[注释]①终亮阴:指宋神宗结束对英宗的服丧期。亮阴,亦作"谅阴"、

"谅暗",旧时指丁父忧服丧,而多用于皇帝。 ②此处意指按经典,皇帝终丧之后,群臣即可进谏。进戒,进谏,进言规劝。 ③待罪近司:犹言供职皇帝身边机构。时王安石已为参知政事。待罪,谦辞,谦称随时准备失职而被治罪。职当先事有言:按职事当带头进言。 ④为邦:治国。《论语·卫灵公》:"放郑声,远佞人;郑声淫,佞人殆。"指孔子欲黜去郑地的音乐,远离邪佞之人。他认为郑地的音乐是靡靡之音,谄媚之人则使人危殆。佞人,便嬖谄媚之人。 ⑤此处所述为《尚书·仲虺之诰》之语。仲虺,商汤大臣。迩,近。用人惟己,用人之言如自己出。 ⑥用志:用心,集中注意力。 ⑦类进于时:照例因合适的时机而进身。类,指通常情况。有以自竭:意谓有可以竭尽自身才能的客观环境。犹言得以施展抱负。 ⑧过差:此指嗜欲过分、失度。 ⑨诐(bì)行:邪僻行为。窥间乘殆:偷窥钻空子,乘人主之怠惰。殆,通"怠"。

伏惟陛下即位以来,未有声色玩好之过闻于外。然孔子圣人之盛,尚自以为七十而后敢从心所欲也①。今陛下以鼎盛之春秋②,而享天下之大奉③,所以惑移耳目者为不少矣④,则臣之所豫虑⑤,而陛下之所深戒,宜在于此。天之生圣人之材甚吝⑥,而人之值圣人之时甚难⑦,天既以圣人之材付陛下,则人亦将望圣人之泽于此时⑧。伏惟陛下自爱以成德,而自强以赴功,使后世不失圣人之名,而天下皆蒙陛下之泽,则岂非可愿之事哉?臣愚不胜惓惓⑨,唯陛下恕其狂妄而幸赐省察。

[注释]①《论语·为政》:"子曰:'……七十而从心所欲,不逾矩。'" ②春秋:指年纪。 ③大奉:指皇位。 ④惑移:因迷惑而迁移。 ⑤豫虑:预先担心。 ⑥吝:稀少。 ⑦值:逢。 ⑧泽:恩惠。 ⑨惓惓:恳切唠叨。表示忠心。

辞集贤校理状四①

　　右臣今月二十二日,准中书差人赍到敕牒一道,除臣集贤校理②。闻命震怖,不知所以。伏念臣顷者再蒙圣恩召试③,臣以先臣未葬④,二妹当嫁,家贫口众,难住京师,乞且终满外任⑤,比蒙矜允,获毕所图⑥。而门衰祚薄⑦,祖母、二兄、一嫂相继丧亡,奉养昏嫁葬送之窘比于向时为甚,所以今兹才至阙下,即乞除一在外差遣⑧,不愿就试。以臣疵贱⑨,谬蒙拔擢,至馆阁之选,岂非素愿所荣⑩?然而不愿就试,正以旧制⑪,入馆则当供职一年,臣方甚贫,势不可处此。臣所以不敢避干誉朝廷之罪⑫,而苟欲就其营养之私⑬,不图朝廷不加考试⑭,有此除授。臣若避犯命之罚⑮,受而不能自列⑯,则是臣前所乞为以私养要君⑰,而误陛下以无名加宠也⑱。又闻朝廷特与推恩,不候一年,即与在外差遣。且一年供职,乃是朝廷旧制,臣以何名敢当此恩,而累朝廷隳废久行公共之法⑲又见新制,近臣荐举官吏,非条诏指挥,不得用例施行⑳。令出已来㉑,未能十日,今臣有此除授,乃因近臣荐举,不加考试,又非条诏指挥,臣虽不肖,独何敢冒过分之宠,而以身为废法之首乎?伏望圣慈察臣本意,从臣私欲,追还所授,特与除一在外合入差遣㉒,则使公义不亏于上,私行不失于下。臣不任激切祈恩待报之至㉓,所有敕牒,臣不敢受,谨具状奏闻。

[注释]①四:指四道。文中第一道省去序数字,下同。　②右:古人书

写格式为竖行左行,称前面所录文字为"右"。准:依据。中书:中书省,中央最高政务中枢、决策机构。赍(jī):持。敕牒:宋代中央政府下发文书的一种。有一定的应用范围。集贤校理:馆阁职名。名义上为集贤院属官,掌禁中图书编校,以朝官(常参官)充任,后多为官员加职。　③顷者:最近。再:两次。召试:宋代官员选举有考试制度,先前馆职尤严,凡特旨宣召考试的称"召试"。　④先臣:指先父(王益)。因是上奏皇帝,故称先臣。　⑤乞:请求。终满外任:任满在外任期。　⑥比:及,等到。矜允:怜悯允许。为谦辞。获毕所图:得以了却自己的心愿。　⑦门衰祚薄:门庭衰微福分薄。　⑧在外差遣:在京城以外的差遣。宋称实际职务为差遣。　⑨疵贱:犹言卑贱。⑩素愿:向来的愿望。　⑪旧制:旧有的规定。　⑫干誉朝廷之罪:向朝廷求名誉的罪过。干,求。　⑬营养之私:经营生计以养亲的私事。　⑭不图:没想到。　⑮犯命:抵触命令,不遵命。　⑯自列:自我说明理由。　⑰要(yāo)君:要挟君主。　⑱无名加宠:无名义加以宠爱。　⑲隳(huī)废:毁坏废败。　⑳条诏指挥:法令名称。条诏指皇帝关于具体事项的诏书,指挥指政府解释敕文而命下级照办的指令。　㉑已来:同"以来"。　㉒合入差遣:按资历规定可给予的相应官职。合,应当。　㉓不任:犹"不胜",敬词,不尽之意。激切:急切。祈恩待报:请求降恩察考,等待批示。

二

右臣三月二十二日,准中书差人赍到敕牒一道,除臣集贤校理。臣以分不当得①,已具状陈列,乞追还所授。今月五日,又准中书差人赍到敕牒,令臣受职,不得辞免。臣以微贱,误蒙采拔,非臣陨首,足以报称②。然分有所不敢受,名有所不敢居③,宁以怨上得罪,终不敢冒恩苟止④。何则?臣以择利辞试,而朝廷因与免试推恩⑤,是臣以辞试上要朝廷;而朝廷果以恩泽副之也⑥,不独伤臣私义,固以上累国体。此臣所以惓惓至于再三,而终不敢止。且劝沮之方,失不在大⑦。如臣心实择利,而迹有辞让之嫌⑧,以故朝廷特有优假⑨,臣恐进趋之士有以窥度圣世⑩,将或立小异以近名⑪,托虚名以邀利,浸成弊俗⑫,非复法令所能禁止。此亦朝廷所宜慎惜,不当遂已成之命⑬,而难于追改也。窃见近臣比有辞让⑭,官职皆义所当得,而特以礼辞让,朝廷固宜必使受之而不听⑮。如臣卑贱,今所陈列,直以分不当得,非敢以为让也。伏望圣慈听臣所守,特与追还所授。臣区区之诚,期于得请而后敢已,所有敕牒,臣不敢受。

[**注释**]①分:名分。 ②非臣陨首,足以报称:意谓臣即使以死报恩,也不足以与此恩相称。 ③居:占。 ④恩(hùn)上:搅扰君上。冒恩苟止:冒名受恩,苟且停止推辞。 ⑤择利辞试:此自称辞召试是选择对自己有利的一面。与免试推恩:推扩恩典,准许免试。与,同"予"。 ⑥果以恩泽副之:指果然使之免召试,以符合其辞召试的愿望。副,使符合。 ⑦劝沮之方,失不在大:鼓励和抑制之道,失误无小事(不仅在大事)。劝,鼓励。沮,抑制。 ⑧迹:表现。 ⑨优假:优容宽待。 ⑩进趋之士:一心想做官的士人。窥度圣世:揣测圣明世道的风气。 ⑪立小异以近名:故意以与众不同的小举动追求名誉。 ⑫浸:渐。 ⑬遂:顺从,采用。 ⑭比:频频,屡屡。 ⑮不听:不从。

三

右臣三月二十二日,准中书差人赍到敕牒一道,除臣集贤校理。臣以分不当得,已再具状奏闻,乞追还所授。今月九日,又准中书差人赍到敕牒,令臣不得辞免。是臣区区之意①,终未蒙朝廷省察。臣于他官苟可以得,则或悉力以求之，唯恐利之不多而势之不便，非能有所辞让也。至于私养之不给，则苟求冒取，亦无所不至。今朝廷特除以为校理，则再三干紊朝廷②，终不敢受者，诚以要君罔上之罪大，故宁以他得罪③，而于此不敢顺命苟止也。所谓要君者，臣前状已言之矣。所谓罔上者，朝廷除校理必先考试，今独推恩异于寻常，朝廷不以臣为小有异能，则必以臣为小有异行。臣无其实，而敢冒此恩，此乃所谓罔上也。且臣蒙恩与试久矣，臣非敢终辞也，特以势未便尔。若朝廷且从臣欲，使臣他日之力足以供职京师，而无乏养之忧，则臣自当援恩求试，岂敢上烦朝廷敦迫④？何必遽加特恩，使朝廷为苟举，而臣为苟得者乎？臣闻之古人曰"明主可以理夺"，又曰"匹夫不可夺志"⑤。臣敢守此语，以至于再三，伏乞圣慈特赐矜允。烦冒天威，臣无任祈恩待报、惶恐迫切之至⑥。

[**注释**]①区区：诚挚恳切貌。　②干紊：扰乱。　③罔上：欺骗君上。以他得罪：因其他事情得罪。句意谓辞馆职是真心，不罔上，若违心接受馆职才是罔上。　④敦迫：催逼。　⑤"明主可以理夺"见《世说新语·贤媛》，"匹夫不可夺志"见《论语·子罕》。夺，改变（意愿或志向）。　⑥无任：即上文"不任"。

四

右臣蒙恩除集贤校理，以分不当得，已累曾具状奏闻，乞追还所授。今月二十四日，准中书札子①，奉圣旨，更不许辞让。臣以小官，非敢以礼为让也，直以分不当得②，理当自言。盖闻当得而让，则上有所不得听；不当得而授,则下有所不敢承。不听不为迫下,不承不为慢上,以其义也③。臣诚不肖,然区区之私,具状四奏者,窃以为匹夫之志有近于义,是以仰迫恩威④,至于再三,终不敢受。伏望圣慈俯察臣愚,特与追还所授,臣无任⑤。

[**注释**]①札子:宋代中书省、尚书省、枢密院处置公事,已奉皇帝旨意者,用札子命下级官府执行。 ②直:只是。 ③"不听"下意为:君上不从非是强迫下属,下属不接受非是对君上不敬,因为都合于义理。 ④仰迫恩威:仰承和迫于皇上的恩泽和威严。 ⑤无任:前札"不任"、"无任"等句型的省略。作为敬语而仅用此二字,其意各随句意而有变化,多可表示不胜感激之意。

乙集　札子

拟上殿札子①

　　臣蒙恩奉使归报陛下，敢因边事之所及，冒言天下之事，伏惟陛下详思而择其中，天下幸甚！

　　臣窃见陛下有恭俭之德，有聪明睿智之才，有仁民爱物之意。顾内不能无以社稷为忧，外则不能无患于强敌，天下之才力日以穷困，而风俗日以衰坏，四方有智之士慁慁然常恐天下之不久安②，此其故何也？患在无法度故也。今朝廷法严令具，无所不有，而臣以谓无法度者，方今之法度多不合于先王之法度故也。孟子曰："有仁心仁闻而人不被其泽者，为政不法先王之道故也。"非此之谓乎？以今之时方先王之时远矣，所遭之时、所遇之变不同，而欲一二修先王之政，虽甚愚者犹知其难也。而臣以谓当今之失患在不法先王之政者，以谓当法其意而已。夫五帝三王相去盖千有余岁，一治一乱、盛衰之时具矣，其所遭之变、所遇之势不同③，其施设之方亦皆殊，而其为国家之意，本末先后未尝不同也。臣故曰：当法其意而已。

法其意则吾所改易更革，不至乎倾骇天下之耳目，嚣天下之口，而固已合乎先王之政矣。虽然以方今之势揆之，陛下虽欲改易更革天下之事合于先王之意，其势未必能也。陛下有恭俭之德，有聪明睿智之才，有仁民爱物之意，则何为而不成，何欲而不得！而臣顾以谓虽欲改易更革天下之事、合于先王之意，其势未必能者，何也？方今天下之人才少故也。朝廷之人才，固尝简在陛下之聪明④。以臣使事之所及，则一路数千里之间，能推行朝廷之法，知其所缓急，而一切能修其职事者甚少，而不才苟简贪鄙之人至不可胜数；其能讲先王之意，以合当世之变者，盖阖郡之间往往而绝也。夫人才不足，则陛下虽欲改易更革天下之事，以合先王之意，大臣虽有能当陛下之意而领此者，九州之大、四海之远、万官之众，孰能一二推行之，使人人蒙其施者乎？臣故曰：其势必未能也。

然则方今之急，在乎人才而已。今之天下亦先王之天下，先王之时人才尝众矣，盖其所以陶冶而成之者有道。所谓陶冶以成之者，《诗》《书》、传记之所载，其大略可见矣。陛下尝试详延大臣左右及天下智能才谞之士⑤，使其论先王所以成天下之才者其设施之方如何，今之所以异于先王而人才不足者其咎安在，其欲变而通之以合于先王之意而成天下之才宜何施为而可，陛下因择其言之近于理者，使之相与上下反复为论焉，因取其宜于时者施焉，则人才宜众矣。夫成人之才甚不难，人所愿得者尊爵、厚禄,而所荣者善行,所耻者恶名也。今操利势以临天下之士,劝之以其所荣,而予之以其所愿,则孰肯背而不为者?特患不能尔。而吾所以责之者,又中人之所能为,则不能者又少矣。

夫成人之才甚不难,而自古往往不能成人之才,何也?以人主之才不足故也。盖人主无恭俭之德,无聪明睿智之才,无仁民爱物之意,则嬖幸谄谀、奸罔蔽欺、残贼放恣之人皆得志于时,而推其类以乱天下,虽有良法,不能成天下之才矣。今陛下有恭俭之德,有聪明睿智之才,有仁民爱物之意,而又因天下之所愿以为辅相者公听并观,以进退天下之士,则所以成天下之才特患无良法。而陛下推至诚恻怛之心以行之,则臣虽愚,固知人之才不难成也。人才既众,则陛下何为而不成,何欲而不得!夫然后改易更革天下之事,以合乎先王之意,甚易也。陛下不能如此,苟于积敝之末流⑥,因不足任之才而修不足为之法,臣恐在军者日以劳⑦,而士民愈以穷困汙滥⑧,而于天下国家愈其无补也。臣幸以使事归报,徒举利害之一二而无补于世,非臣之所以事陛下惓惓之义也。辄不自知其驽下,而敢言国家之大体,伏惟陛下详择其中,天下幸甚也!

[注释]①此篇为王安石所拟上殿奏事的札子,系概括《上仁宗皇帝言事书》的要点,多是节录其上书原文。因可与其上书对读,且用语稍有变化,又为其文集札子部分的第一篇,所以这里仍选录。注释则不再重出,只注个别异词。 ②愢愢(sī)然:《言事书》作"偲偲然",意同。 ③遇:四库本原作"过",当是误书。上录《言事书》作"遇",明嘉靖刻本亦作"遇",今据改。 ④

简:检阅,选拔。用《尚书·多士》"简在王庭"及《论语·尧曰》"简在帝心"之意。　⑤才谞(xū):才识、才智。　⑥苟:假如。积敝:同"积弊"。末流:犹言流风末俗。　⑦军:明嘉靖刻本同此。疑当作"君",与下句"士民"相对。⑧汙滥:同"污滥",指风气变坏无度。

上五事札子

陛下即位五年①,更张改造者数千百事②,而为书具为法、立而为利者何其多也③。就其多而求,其法最大、其效最晚、其议论最多者五事也④:一曰和戎,二曰青苗,三曰免役,四曰保甲,五曰市易⑤。

[**注释**]①五年:指宋神宗熙宁元年至五年(1068—1072)。　②更张改造:即改革。　③为书具为法:即发布文件置为法令。立而为利:即实施而显其效益。　④其效最晚:指效益显现较迟。其议论最多:即争议最多。　⑤以上五项变法措施,皆参见本集前言(通说)第二部分。和戎,指河湟之役时对青唐、洮河地区羌人的招抚。

今青唐、洮河幅员三千余里①,举戎羌之众二十万献其地②,因为熟户③,则和戎之策已效矣④。昔之贫者举息之于豪民⑤,今之贫者举息之于官,官薄其息而民救其乏,则青苗之令已行矣。惟免役也,保甲也,市易也,此三者有大利害焉。得其人而行之则为大利,非其人而行之则为大害,缓而图之则为大利,急而成之则为大害。《传》曰:"事不师古,以克永世,匪说攸闻。"⑥若三法者,可谓师古矣。然而知古之道,然后能行古之法,此臣所谓大利害者也。

[注释]①青唐、洮河:指今青海西宁地区、甘肃南部洮河流域。 ②此句指河湟之役时,少数民族首领先后率其部众二十万内附。 ③熟户:宋代对边疆地区已经归化的少数民族民户的称呼。 ④效:动词,显其效果。 ⑤举息:举债还息。 ⑥语出《尚书·说命下》。原载为商王武丁大臣傅说(yuè)之语,意谓凡事不效法古代,而能长久传世的,我傅说还没有听说过。克,能。匪,通"非"。攸,所。

盖免役之法,出于《周官》所谓府史胥徒①,《王制》所谓庶人在官者也②。然而九州之民,贫富不均,风俗不齐,版籍之高下不足据③。今一旦变之,则使之家至户到,均平如一④,举天下之役,人人用募,释天下之农,归于畎亩⑤,苟不得其人而行,则五等必不平,而募役必不均矣。

[注释]①府史胥徒:指古时在官府服役的吏人,有出纳财物、治理文书和会计等职事,见《周礼·天官·冢宰》。照王安石的看法,政府出钱雇役即可溯源于此。 ②庶人在官者:指平民在官府服役者。与"府史胥徒"同意,见《礼记·王制》。 ③版籍:古代官府的户口册。高下:指户籍登记的贫富程度。 ④"家"、"均"句:指免役法的雇役钱均由民户按户等公平承担。 ⑤此处指募役法可使农民免除劳役,安心从事农业生产。畎亩,即田亩。

保甲之法,起于三代丘甲①,管仲用之齐②,子产用之郑③,商君用之秦④,仲长统言之汉⑤,而非今日之立异也。然而天下之人凫居雁聚⑥,散而之四方而无禁也者⑦,数千百年矣。今一旦变之,使行什伍相维,邻里相属⑧,察奸而显诸仁,宿兵而藏诸用⑨,苟不得其人而行之,则搔之以追呼⑩,骇之以调发,而民心摇矣。

[注释]①丘甲:《左传》成公元年载鲁国"作丘甲",即甲士所需物资(军

赋)征集于乡里。古人或推其制度于夏、商、周三代。　②《管子·度地》篇载:"常以秋岁末之时阅其民,案家人比地,定什伍口数,别男女大小,……并行以定甲士当被兵之数,上其都。"　③《左传》昭公四年载郑国子产为相时"作丘赋"。与"作丘甲"同意。　④此指商鞅变法时的保甲制度。《史记·商君列传》:"令民为什伍,而相收司连坐。"　⑤《后汉书·仲长统传》引《昌言·损益》篇:"明版籍以相数阅,审什伍以相连持。"　⑥凫居雁聚:指聚居。凫,野鸭。雁,大雁。　⑦之四方而无禁:指自由迁徙。之,动词,到,去向。　⑧什伍相维,邻里相属(zhǔ):指保甲制度下的居民组织相互维持,邻里相连。《管子·立政》:"十家为什,五家为伍,什伍皆有长焉。"　⑨宿兵而藏诸用:指寓兵于农而随时调发以用于战事。宿,寄寓。藏,储备。　⑩搔:通"骚",扰。追呼:指调发时的大呼小叫。

市易之法,起于周之司市①,汉之平准②。今以百万缗之钱③,权物价之轻重④,以通商而贳之⑤,令民以岁入数万缗息⑥。然甚知天下之货贿未甚行⑦,窃恐希功幸赏之人速求成效于年岁之间⑧,则吾法隳矣⑨。

臣故曰:三法者,得其人缓而谋之则为大利,非其人急而成之则为大害。故免役之法成,则农时不夺而民力均矣;保甲之法成,则寇乱息而威势强矣;市易之法成,则货贿通流而国用饶矣⑩。

[**注释**]①司市:《周礼》载为管理市场之官。　②平准:西汉武帝时采取的调节货币与商品的关系以控制物价的措施。　③缗(mín):古代货币计量单位,一千钱为一缗。　④权:权衡。　⑤贳(shì):贷,放贷。　⑥入:纳。　⑦货贿:货物。行:流通。　⑧希功幸赏:贪图有功而侥幸求赏。年岁之间:犹言一年半载。　⑨隳:毁掉。　⑩国用饶:指国家财政充足。

论馆职札子①

臣伏见今馆职,一除乃至十人②。此本所以储公卿之材也③,然陛下试求以为讲官④,则必不知其谁可;试求以为谏官⑤,则必不知其谁可;试求以为监司⑥,则必不知其谁可。此患在于不亲考试以实故也⑦。

[**注释**]①此篇原题《论馆职札子二》,所录有前后两札,今但录前札,略去后札,故标题亦略去"二"字。 ②一除乃至十人:此所说为治平四年春(神宗已即位未改元)至熙宁初年事。先是英宗治平三年(1066)十月,从欧阳修议,诏宰执举才行之士试馆职。时得荐者凡二十人,以人多,令先试十人。次年闰三月,蔡延庆、夏倚、叶均、刘攽、章惇、胡宗愈、王存、李常、张公裕九人就试;九月,王汾就试。此十人,唯章惇、夏倚因论者有言未得馆职,其余皆授校理、校勘。另外十人,凡有王介、安焘、蒲宗孟、陈侗、朱初平、苏悦、陈睦、李清臣、刘挚、黄履,则分别于熙宁二年(1069)、三年、五年就试,皆得馆职。此二十人,后来都成为名臣。王安石上此札当在熙宁二年始为执政时,即先试十人为馆职之时,对选拔人才问题提出了一些不同意见。 ③储公卿之材:指馆阁本为储才之地。洪迈《容斋随笔·馆职名存》:"国朝馆阁之选,皆天下英俊,然必试而后命,一经此职,遂为名流。" ④讲官:指侍讲,即皇帝经筵讲官。经筵,又称讲筵,即为帝王讲论经史的御前讲席。 ⑤谏官:指御史台与谏院所属掌规谏的官员。 ⑥监司:指各路转运使、提点刑狱、提点常平等官员。 ⑦不亲考试以实:意谓皇上没有亲自考察和测验他们的实际才学和能力。按:当时初试前十人为馆职,已有官员认为"诗赋非经国治民之急",提出罢诗赋,只考时务策。

孟子曰:"国人皆曰贤,然后察之,见贤焉然后用之。"①今所除馆职,特一二大臣以为贤而已,非国人皆曰贤。国人皆曰贤,尚未可信用,必躬察见其可贤而后用②,况于一二大臣以为贤而已,何可遽信而用也?臣愿陛下察举众人所谓材良而行美、可以为公卿者,召令三馆祗候③,虽已带馆职,亦可令兼祗候。事有当论议者,召至中书或召至禁中,令具条奏是非利害及所当施设之方。及察其才可以备任使者,有四方之事,则令往相视问察④。而又或令参覆其所言是非利害⑤,其所言是非利害虽不尽中义理可施用,然其于相视问察能详尽而不为蔽欺者,即皆可以备任使之才也。其有经术者,又令讲说。如此至于数四,则材否略见⑥,然后罢其否者而召其材者,更亲访问以事⑦。访问以事,非一事而后可以知其人之实也,必至于期年⑧,所访一二十事,则其人之贤不肖审矣。然后随其材之所宜任使,其尤材良行美可与谋者,虽尝令备访问可也⑨。此与用一二大臣荐举,不考试以实而加以职,固万万不侔然⑩。

[注释]①语出《孟子·梁惠王下》。　②躬察:亲自考察。可贤:称于贤,确为贤者。可,当,相称,合于某标准。　③三馆祗候(zhī hòu):王安石建议设置的馆阁职名。按:祗候本为恭候、恭谨侍候之意,唐末以后渐沿为职名。宋代有合门祗候,为武臣清要之选;又有翰林院祗候、御书院祗候等,皆为御前侍奉者,而本无三馆祗候。王安石提出设此职,盖仿武职而为之。据《续资治通鉴长编》卷二百一十一原注,三馆祗候始设于熙宁二年十二月,至四年六月罢,仅存一年半。又按:王安石变法时,为选拔年轻人才,多自幕职州县官除以为崇文院校书,以备非时之起用,实即其创设三馆祗候之意(三馆皆寓于崇文院)。　④相(xiàng)视问察:即今言视察。　⑤参覆:审核。此指审核其视察意见。　⑥材否:是否有材干。　⑦亲访问:犹今言面谈考察。　⑧期年:满一年。　⑨尝令备访问:指不任以事而常令备顾问。尝,通

"常"。　⑩不侔:不一样。

　　此说在他时或难行,今陛下有尧、舜之明,洞见天下之理,臣度无实之人不能蔽也,则推行此事甚易。既因考试可以出材实①,又因访问可以知事情②,所谓"敷纳以言,明试以功"、"用人惟己"、"辟四门,明四目,达四聪"者③,盖如此而已。以今在位乏人,上下壅隔之时,恐行此不宜在众事之后也。然巧言令色、孔壬之人④,能伺人主意所在而为倾邪者,此尧、舜之所畏,而孔子之所欲远也。如此人当知而远之,使不得亲近。然如此人亦有数,陛下博访于忠臣良士,知其人如此,则远而弗见。误而见之,以陛下之仁圣,以道揆之⑤,以人参之⑥,亦必知其如此。知其如此,则宜有所惩。如此,则巧言令色、孔壬之徒消,而正论不蔽于上。

　　[注释]①材实:实有才干之人。　②事情:事体之真实。　③此处所引诸语皆出于《尚书》。"敷纳以言,明庶以功"意谓采纳群臣各自陈述之言,公开考察验证他们的事功。《尚书·舜典》篇谓"敷奏以言,明试以功",《益稷》篇谓"敷纳以言,明庶以功",王安石此札则各截取一语。"用人惟己"见《尚书·仲虺之诰》,原意为用人之言如自己出,王安石引此似是指用人要有主见。"辟四门,明四目,达四聪"见《尚书·舜典》,原意为开四方之门,明四方之视,达四方之听,犹言招才纳贤、广开言路。　④巧言令色:指谄媚之人的言辞和表情。孔壬:大奸佞。孔,大。壬,佞。《尚书·皋陶谟》谓"何畏乎巧言令色孔壬",《论语·卫灵公》谓"远佞人"。　⑤揆:衡量。　⑥参:比较检验。

　　今欲广闻见,而使巧言令色、孔壬之徒得志,乃所以自蔽;畏巧言令色、孔壬之徒为害,而一切疏远群臣,亦所以自蔽。盖人主之患在不穷理,不穷理则不足以知言,不知言则不足以知人,不知人则不能官人,不能官人则治道何从而兴乎?陛下尧、舜之主也,其所明见,秦、汉以来欲治之主未有能彷佛者①,固非群臣所能窥望。然自尧、舜、文、武,皆好问以穷理,择人而官之,以自助其意,以为王者之职在于论道而不在于任事②,在于择人而官之而不在于自用③。愿陛下以尧、舜、文、武为法④,则圣人之功必见于天下。至于有司丛脞之务⑤,恐不足以弃日力、劳圣虑也。

[注释]①彷佛:今作"仿佛"。比拟之辞,犹类似。 ②论道:论治国之道。 ③自用:自为处理政务。 ④法:效法的型范。 ⑤丛脞(cuǒ):琐碎,繁芜。

以方今所急为在如此,敢不尽愚。臣愚才薄,然蒙拔擢,使豫闻天下之事①。圣旨宣谕富弼等,欲于讲筵召对辅臣讨论时事②。顾如臣者,材薄不足以望陛下之清光,然陛下及此言也,实天下幸甚③!自备位政府④,每得进见,所论皆有司丛脞之事。至于大体,粗有所及,则迫于日晏,已复旅退⑤。而方今之事,非博论详说,令所改更施设、本末先后、小大详略之方已熟于圣心,然后以次奉行,则治道终无由兴起。然则如臣者,非蒙陛下赐之从容,则所怀何能自竭⑥?盖自古大有为之君,未有不始于忧勤而终于逸乐⑦。今陛下仁圣之质,秦汉以来人主未有企及者也,于天下事又非不忧勤。然所操或非其要,所施或未得其方,则恐未能终于逸乐、无为而治也,则于博论详说岂宜缓然？陛下欲赐之从容，使两府并进⑧，则论议者众而不一⑨，有所怀者或不得自竭。谓宜使中书、密院迭进⑩，则人各得尽其所怀，而陛下听览亦不至于烦。

[注释]①豫：通"预"，参与。　②此处意指神宗传谕富弼等人，欲在经筵召对辅臣，与经筵讲官共同讨论时事，既以听取各方面意见，又以考察讲官的才行。富弼(1004—1083)，北宋大臣。字彦国，仁宗朝官至宰相，唯务守成。熙宁二年(1069年)复为相，反对王安石变法。　③此处意指才行之士能在皇上面前陈述政见，是国家治理的一种幸运之事。　④备位：居官的谦称。　⑤迫于日晷(guǐ)：犹言时间紧迫。已：已而，然后。旅退：和大家一起退下。旅，共同。　⑥从容：从容议论的机会。指单独召对。所怀：所怀抱的政见和志向。自竭：尽得自我展示。意指通过召对使臣下尽言，以考察和发现人才。　⑦始于忧勤而终于逸乐：开始忧劳勤苦，而后来轻松安乐。　⑧使两府并进：谓使两府大臣并举才行之士进于朝廷。指召试馆职而言。两府，指中书省和枢密院(俗称密院)。　⑨论议：指对所荐举人才的议论。　⑩迭进：轮流举进。

陛下即以臣言为可，乞明喻大臣①，使各举所知②，无限人数③，皆实封以闻④。然后陛下推择召置⑤，以为三馆祗候；其不足取者，旋即罢去，则所置虽多，亦无所害也。

[注释]①喻：通"谕"，告谕，使知晓。　②各举所知：指各自荐举所了解的官员为馆职。　③无限：不限定。　④实封：宋代官员涉密奏章的一种封装方式。即将奏章封皮折角再加封固，两端盖印，无印者书官员名。封面不用黄纸贴事目，在外奏者只贴"系机密"或"急速"字样。依法应实封公文，若只用通常封装方式，主管官员要受罚。　⑤召置：召试安置。

本朝百年无事札子

　　臣前蒙陛下问及本朝所以享国百年,天下无事之故。臣以浅陋误承圣问,迫于日晷,不敢久留,语不及悉,遂辞而退。窃惟念圣问及此,天下之福,而臣遂无一言之献,非近臣所以事君之义,故敢昧冒而粗有所陈。

　　伏惟太祖躬上知独见之明①,而周知人物之情伪,指挥付托必尽其材,变置施设必当其务,故能驾驭将帅,训齐士卒②,外以扞强敌③,内以平中国。于是除苛赋,止虐刑,废强横之藩镇④,诛贪残之官吏。躬以简俭为天下先⑤,其于出政发令之间,一以安利元元为事。太宗承之以聪武,真宗守之以谦仁,以至仁宗、英宗无有逸德⑥,此所以享国百年而天下无事也。仁宗在位历年最久,臣于时实备从官,施为本末,臣所亲见,尝试为陛下陈其一二,而陛下详择其可,亦足以申鉴于方今⑦。

　　[**注释**]①躬:自身具有。上知独见之明:大智之人独到见解的高明。犹言智度超凡,识见卓越。　②训齐:训练整饬。　③扞:通"捍",抵御。　④废强横之藩镇:指宋太祖惩唐、五代武臣跋扈之弊,收兵权,重文抑武,废除地方武装割据势力。　⑤简俭:简朴节俭。　⑥逸德:贪图安逸的作风。　⑦申鉴:引鉴,引为鉴戒。

　　伏惟仁宗之为君也,仰畏天,俯畏人,宽仁恭俭出于自然,而忠恕诚悫终始如一①。未尝妄兴一役,未尝妄杀一人,断狱务在生之,而特恶吏之残扰②,宁屈己弃财于强敌,而终不忍加兵③。刑平而公,赏重而信。纳用谏官御史,公听并观,而不蔽于偏至之谗④。因任众人耳目,拔举疏远,而随之以相坐之法⑤,盖监司之吏以至州县,无敢暴虐残酷,擅有调发,以伤百姓。自夏人顺服,蛮夷遂无大变⑥,边人父子夫妇得免于兵死,而中国之人安逸蕃息以至今日者,未尝妄兴一役,未尝妄杀一人,断狱务在生之,而特恶吏之残扰,宁屈己弃财于强敌,而不忍加兵之效也。大臣贵戚、左右近习莫敢强横犯法,其自重慎或甚于闾巷之人,此刑平而公之效也。募天下骁雄横猾以为兵几至百万,非有良将以御之而谋变者辄败⑦;聚天下财物,虽有文籍委之府史,非有能吏以钩考而断盗者辄发⑧;凶年饥岁流者填道,死者相枕,而寇攘者辄得⑨:此赏重而信之效也。大臣贵戚、左右近习莫能大擅威福,广私货赂,一有奸慝⑩,随辄上闻,贪邪横猾虽间或见用,未尝得久,此纳用谏官御史,公听并观,而不蔽于偏至之谗之效也。自县令、京官以至监司、台阁⑪,升擢之任虽不皆得人,然一时之所谓才士亦罕蔽塞而不见收举者,此因任众人之耳目,拔举疏远,而随之以相坐之法之效也。升遐之日⑫,天下号恸如丧考妣,此宽仁恭俭出于自然,忠恕诚悫终始如一之效也。

[注释]①悫(què):诚实谨慎。 ②断狱务在生之:意指务求轻刑,慎用死刑。恶吏之残扰:憎恶吏人残害百姓、扰乱社会。 ③屈己弃财:指屈辱求和而向辽、西夏输银绢。不忍加兵:指不忍发动战争。 ④偏至之谗:不公正的谗言。 ⑤拔举疏远:指选举贤才,不用人唯亲。相坐之法:指臣下荐举官员,若被荐举者莅职后犯贪赃等罪,举主要连坐受罚。 ⑥夏人顺服:指庆历

末北宋与西夏和议而言。蛮夷:四库本原作"蛮后",当是误书。《宋文鉴》卷五十一、《宋名臣奏议》卷一百零九、《宋大事记讲义》卷十五及《续文章正宗》卷十九、《唐宋八大家文钞》卷八十二等均引作"蛮夷",明嘉靖刻本亦作"蛮夷",今据改。　⑦谋变者:指兵变者。　⑧府史:指掌管财物出纳及文书的吏人。钩考:稽查。断盗者:即截留贪赃(中饱私囊)者。发:暴露。　⑨寇攘者:劫掠抢夺者。得:被抓获。　⑩奸慝(tè):奸诈邪恶之人。　⑪京官:宋代称朝官(常参官)以外的低级官员为京官,有阶官(等级)规定,不论在京与否。台阁:指中央政府各机构。　⑫升遐:指仁宗去世。

然本朝累世因循末俗之弊,而无亲友群臣之议①。人君朝夕与处不过宦官女子,出而视事又不过有司之细②,故未尝如古大有为之君,与学士大夫讨论先王之法以措之天下也。一切因任自然之理势,而精神之运有所不加③,名实之间有所不察。君子非不见贵,然小人亦得厕其间④;正论非不见容,然邪说亦有时而用。以诗赋记诵求天下之士,而无学校养成之法;以科名资历叙朝廷之位,而无官司课试之方⑤。监司无检察之人⑥,守将非选择之吏⑦,转徙之亟既难于考绩⑧,而游谈之众因得以乱真⑨。交私养望者多得显官,独立营职者或见排沮⑩,故上下偷惰,取容而已,虽有能者在职,亦无以异于庸人。农民坏于繇役⑪,而未尝特见救恤⑫,又不为之设官,以修其水土之利。兵士杂于疲老⑬,而未尝申敕训练,又不为之择将,而久其疆场之权⑭。宿卫则聚卒伍无赖之人⑮,而未有以变五代姑息羁縻之俗⑯。宗室则无教训选举之实⑰,而未有以合先王亲疏隆杀之宜⑱。其于理财大抵无法,故虽俭约而民不富,虽忧勤而国不强。赖非强敌昌炽之时⑲,又无尧、汤水旱之变⑳,故天下无事过于百年,虽曰人事,亦天助也。盖累圣相继,仰畏天,俯畏人,宽仁恭俭,忠恕诚悫,此其所以获天助也。伏惟陛下躬上圣之质,承无穷之绪㉑,知天助之不可常恃,知人事之不可怠终㉒,则大有为之时,正在今日。臣不敢辄废将明之义㉓,而苟逃讳忌之诛㉔,伏惟陛下幸赦而留神㉕,则天下之福也!取进止㉖。

[注释]①无亲友群臣之议:指皇帝的亲友和群臣都无人议论当下因循作风之是非。 ②视事:办公治事。有司之细:各职事机构的琐碎事务。③精神之运:指思虑谋划。 ④厕:厕身,使自身杂处(某人群之中)。 ⑤官司课试:指政绩考核。 ⑥监司无检察之人:指监司官本有监察各州郡官吏的职责,而皆失职不监察。 ⑦守将非选择之吏:指州郡守将亦论资排辈,而不是按实际才能遴选。 ⑧转徙之亟(qì):指迁转之频繁。考绩:考核。⑨游谈之众:指钻营官职者。 ⑩交私养望:以私交助长其名望。独立营职:靠个人努力取官。排沮:排斥抑制。 ⑪繇役:即"徭役"。 ⑫救恤:救济抚恤。 ⑬杂于疲老:指羸病年老之人夹杂其间。 ⑭久其疆场之权:指赋予其将兵的权力。参见本书《通说》"将兵法"部分。 ⑮宿卫:指宋代禁兵(正规军)。 ⑯姑息羁縻之俗:指五代时对于雇佣兵一味姑息笼络的风气。⑰教训选举:教育和选拔任用。按:北宋在神宗以前,宗室子弟不允许参加科举。 ⑱亲疏隆杀:指宗族亲疏关系的厚薄高下。隆,增崇等次。杀,降低等次。 ⑲强敌昌炽:敌国炽盛。句意实指暂无战争之时。 ⑳尧、汤水旱之变:相传尧、舜、禹时有九年水灾,商汤时有七年大旱。 ㉑无穷之绪:指皇位的传承统绪。 ㉒不可怠终:懈怠则不能善终。 ㉓将明:此用《诗经·大雅·烝民》"肃肃王命,仲山甫将之;邦国若否,仲山甫明之"之义,意谓尽职奉上,忠诚规谏。将,奉行。 ㉔讳忌之诛:谦称触君主忌讳要受惩罚。 ㉕幸赦:幸予赦免。 ㉖取进止:旧时臣下奏疏套语,犹言听候旨意以决定行止。

相度牧马所举薛向札子①

臣等窃观自古国马盛衰，皆以所任得人、失人而已。汧渭之间未尝无牧，而非子独能蕃息于周②；河陇之间未尝无牧，而张万岁独能蕃息于唐③。此前世得人之明效也。使得人而不久其官④，久其官而不使得专其事，使得专其事而不临之以赏罚，亦不可以成功。今臣等相度陕西一路买马监牧⑤，利害大纲已具奏闻。伏见权陕西转运副使薛向精力强果，达于政事，河北便籴、陕西榷盐皆有已试之效⑥，今来相度陕西马事尤为详悉。臣等前奏已乞就委薛向提举陕西买马及监牧公事，今欲乞降指挥，许令久任。

[注释]①此札子上于仁宗嘉祐五年(1060)，时王安石为三司度支判官。相度，考察规划。薛向(1015—1080)，字师正，以荫入仕。吏材绝人，尤善理财，官至枢密副使。　②非子：秦非子。西周时人，秦国祖先。周孝宗时奉命养马于汧(qiān)水、渭水之间，有功，孝王赐以土地。蕃息，繁殖增多。　③张万岁：唐初官吏。官太仆少卿，领马政于陇右，自贞观至麟德四十年间，增至马七十万六千匹。　④使：假如。久其官：使久任其职。　⑤监牧：宋群牧司设牧马监(也称牧养监)主持养马，俗称"监牧"。　⑥便籴：宋代官府以钞引(证券)籴买粮草的称呼。民间向官府出售粮草以换取钞引谓之入便，然后持钞引向官府领取钱币或茶、盐、香药、象牙、犀角等物。榷盐：指食盐产销专卖与课税的制度。

缘今来马价多出于解池盐利①，三司所支银、䌷、绢等又许令于陕西转运司兑换见钱②。今薛向既掌解盐，又领陕西财赋，则通融变转，于事为便。兼臣等访问，得薛向陕西系官空地③，可以兴置监牧处甚多，若将来稍成次第，即可以渐兴置。盖得西戎之马，牧之于西方，不失其土性④，一利也；因未尝耕垦之地无伤于民⑤，二利也；因向之材而就令经始⑥，三利也。又河北有河防塘泊之患，而土多舄卤不毛⑦，戎马所屯，地利不足。诸监牧多在此路，所占草地多是肥饶，而马又不堪，未尝大段孳息⑧。若陕西兴置监牧渐成次第，即河北诸监有可存者，悉以陕西良马易其恶种⑨；有可废者，悉以肥饶之地赋民⑩。于地不足而马所不宜之费，以肥饶之地赋民而收其课租，以助戎马之费。于地有余而马所宜之处，以未尝耕垦之地牧马而无伤于民。此又利之大者也。

[注释]①马价：指官府买马的钱。解池盐利：榷卖解州（今山西运城东南解州镇）池盐所得的钱财。　②三司所支银、䌷、绢：指中央财政机构三司所拨付的银两、绸缎、绢布等。䌷，同"绸"。　③系官空地：为官府所有而未开垦的土地。　④土性：原在地域的习性。　⑤垦：原作"恳"，当是误书，据下文及明嘉靖刻本改。　⑥经始：创始、擘划。　⑦舄（xì）卤不毛：指盐碱地。　⑧肥饶：指可耕田。马又不堪：指马匹的品质低劣，与此种草地不称。大段孳息：大量繁殖。　⑨恶种：不好的品种。　⑩赋：给予。

如允臣等所奏，即乞薛向所奏举官员及论改旧弊，朝廷一切应副①。成功则无爱赏②，败事则无惮罚③，如此则臣等保任薛向，必能上副朝廷改法之意④。如将来败事，臣等各甘同罪⑤。取进止。

[注释]①应副：即"应付"，应承办理。　②无爱赏：不吝惜奖赏。　③

无惮(dàn)罚:不顾忌给以处罚。　④改法:改革、变法。　⑤甘:甘愿。

乞改科条制札子①

伏以古之取士,皆本于学校,故道德一于上,而习俗成于下,其人材皆足以有为于世。自先王之泽竭,教养之法无所本,士虽有美材,而无学校师友以成就之,议者之所患也。今欲追复古制以革其弊,则患于无渐②。宜先除去声病对偶之文③,使学者得以专意经义,以俟朝廷兴建学校,然后讲求三代所以教育选举之法施于天下,庶几可复古矣。所对明经科欲行废罢④,并诸科元额内解明经人数添解进士及更俟一次科场⑤,不许新应诸科人投下文字⑥,渐令改习进士。仍于京东、陕西、河东、河北、京西五路先置学官,使之教导。于南省所添进士奏名仍具别作一项⑦,止取上件京东等五路应举人⑧,并府、监、诸路曾应诸科改应进士人数⑨,所贵合格者多,可以诱进诸科向习进士科业。如允所奏,乞降敕命施行。

[注释]①科条制:指科举考试科目的规定。　②患于无渐:担忧骤改而不能渐进。　③声病对偶之文:指讲求格律、对偶的文字,实指科举的诗赋考试。　④所对明经科:即士人应举的明经科,又分二经、三经、五经等目。　⑤元额:指进士科以外的诸科原定的参加会试的举人名额。元,同"原"。解(jiè):发解,指举送参加科考的举人。句意指将诸科应发解人数中的明经科人数添加到进士科应发解人数中,并等待另一次科场考试。　⑥此句意指不许在诸科原定发解人数之外的举人再投进文字报考诸科。　⑦南省:指主持会试的尚书省礼部。奏名:指礼部所拟奏呈皇帝审核的会试合格进士名册。此句意指在奏名中要把原诸科改考进士科者单列为一项。　⑧止:今用"只"

字。　⑨监：亦宋代行政区划。多因冶铸、盐业、牧业或其他特殊事务而设，大者为州一级，也有属县一级的。

进《字说》札子

臣在先帝时得许慎《说文》古字①，妄尝覃思②，究释其意，冀因自竭，得见崖略③。若蒙视天④，终以罔然⑤，念非所能，因画而止⑥。顷蒙圣问俯及，退复黾勉讨论⑦。赖恩宽养，外假岁月，而桑榆龟眊⑧，久不见功。甘师颜至⑨，奉被训敕，许录臣愚妄谓然者⑩，缮写投进。

[注释]①《说文》古字：即《说文》所存古文。　②覃(tán)思：深思、精研。　③崖略：大概、大略。　④若蒙视天：如盲人看天。蒙，眼睛虽有眸子而不能视之称，即目盲。　⑤罔然：即"惘然"，若有所失貌。　⑥画：通"划"，区隔中断。　⑦黾(mǐn)勉：勉力、尽力。　⑧桑榆龟眊(mào)：指年老体衰。　⑨甘师颜：神宗所遣往江陵慰问王安石的宫官。　⑩谓然者：以为正确的。

伏惟大明，旁烛无疆①，岂臣荧爝，所敢炫冒②！承命遑迫，置惭无所③。如蒙垂收得御宴间④，千百有一，傥符神恉⑤，愚所逮及⑥，继今复上。干污宸扆⑦，臣无任。

[注释]①大明：指太阳。旁烛：普照。旁，通"溥"，普遍。　②荧爝(jué)：荧火(烛光或"鬼火"之类)及爝火(火把)，皆喻微弱的光。炫冒：冒犯。　③遑迫：急迫。置惭无所：无所弃其惭愧，犹言无地自容。　④垂：敬辞。御宴间：皇上安闲之时。宴，通"晏"。　⑤傥：即"倘"，假如。神恉(zhǐ)：圣意。恉，通"旨"。　⑥逮及：续后力所能及。　⑦宸扆(chén yǐ)：御座后的屏风。代指皇帝的观览。

论改《诗义》札子

　　臣子雱奉圣旨撰进《经义》①,臣以当备圣览,故一二经臣手乃敢奏御。及设官置局,有所改定,臣以文辞义理当与人共,故不敢专守己见为是。既承诏颁行学者,颇谓所改未安。窃惟陛下欲以经术造成人材,而职业其事在臣②,所见小有未尽③,义难自默④。所有经置局改定诸篇,谨依圣旨具录新旧本进呈。内虽旧本,今亦小有删改处,并略具所以删复之意。如合圣旨,即乞封降检讨吕升卿所解《诗义》⑤,依旧本颁行。小有删改,即依圣旨指挥。取进止。

[注释]①雱:王雱(1044—1076),字符泽。富才学,于王安石新学多所致力。　②职业:掌管从事。职,管理(分内之事)。业,从事。其事:指《三经新义》的修撰。　③未尽:指解经未尽妥当。　④义难自默:依情理难以保持缄默。　⑤吕升卿:吕惠卿之弟,《三经新义》初修时为检讨官,后为同修撰,与王雱共同承担编纂任务。按:王安石此札乃因吕升卿删改王氏父子《诗经新义》旧本而上,主张仍依旧本颁行。

答手诏言改《经义》事札子 九月十一日

　　臣伏奉手诏①,依违之罪②,臣愚所不敢逃。然陛下既推恩惠卿等③,而除其所解④,臣愚不敢安此;若以其释说有甚乖误者,责臣更加删定,臣敢不祇承圣训⑤。取进止。

[注释]①手诏:又称"御札"等,皇帝手书颁降的诏命。宋神宗时手诏特多,蔡京曾于元丰间编成治平四年至熙宁十年间《中书御笔手诏》21册,凡1346事。 ②依违:迟疑不定,模棱两可。 ③惠卿:吕惠卿(1032—1111),字吉甫,原为王安石变法的主要助手,官至参知政事。《三经新义》初设局修纂时,他以知制诰兼修撰,后以参知政事为同提举。熙宁八年六月书成推恩,王安石加左仆射兼门下侍郎,吕惠卿加给事中,王雱加龙图阁直学士,吕升卿直集贤院。安石父子并辞。 ④除其所解:指《三经新义》不用吕惠卿等人的解释。 ⑤祗承:敬奉。

改撰《诗义序》札子

臣伏奉手诏,以臣所进《三经义序》有过情之言①,宜速删去。臣虽尝敷奏②,以为文字所宜,又奉圣训再三,但令序述解经之意,不须过有称道。伏惟皇帝陛下盛德至善,孚于四海③,非臣笔墨所能加损。然因事宜著,人臣之职也,诚以言之不足为惧,不以近于媚谀为嫌。而上圣所怀,深仁谦损,臣敢不奉承诏旨,庶以仰称尧、禹不争不伐之心④。所解撰到《诗义》并前进书《周礼义序》,谨随札子投进。昧冒天明,臣无任。

[注释]①《续资治通鉴长编》熙宁八年六月:"先是,安石撰《诗序》,称颂上德以文王为比,而上批:'得卿所上《三经义序》,其发明圣人作经大旨,岂复有加。然望于朕者,何其过欤!责难之义在卿,固所宜者,传于四方,贻之后世,使夫有识考朕所学所知及乎行事之实,重不德之甚,岂胜道哉?恐非为上为德之义也。其过情之言,可速删去,重为修定,庶付有司,早得以时颁行。'" ②敷奏:陈奏。 ③孚:信。此处用《诗经·大雅·文王》"仪刑(型)文王,万邦作孚"之意。 ④不伐:不骄傲。

乞解机务札子①

臣以羁旅之孤②,蒙恩收录,待罪东府,于今四年③。方陛下有所变更之初,内外小大纷然④,臣实任其罪戾⑤,非赖至明辨察,臣宜诛斥久矣⑥,在臣所当图报,岂敢复有二心!徒以今年以来,疾病浸加,不任劳剧。比尝粗陈恳款⑦,未蒙陛下矜从⑧,故复黾勉至今,而所苦日甚一日。方陛下励精众治,事事皆欲尽理之时,乃以昏疲久尸宰事⑨,虽圣恩善贷⑩,而罪衅日滋⑪,至于不可复容,则终上累陛下知人之明,非特害臣私义而已,臣所以昧冒有今日之乞也。伏奉宣谕,未赐哀矜,彷徨屏营⑫,不知所措。然臣所乞,固已深虑熟计而后敢言,与其废职而至诛,则宁违命而获谴。且大臣出入,以均劳逸,乃是祖宗成宪。盖国论所属,怨恶所归,自昔以擅其事,鲜有不遭罪黜。然则祖宗所以处大臣,不为无意也⑬。臣备位亦已久矣,幸蒙全度⑭,偶免谴呵⑮。实望陛下深念祖宗所以处大臣之宜,使臣获粗安,便异时复赐驱策⑯,臣愚不敢辞。

[注释]①此篇原有六札,今仅录其首札。 ②羁旅之孤:客居他乡的孤独之人。"羁旅"指游宦四方言,"孤"指早年丧父言。 ③待罪东府,于今四年:谦辞,实指供职中央政府(中书门下,即政事堂)已四年。据《续资治通鉴长编》所记,王安石札请解除机务始于熙宁五年六月,时距熙宁二年二月安石初参大政已四年。 ④内外小大:指朝廷上下各级官员。 ⑤戾:罪。 ⑥诛斥:惩罚斥逐。 ⑦恳款:恳诚。款,诚。 ⑧矜从:哀怜允准。 ⑨尸宰事:尸位宰相之职。 ⑩贷:宽假,宽容。 ⑪罪衅日滋:谦称造成罪过的事端日益加多。 ⑫屏营:彷徨、惶恐之意。 ⑬不为无意:意指要成全大臣,

不要等到有罪才给以重罚。 ⑭全度:保全。 ⑮谴呵:指罪谪。 ⑯便:若。异时:他时。驱策:驱使。

答手诏令就职札子

臣累奏乞解机务归田里,伏奉手诏,令臣无复有请,祇服圣训①,便宜就职。然臣所以致身许国,正欲行事君之义而已;若致身于辱殆之地②,以累陛下知人之明,而令天下后世讥议及国,则非臣所学事君之义也。昔仲山甫"既明且哲,以保其身"③,故宣王有任贤使能中兴之功。臣既不自知,又昧于知人,信己妄行,以至今日免于大戮④,实陛下天地父母之赐也。若犹冒恩不即自弛⑤,终恐伤陛下保全臣子之仁。是以不敢伏望陛下哀臣恳至⑥,特赐矜许,臣无任瞻天祈恩激切之至。取进止。

[注释]①祇(zhī)服:恭敬服从。 ②辱殆之地:困辱危险的地位。指不胜其任则将危身。 ③此为《诗经·大雅·烝民》诗句。 ④大戮:大辱。 ⑤自弛:指自己卸去职务。 ⑥恳至:恳切。

丙集　外制、表

翰林学士除三司使制①

敕：三司使，天下之盛选也。自尚书六官名存实去②，而三司之职事所总居多，则非夫仁明肃乂、足以辅世济物者③，奚宜任此哉！

具官某有疏通之才，有直亮之操④，闳言崇议足以经纶王家⑤，高文典策足以鼓动当世⑥，遂以人望扬于禁林⑦。若夫施政之后先，生财之本末，盖尝深思而熟讲，殚见而洽闻⑧，则居天下之盛选，主朝廷之大计，询考在位⑨，孰如汝宜！夫聚天下之众者莫如财，理天下之财者莫如法，守天下之法者莫如吏，维予任汝，其听勿疑⑩。法之不善者汝得以议而更，吏之不良者汝得以察而去，则夫调度之不时⑪，费出之无常，邦用之不给，元元困于征求而愁怨于下者，直汝之耻也。夫行己有耻而后可以为士⑫，矧吾左右信任⑬，询谋所同而观听之所在者乎⑭！往祗厥官⑮，其亡以宠利而为士耻⑯。可⑰。

[注释]①三司使:北宋最高财政机构的长官。宋以盐铁、度支、户部合为三司,统筹国家财政,号称计省,故三司使亦号称计相,地位仅亚于执政。 ②"尚书六官"句:北宋元丰改制以前,尚书省所属吏、户、礼、兵、刑、工六部的名称虽在,但既无官署,也无职事,官称仅用以表示品级和俸禄,原初唐代所设六部的职事被划归中书省、枢密院和三司,因此尚书六官名存实亡。 ③仁明肃乂(yì):仁义、明哲、敬肃、有治才。乂,治。辅世济物:辅佐治世,成就事功。物,事。 ④直亮:正直坦诚。 ⑤闳言崇议:高明的言论建议。经纶王家:治理国家事务。王家,王室,代指国家。 ⑥高文典策:指有见解的著述。鼓动:鼓舞振作。 ⑦禁林:翰林学士院的别称。以在宫廷中,学士如林,故称禁林。 ⑧殚见而洽闻:见多而识广。殚,尽。洽,遍、博。 ⑨询考在位:询访考察有官职之人。 ⑩其听勿疑:服从任命就职,不要犹豫。 ⑪夫:指示代词,那些,指下列各种状况。 ⑫夫:发语词。行己有耻:语出《论语·子路》,意谓自身处世为人要保持羞耻之心。 ⑬矧:况且。左右信任:指皇帝身边受信任的大臣。 ⑭询谋所同:指共同谋议。询,义同"谋"。观听之所在:谓天下观瞻之所在。意指大臣履职要为臣民作表率。 ⑮往祗厥官:犹言往敬其职,忠实地履行职责。 ⑯亡以宠利而为士耻:不要因为宠名利禄而做出有辱士人名声的事。亡,无。 ⑰可:古代朝廷文件经皇帝批准后,画"可"字。

诫励诸道转运使经画财利宽恤民力制

夫闵仁百姓而无夺其时①,无侵其财,无耗其力,使其无憾于衣食而有以养生丧死,此礼义廉耻之所兴,而二帝三王诚敕百工诸侯之所先②,后世不可以忽者也。朕夙兴夜寐,听治不怠,囿游宫室之观无所增饰③,而躬以节俭先天下之士。然而不忍人之政,考诸先王,未有以及之也。凶年饥岁,民之父子夫妇犹有不得保其家室而放乎沟壑。

意者吏或不良④,不知所以赈救省忧之方⑤,而使之至此耶?今吾别诸道置使者,使得察吏之良否,而视民之疾苦,辄具以言⑥。而任事者或不惟朕志之所急,而以侵牟之为故,甚非所以遣使者慰安元元之意也。夫转输天下之财,以给有司之费,皆有常数而无横求,诚能御轻重敛散之权,而禁因缘之奸⑦,则何患乎经入之不足⑧!彼前世良吏,能纾其民而官事亦不耗废者⑨,岂有他哉?亦在乎勉之而已。若乃操聚敛之赢以为功,而不知百姓与足之义⑩,非惟逆于朕志,而有司考绩之法亦将不汝容焉⑪。朕言维服⑫,其听毋怠。可。

[注释]①闵仁:爱怜仁慈。时:农时。 ②百工:百官。 ③囿:苑囿,园林。观:泛指台观楼阁亭榭之类。 ④意者:想来。 ⑤省忧:省察忧患。 ⑥具:详细陈述。 ⑦因缘之奸:指官吏相互勾结为奸。 ⑧经入:常入,日常的财政收入。 ⑨纾(shū):缓和,解救。 ⑩百姓与足:用《论语·颜渊》"百姓足,君孰与不足;百姓不足,君孰与足"之义,谓国家欲富则要使百姓富。 ⑪不汝容:即"不容汝",不宽容你们。 ⑫维服:认真执行。维,助词。服,职事;此用为动词,指执行。

百寮贺复熙河路表①

臣某等言,伏睹修复熙河、洮、岷、叠宕等州②,幅员二千余里,斩获不顺蕃部一万九千余人,招抚大小蕃族三十余万各降附者,奋张天兵,开斥王土③,旌旃所指④,燕及氐、羌楼橹相望⑤,诞弥河陇⑥。中贺⑦。

[注释]①此为王安石代群臣起草的向皇帝祝贺熙河之役(又称河湟之役)胜利的表章,其役参见本书《通说》第二部分有关介绍。百寮,即"百僚"。

②修复：整顿收复。 ③开斥：开拓。④旃旜(zhān)：旃旗。 ⑤燕及氐、羌：指从幽燕朔方一带以至西北氐、羌地区。楼橹：古时军中用以瞭望敌情的无顶盖高台，又称望楼。有固定者，有架于车上可运动者，多被用作攻城或守城的战具。 ⑥诞弥：满，遍布。诞，语助词。 ⑦中贺：唐宋时臣下贺表，常在首数句叙述事实之后，用小字书写"中贺"二字，表示对皇帝及皇室的祝贺或庆贺，并用以接启后面的贺词。因是对皇帝表贺，故不敢用大字书写，只用小字，以示谦敬。

窃以三年鬼方之伐，高宗所以济时①；六月狁之征，宣王所以复古②。政由人举，道与世升。伏惟皇帝陛下温恭而文、睿知以武，讲周、唐之百度③，拔方、虎于一言④。我陵我阿，既饬鹰扬之旅⑤；实墉实壑，遂平鸟窜之戎⑥。用夏变夷，以今准古，是基新命，厥迈往图⑦。臣等均被明恩，具膺荣禄，接千岁之统，适遭会于斯时；上万年之觞，敢愆忘于故事⑧。臣无任。

[注释]①此用《周易·既济》"高宗伐鬼方，三年克之"典故。高宗，商王武丁。鬼方，商时西北地区少数民族，或谓即后世所称匈奴。济时，救时，因时弊而救世。 ②此用《诗经·小雅·六月》周宣王北伐典故。狁(xiǎnyǔn)，亦匈奴旧称。复古，恢复以往秩序，指史所称宣王中兴。 ③百度：百事，各种制度。《尚书·周书·旅獒》载："不役耳目，百度惟贞。" ④拔方、虎于一言：指皇帝拔擢重用贤能大臣，一言决断无迟疑。方、虎，指相传的周宣王大臣方叔、召虎，助宣王中兴有功，后世多用以喻指辅弼贤臣。 ⑤我陵我阿：用《诗经·大雅·皇矣》典故，代指敌方侵占的我方土地。陵、阿，山丘。饬：整饬，齐整。鹰扬之旅：用《诗经·大雅·大明》"维师尚父(姜太公)，时维鹰扬"典故，指出征的威武军兵。 ⑥实墉实壑：用《诗经·大雅·韩奕》典故，指在收复之地修筑城墙和城壕。鸟窜之戎：喻指四下逃散的少数部族武装。 ⑦用夏变夷：用华夏文化改变少数民族的后进文化。是基新命：用

《尚书·洛诰》"基命定命"典故,指依天命奠立新基。厥迈往图:将超越既往的事业。厥,其,将。迈,超过。图,规划,指事业。 ⑧万年之觞:举觞祝酒,愿皇统万年永续。愆(qiān)忘:违反和忘记。《诗经·大雅·假乐》:"不愆不忘,率由旧章。"

诏进所著文字谢表

云汉之光,俯加贲冒①;菅蒯之贱②,仰误询求③。中谢④。臣闻百王之道虽殊,其要不过于稽古,六艺之文盖缺⑤,所传犹足以范民⑥。唯其测之而弥深,故或习矣而不察,绍明精义⑦,允属昌时⑧。

[**注释**]①俯加贲冒:喻皇帝恩光照耀,覆盖臣下。贲(bì),用《周易·贲》卦之义,指文饰、光华。冒,覆盖。"贲冒"为古人谢表套语,犹"贲临"。 ②菅蒯(jiānkuǎi):菅草、蒯草,喻微贱。 ③仰误询求:谦称仰承皇帝误加访求。 ④中谢:表示感谢,参见前表"中贺"注。 ⑤盖缺:即有缺佚。盖,表示约言。 ⑥范民:规范臣民。 ⑦绍明精义:继承阐明精微大义。 ⑧允属昌时:诚应属于盛世之事。

伏惟皇帝陛下有舜之文明,有汤之勇智。以身为度①,动皆应于乾行②;肆笔成书,言必稽于圣作③。欲推阐先王之大道④,以新美天下之英材,宜得醇儒,使陪休运⑤。臣初非秀颖,众谓迂愚,徒以弱龄,粗知强学⑥。服膺前载,但传糟粕之余⑦;追首大方,岂逮室家之好⑧。过叨睿奖⑨,使缉旧闻⑩,永惟少作可弃之浮辞⑪,岂能上副旁搜之至意⑫。伏望皇帝陛下矜其闻道之晚,假以历时之淹⑬,使更讨论,粗如成就,然后上尘于聪览⑭,且复取决于圣裁,庶收寸长,稍副时用。臣无任。

[注释]①以身为度:指躬身体现文明勇智的法度。　②应于乾行:谓符合《周易·乾》卦"天行健,君子以自强不息"之义。指大有为。　③稽于圣作:稽考于圣人所立的法则制度。　④推阐:推究阐明。　⑤醇儒:纯正之儒。使陪休运:实指使之为官。休运,指昌明的国运。　⑥弱龄:幼龄,少年。强学:勉力于学。　⑦服膺前载:信服前人记载。但传糟粕之余:谦称过去的著作只不过传述了古人的一些糟粕。　⑧追首大方:追随大方之家。岂逮室家之好:谦称不得其门而入。《论语·子张》载子贡论贤,谓自己只如一堵及肩的墙,站在墙上不能窥见墙内家室的美好;夫子之墙则高数仞(一仞八尺),站在墙上可尽见其"宗庙之美、百官之富",但不得其门而不得入。　⑨叨:承受。睿奖:特指皇上的欣赏。　⑩缉旧闻:辑录旧时著述。　⑪永惟:常思。浮词:不实用的文字。　⑫旁搜:广泛搜求。旁,通"溥",普遍。　⑬淹:淹迟,迟滞。　⑭尘于聪览:谦称有污皇帝听闻过目。尘,尘污之意。

进《熙宁编敕》表①

臣某等言,窃以观天下之至动而御其时②,辅万物之自然而节其性③,匿而不可不为者事④,粗而不可不陈者法⑤,厥惟无弊,乃以不胶⑥。故造象于正月之始和⑦,改礼以五载之巡狩⑧,一代之典,成于缉熙⑨,百世可知,在所加损⑩。方裁成辅相之休运⑪,宜修饰润色之难能⑫,顾匪其人,与于此选⑬。中谢。

[注释]①《熙宁编敕》:汇集神宗即位以来针对具体的人和事所颁诏敕、敕书、德音的书籍(并附令敕、申明敕等文件)。由王安石提举删定,凡二十六卷,熙宁六年(1073)八月进上,七年正月镂版颁行。　②至动:极致的运动,指物极则返。御其时:把握其时机。　③辅万物之自然:辅助万物使其自然生成。节其性:节制其生成习性。　④此句指世事藏而不显却不可不为。

⑤此句指法度虽粗却不可不制定。陈,陈列,指制定。 ⑥"厥"、"乃"句:意谓法度无弊端,以之处事才能不胶固。胶,胶固,固执、不知变通。 ⑦"造象"句:指正月制定政教法令。《周礼·太宰》:"正月之吉始和,布治于邦国都鄙,乃县(悬)治象之法于象魏,使万民观治象,挟日(十日)而敛之。"治象,政教法令。象魏,古代天子、诸侯宫门外悬示教令的一对高建筑(阙、观)。 ⑧"改礼"句:指天子五年一次巡视诸侯,改定礼制。见《尚书·舜典》。 ⑨缉熙:光明貌。《诗经·周颂·维清》载:"维清缉熙,文王之典。" ⑩加损:增损。《论语·为政》:"殷因于夏礼,所损益可知也;周因于殷礼,所损益可知也。其或继周者,虽百世可知也。" ⑪裁成辅相之休运:成就辅相万物美好运行的事业。此实指敕之书的完成和适用。 ⑫修饰润色之难能:指已成之书的修饰润色更难能。 ⑬顾匪其人,与于此选:谦称自己非适合其事之人,而被选任其事。匪,通"非"。

盖闻道有升降,政有张弛,缓急详略,度宜而已,使民不倦,唯圣为能①。伏惟皇帝陛下天德地业②,体尧蹈禹③,永念宪禁之旧,或失防范之中④,选建有官,付之论定⑤。具惭浅学,莫副详延,屡弥岁年,仅就篇帙⑥。删除烦复,搜补阙遗,于趣时因民⑦,则粗救抗敝之实⑧;以方古垂后⑨,则或俟新美之才⑩。冒昧大威,姑塞明诏⑪。

[注释]①《周易·系辞下》:"神农氏没,黄帝、尧、舜氏作,通其变,使民不倦,神而化之,使民宜之。" ②天德地业:意指道德事业覆载万物。 ③体尧蹈禹:体察尧的治道,践行禹的业迹。 ④"永"、"或"句:常虑旧时宪令或失于防止犯罪的适中。永,常。宪禁,法律禁令。中,中道、公平。 ⑤论定:指编次删定。 ⑥以上意谓具官(自称)惭愧学问浅薄,不能达到皇上广搜博采的要求,屡次满年头而拖延,仅成现在的篇帙。副,相副,相称。延,延揽。 ⑦趣时因民:趋时顺民。指编敕之书的实用。 ⑧抗敝:亦作"亢弊"、"康弊",指凋敝、凋弊。 ⑨方古垂后:比之古代法令之书,欲其垂于后世而长久适用。 ⑩俟新美之才:指等待才士更好的编纂。 ⑪塞:搪塞,应付。

进《字说》表①

臣某言,窃以书用于世久矣②。先王立学以教之③,设官以达之④,置使以喻之⑤,禁诛乱名⑥,岂苟然哉?凡以同道德之归,一名法之守而已⑦。道衰以隐⑧,官失学废⑨,循而发之⑩,实在圣时⑪。岂臣愚憃⑫,敢逮斯事。中谢。

[注释]①《字说》:参见本书《通说》第五部分有关介绍。 ②书:指文字。 ③立学以教之:《说文解字序》:"《周礼》八岁入小学,保氏教国子,先以六书。" ④设官以达之:《周礼·外史》:"掌达书名于四方。"《周礼集说》引王安石云:"此所以一道德而同风俗也。"达,宣达。书名,或单称"名",即文字。 ⑤置使以喻之:"喻"通"谕"。《周礼·外史》:"九岁属瞽史,谕书名,听声音。"《周礼集说》引王安石云:"谕书名,所以同其文也。" ⑥禁诛乱名:指禁止使用不规范的文字。诛,戒除,意同"禁"。 ⑦一名法之守:意指书同文字,以推行统一的事物名义和法度。 ⑧以:而。 ⑨官失学废:指学官流散,字学荒废。 ⑩循而发之:推寻而发明之。 ⑪圣时:指当世。 ⑫愚憃(chōng):愚笨。

盖闻物生而有情,情发而为声,声以类合,皆足相知。人声为言,述以为字,字虽人之所制,本实出于自然。凤鸟有文①,河图有画②,非人为也。人则效此,故上下内外、初终前后、中偏左右,自然之位也③;衡衺曲直、耦重交拆、反缺倒仄,自然之形也④;发敛呼吸、抑扬合散、虚实清浊,自然之声也⑤;可视而知,可听而思,自然之义也⑥。以义自然,故仙圣所居⑦,虽殊方域,言音乖离,点画不同,译而通之,其义一也。道有升降,文物随之⑧,时变事异,书名或改,原出要归⑨,亦无二焉。乃若知之所不能与,思之所不能至,则虽非即此而可证,亦非舍此而能学。盖惟天下之至神⑩,为能究此⑪。

[注释]①凤鸟有文:相传伏羲观鸟兽之文而制八卦。《说文解字序》:"昔伏羲画八卦而文字之端见矣,仓颉模鸟迹而文字之形立矣。" ②河图有画:相传古时有龙马背负图画出于黄河,有神龟背负文字出于洛水,后世因称"河图洛书"。 ③此句指汉字的笔画位置,即间架。 ④此句指汉字的字形。衺,同"斜"。耦重,笔画相对和重复。交拆,笔画相交和拆散。反缺,笔画相反或缺笔。倒仄,字形倒转或倾斜;仄,不正,侧歪。 ⑤此句指汉字的读音。 ⑥此句指字义。 ⑦仙圣:指造字的人。 ⑧文物:指文明进化之物,包括文字。 ⑨要归:根本的归宿。此指造字规律。 ⑩至神:最为神明的人。 ⑪究:尽。

伏惟皇帝陛下体元用妙①,该极象数②,稽古创法③,绍天觉民④,乃惟兹学陨缺弗嗣⑤,因任众智⑥,微明显隐⑦,盖将以祈合乎神恉者布之海内⑧。众妙所寄,穷之实难,而臣顷御燕闲⑨,亲承训敕,抱痾负忧⑩,久无所成,虽尝有献,大惧冒溢⑪。退复自力,用忘疾瘥,咨诹讨论⑫,博尽所疑,冀或涓尘有助深崇⑬,谨勒成《字说》二十四卷,随表上进以闻。臣某诚惶诚惧,顿首谨言。

[注释]①体元用妙:体察事物的本原初始状态,发挥自己的神思妙用。 ②该极象数:遍察万事万物的外在表象、内在法则。 ③稽古创法:考究古制,创设法度。 ④绍天觉民:承顺上天,开觉万民。 ⑤乃惟:乃思,考虑到。兹学:指字学。陨缺弗嗣:坠失缺略而无人继承。 ⑥因任众智:因而参用各家见解。 ⑦微明显隐:稍为指明造字原理的显豁与隐秘。 ⑧祈:求。

神恉:指造字原理、规律。　⑨顷御燕闲:近因皇上安闲时进陪。犹言晋见。
⑩抱疴(kē)负忧:抱病怀忧。　⑪冒浼(měi):冒昧。　⑫咨诹:咨询访问。
⑬涓尘:喻微薄之力。深崇:指深到高明的研究。

进《洪范》表①

臣某言,臣闻天下之物,小大有彝②,后先有伦③,叙者天之道,叙之者人之道④。天命圣人以叙之⑤,而圣人必考古成己⑥,然后以所尝学措之事业⑦,为天下利。苟非其时,道不虚行。中谢。

[注释]①《洪范》:指王安石所著《洪范传》。　②彝:常,常态。　③伦:次序、秩序。　④此二句意谓:安排万物秩序的是天道,顺从这种秩序的是人道。叙,同"序"。上"叙"字为使动用法,即使之有序;下"叙"字为被动用法,即从之而有序。按:此谓天道即自然,人道亦出于自然。　⑤此句意谓圣人得天命而创制人道之伦理法则。　⑥考古成己:考求古道,成就自身。　⑦措之:施之于。

伏惟皇帝陛下德义之高、术智之明,足以黜天下之觊琐而兴其豪杰①,以图尧、禹太平之治。而朝廷未化,海内未服,纲纪宪令尚或纷如②,意者殆当考箕子之所述③,以深发独智、趣时应物故也④。臣尝以芜废腐余之学⑤,得备论思劝讲之官⑥,擢与大政,又弥寒暑⑦,勋绩不效⑧,俯仰甚惭。谨取旧所著《洪范传》删润缮写,辄以草芥之微,求裕天地⑨。臣无任。

[注释]①觊琐:即"猥琐",古时用以指奸邪不正之人。　②纲纪宪令:指各种法度。纷如:纷然,杂乱。　③殆:大概。箕子:商末宗室人物,为纣王

叔父。相传他进谏纣王,不见听,遂佯狂为奴,又被囚。旧说周武王灭商时释之,又访之以治国方略,《尚书·洪范》篇即是他为武王陈述"天地之大法"的记录。　④独智:独立高明的智慧。趣时应物:抓住时机,以应对事物的变化。趣,通"趋"。　⑤芜废腐余之学:谦称自己的学术荒废而陈旧。　⑥论思劝讲之官:指侍讲。神宗即位初,王安石曾以翰林学士兼侍讲。　⑦弥:弥历,经历。寒暑:岁月。　⑧勋绩不效:指事功不能见平生学问之效。　⑨求裕天地:"求裕天地之大德"的缩语,意谓因皇帝恩德而求宽容。

丁集　论议（上）

看详《杂议》

臣今月二日至中书，曾公亮传圣旨，以《杂议》一卷付臣看详①。臣谨具条奏如后。

议曰：官有定员，则进趣虽多②，不能为滥，宜定台、省、监、寺之员，须有阙然后用。

臣某曰：今之台、省、监、寺之官，虽名曰职事官③，而实非前代之所谓职事官，而与前代刺史等所带检校官无以异④。前代检校官之类，亦不能定员，待有阙然后拟。前代所谓职事官，即今所谓差遣是也。今之差遣固已有定员，须有阙然后用人矣。若欲令今所谓职事官亦有定员，则今职事官以差遣员数校之，几至两倍，而有功有考当陟者⑤，又未有以御之⑥。欲有定员，所谓可言而不可行者也。

[注释]①看详：宋人称阅读审查文件或著述为看详。　②进趣：同"进趋"，指争取官职。　③职事官：有实际职事的官员。按：北宋元丰改制以

前,以"差遣"为实职,前代所谓职事官之名皆成为表示品级、俸禄的官称(称为寄禄官)。　④检校官:一种无实际作用的荣誉性加官的总称。北宋前期自检校太师以下共有十九等。　⑤考:宋代吏部等每年对官员进行考察,任满一周年即为一考(欠日不能成考),分上中下三等,以作为注授差遣的依据。陟:升迁。　⑥御之:使之主持事务。

议曰:内外之官,正其名称,出则正刺史、县令之名,入则还台、省之名。

臣某曰:前代有勋官①,有散官②,有检校官,有职事官。勋官、散官,当其有罪,则皆得议请减,而应免官则又可以当官③;而检校官与今行、守之官无异④,故朝廷与夺皆足以为人荣辱利害。今散官、勋官、检校官既不足以为人荣辱利害,为人荣辱利害者唯有职事官与差遣而已。今若令内外官正其名称,出则正刺史、县令之名,入则还台、省之名,则是丞郎知州谓之刺史⑤,京朝官知州亦谓之刺史⑥,不知职事官之贵贱何以别乎？又其禄秩位次不知当复如何？若同之,则理不可行;若不同,则与未名之时又何以异？臣以为今州郡长吏谓之知州,非不正名,所领职事官乃与前代刺史等带检校官无异,何伤于正名而欲改之乎⑦？且汉以丞相史刺察州郡谓之刺史⑧,今欲名州郡长吏为刺史,则何得谓之正名？

[注释]①勋官:古代加官的一种,如上柱国、护军、都尉等。北宋时有上柱国以下十二等。　②散官:又称阶官、散阶,表示官员等级而无实际职掌的一种官称。北宋元丰改制以前,文官有二十九阶,武官有三十一阶;北宋末增至文官三十七阶,武官五十三阶。　③当官:当减低的官阶。　④行、守之官:宋代以寄禄官定官员品级,以职事官定其实际职掌,凡所任职事官低于寄

禄官一品以上者称行某官,高于寄禄官一品者称守某官,高于寄禄官二品以上者称试某官。　⑤丞郎知州:指以丞郎为知州者。丞郎,尚书左、右丞及六部侍郎的简称,北宋元丰改制以前皆为寄禄官。　⑥京朝官知州:此指以职事官为知州者。　⑦伤:以为有害。　⑧丞相史:西汉官名,为丞相府吏员。汉文帝时以丞相史出刺各地,与监御史并存,至武帝时始专置刺史,以行检察之权。

议曰:罢官而止俸①。

臣某曰:文王治岐,仕者世禄②;武王克商,庶士倍禄③。盖人主于士大夫,能饶之以财,然后可责之以廉耻。方今士大夫所以鲜廉寡耻,其原亦多出于禄赐不足。又以官多员少之故,大抵罢官数年而后复得一官,若罢官而止俸,恐士大夫愈困穷而无廉耻。士大夫无廉耻,最人主所当忧。且邦财费省之大原④,乃不在此。议者但知引据唐事,乃不知唐时官人俸厚,故罢为前资未至困乏⑤。今官人俸薄,则与唐时事不得同。且不吝于与人以官,而欲吝于与官以禄,非计之得也。

[注释]①罢官而止俸:罢官之后不再发放本官资格的俸禄。　②此文出于《孟子·梁惠王下》,以为周文王治岐周时,仕宦者世袭俸禄。　③此文出于《礼记·乐记》,以为周武王灭商后,官府吏人俸禄加倍。　④大原:主要原因。　⑤罢为前资:罢为本官除授之前的资格。

议曰:以厘务实日并为三年①,以叙磨勘之法②,以符考绩之义。

臣某曰:今欲以厘务实日并为三年,以叙磨勘之法。窃以为不厘务者,非人情之所欲也;厘务者,非人情之所苦也。今等之无功而厘务则计日得迁③,等之无罪而不厘务则不得计日而迁④,恐未足以符考绩之义,而适足以致不均之怨也。且黜陟之法,务在沮劝罪功⑤,不知立法如此,有何沮劝。

[注释]①厘务实日:在职治理事务的实有时日。　②磨勘:宋称勘验寄禄官的表现以决定其官阶迁转为磨勘,其法甚繁。　③此句意指:但等待三年,虽无事功而在职厘务,则数着日子,到期即可得到迁转。　④此句意指:但等待三年,虽无过错而不在职厘务(如待阙),则不能到期即得到迁转。⑤沮劝罪功:即沮罪劝功,抑制有过错者,鼓励有事功者。

议曰:置兵部审官院①。

臣某曰:崇班以上②,置兵部审官院,此恐可议而行。然崇班以上差遣,尽付之兵部,则不可行。当约文字之法,相度所任轻重缓急,有付之审官者,有属之枢密者。至于磨勘,则官视卿、监以下③,皆付之兵部审官可也。

[注释]①审官院:考核京朝官的机构。熙宁中动议于兵部专置,以考核武臣,后未见设置。　②崇班:武臣阶官名。即内殿崇班,北宋末改为修武郎,为武臣第四十四阶。　③官视卿、监以下:指武臣阶官等级比同文官卿、监(各寺、监长官和副长官)以下者。

议曰:置兵部流内铨①,以代三班②,及置南曹③。

臣某曰:三班院无以异于兵部流内铨,何必以代三班乎？今三班自无阙事,而又增置南曹,则非省官之意。

[注释]①流内铨:吏部所属考核铨选中下级文职官员的机构。熙宁中动议于兵部专置,以铨选低级武臣,后未设置。　②三班:即三班院,北宋前

期主管三班使臣等低品武官的铨选及酬赏等事的机构。　③南曹:原为吏部所属审验选人履历的机构,熙宁中并入流内铨。此处指动议兵部增置南曹。

议曰:废江、淮、荆、浙发运使①。

臣某曰:江、淮、荆、浙发运使尝废矣,未几复置者,以不可废故也。盖发运使废,则其本司职事,必令淮南转运使领之。淮南转运所总州军已多,地里已远,而发运使据六路之会②,以应接转输,及他制置事亦不少③。但以淮南转运使领发运,则发运一司事多壅废,此盖其所以废而复置也。臣比见许元为发运使时④,诸路有岁歉米贵,则令输钱以当年额⑤,而为之就米贱路分籴之⑥,以足年额。诸路年额易办,而发运司所收钱米常以有余,或以其余借助诸路阙乏。其所制置利便,多如此类。要在拣择能吏以为发运而已,废之不为便也。

[**注释**]①发运使:差遣名,掌淮南路、江南东路、江南西路、两浙路、荆湖北路、荆湖南路六路之漕运,也兼掌茶、盐、钱政等。　②会:要冲、中心,如今之省会之"会"。　③制置:经理处置。　④许元(989—1057):字子春,历江、淮、两浙、荆湖发运判官,官至知州。　⑤年额:年度税额。　⑥籴(dí):买入。

议曰:废都水监①。

臣某曰:都水监亦恐不可废。今议者以谓比三司判官主领之时,事日烦,费日广,举天下之役,其半在于河渠堤埽②,故欲废之,此臣之所未喻也③。朝廷以为天下水利领于三司,则三司事丛④,不得专意。而河渠堤埽之类,有当经治而力不暇给,故别置都水监,此所谓修废官也⑤。官修则事举,事举则虽烦何伤?财费则利兴,利兴则虽费何害?且所谓举天下之役半在于河渠堤埽者,以为不当役而役之乎?以为当役而役之乎?以为不当役而役之,则但当察官吏之不才,而不当废监;以为当役而役之,则役虽多,是乃因置监,故吏得修其职而无废事也,何可以废监乎?且今水土之利,患在置官不多,而不患其冗也。

[注释]①都水监:主管河渠水利之事的机构。 ②堤埽(sào):河堤、河埽。埽,旧时治河,用秫秸、树枝等掺杂沙石而捆扎成圆柱形,用以堵决口或护岸的设施。 ③未喻:即未谕,未明白。 ④丛:繁杂。 ⑤修废官:恢复废弃的官职。

议曰:合三部句院①。

臣某曰:三部句院,臣未知其详②,然恐由近岁三司帐籍钩考之法大坏而不举③,故三司句院有事简处④。若不然,则此三部句院理不可合。

[注释]①合:合并。三部句院:即三司勾院,掌勾稽天下申报三司的钱粮百物账簿及出纳情况。 ②未知其详:指不了解其近况。 ③钩考之法:有关查账的规定。 ④事简:事少清闲。

议曰:提举百司不当用内制①,但用如张师颜者②。

臣某曰:提举百司多用内制,而今患其与三司并行指挥,库务异同难禀③。臣以为唯权均体敌④,乃可以相检制⑤。事有异同则理有枉直,近在阙门之外⑥,则非理皆得上闻,库务官司亦何嫌于难禀?今若只用如张师颜者一人,与三司表里,纲纪细务⑦,则恐与三司权不均、体不敌,虽足以纲纪细务,而三司措置百司失理,莫能与之抗议⑧。今使内制一人总其权以敌三司,又使如张师颜者一人躬亲点检细事,小既足以究察诸司奸弊,大又足以检制三司,如此处置,未为失也。若以为费而当省,则提举百司于内制但为兼职,废之何所省乎?

[**注释**]①提举百司:指提举在京诸司库务司。掌内香药库、杂买务等在京仓库事务。内制:指翰林学士及诸杂阁学士。以学士提举库务,主于纠察。　②张师颜:北宋官员。治平中以刑部郎中提举在京诸司库务,绳治不法,被吏人谗害去职。熙宁中历同判太常寺。　③难禀:难以禀报。句意指库务并受三司及学士主管指令,指令不一则难以上报。　④权均体敌:权力均等,地位相匹敌。　⑤检制:检举制衡。　⑥阙门之外:指京城。　⑦纲纪细务:规范和管理琐碎事务。　⑧抗议:平等讨论以表达不同意见。

议曰:废宫观使、副、都监①。

臣某曰:宫观置使、提举、都监,诚为冗散。然今所置,但为兼职;其有特置,则朝廷礼当尊宠,而不以职事责之者也。废与置,其为利害亦不多。若议冗费,则宫观之类,自有可议,非但置使、提举、都监为可省也。

[**注释**]①宫观使、副、都监:指宫观使、宫观副使、宫观都监。别又有提举、管勾等。王安石变法时,多以宫观官安置反对派官员。

议曰:外则并郡县①。

臣某曰:中国受命②,至今百余年,无大兵革,生齿之众,盖自秦、汉以来莫及。臣所见东南州县,大抵患在户口众而官少,不足以治之。臣尝奉使河北,疑其所置州县太多,如雄、莫二州③,相去才二十余里。闻如此者甚众,其民徭役固多,财力雕弊,恐亦因此。然臣不深知其利害,不敢有言。

[**注释**]①并郡县:合并州县。 ②中国:指宋皇朝。 ③雄、莫二州:分治今河北保定、任丘。

议曰:诏执事之臣,下逮有司,俾行审官铨选之职①,稍稍宽假②,使时有简拔③。

臣某曰:今朝廷使监司、守倅及知杂以上④,各以所知同罪荐举人材,然尚患其所举不如举状。今若令有司行审官铨选之职,时有简拔,臣恐以一二人之耳目不足以尽天下之材,而所简拔不足以塞士大夫之非议。又其所任或不免交私,则于时政徒有所损而已。

[**注释**]①俾(bǐ):使。句意指建议皇帝下诏,使执政大臣以至政府各机构都有铨选官员的权力。 ②宽假:放宽,此指权力下放。 ③简拔:遴选提拔。 ④守倅(cuì):州府长官及通判。知杂:知杂侍御史,即御史台侍御史。

议曰:择判司簿尉三考、四考①,有两纸、三纸举状者引对②,给笔札,条为治目③,不拘文辞,咸以事对。命官考验,有理趣者④,除县令;三考绩效有闻,委提刑、转运上其实状,除京官;再入⑤,两任知县,如政绩显白,与减一任通判⑥,便除知州。

臣某曰:议者以为近世县令最卑,有出身三考⑦,无出身四考,不问其人材如何,但非赃犯,则以次而授焉,甚非重民安本之谊⑧。臣以为今有出身三考,无出身四考,皆有三人举主,乃得为县令,非不问其人材如何而特以次授也。盖近岁朝廷举令之法最善,故近岁县令亦稍胜于往时。但朝廷诱养之道未纯⑨,督察之方未尽,大抵人才难得,非特县令乏人。今议者欲择判司簿尉三考、四考,有两纸、三纸举状者引对,欲除以为令,则与举令之法无甚异也。若欲以笔札条对,求治民之材,臣恐不必得治材之实,但得能文辞谈说者尔。又以为绩效有闻,则提刑、转运上其实状,即除京官。若令提刑、转运举者至于五人而后与转京官,则得转京官者少;若但要提刑、转运举状不必五人而后转,则如此选擢之人,何以知其贤于举令,而遽优异之如此?又以为两任知县,政绩显白,与减一任通判,便除知州,不知政绩如何而可以谓之显白?若有殊尤可赏⑩,则朝廷自当选擢及有升任指挥⑪;若不足以致选擢及升任指挥,则其政绩不为甚异。政绩无甚异,而更不用关升之法⑫,便减一任通判,与除知州,臣恐入知州者愈冗,而所除又未必贤。

　　右臣所闻浅陋,不足以知治体,谨具条奏,并元降《杂议》封上。取进止。

　　[注释]①判司簿尉:低级官吏名目简称。判指京城及陪都治安机构判官,司指司理、司户、司法参军,簿指主簿,尉指县尉。三考、四考:经三次、四次考察皆成"考"。　②两纸、三纸举状:即有两人、三人荐举。引对:引见皇帝,回答皇帝的询问。　③条为治目:指测验其治事能力,使之条列各自职事的治理措施。　④理趣:道理和旨意。指言之成理,有见解。　⑤再入:指任满后再任原职。　⑥与减一任通判:升任通判须有一定的资任,表现好可减去

一"任"的资格。此处指两任知县而政绩显著,可以给予减去一"任"而得任命为通判的资格。　⑦有出身:指科举进士出身的官员。无出身则指通过恩荫等途径入官者。　⑧谊:通"义"。　⑨诱养:引导培养。　⑩殊尤:指政绩优异。　⑪升任指挥:升任的指令。　⑫关升之法:发指令文件而升任的规定。

详定十二事议

起居舍人司马光起请①:旧官九品之外,别分职任差遣为十二等,以进退群臣。十二等之制,宰相第一,两府第二,两制以上第三,三司副使、知杂御史第四,三司判官、转运使第五,提点刑狱第六,知州第七,通判第八,知县第九,幕职第十,令录第十一,判司簿尉第十二。其余文武职任差遣,并以此比类为十二等。若上等有阙,则于次之中择才以补之。

奉圣旨,两制详定闻奏。王珪等详定②:司马光起请难尽施行外,致治之要,在任官之久。欲乞知州令满三年为一任;通判人缘审官院见今员多阙少③,候将来差遣得行,亦别取指挥;知县人今后初入者④,并满六周年方入通判。仍乞下审官详定条约闻奏者⑤。

臣愚以谓司马光十二等之说,王珪等既以为难行,而珪等所议知州三年为一任,知县六年方入通判,亦无补于官人失得之数。朝廷必欲大修法度,甄序人材⑥,则以至诚恻怛求治之心,博延天下论议之士,而与之反复⑦,必有至当之论可施于当世。凡区区变更而终无补于事实者,臣愚窃恐皆不足为。

[注释]①司马光(1019—1086):字君实,王安石变法时为反对派领袖,元祐初官至宰相。起请:亦称"参详",为修正或补充律、敕等条文的一种法律形式。 ②王珪(1019—1085):字禹玉,神宗朝为执政与宰相十六年。 ③缘:因。见今:现今。 ④初入:此指初为知县。 ⑤条约:条法,条例。 ⑥甄序:犹铨叙、铨选。 ⑦反复:指反复讨论。

《易》泛论①

柔巽隐伏、制得其道则易制者鱼也②,民之象也,小人、女子之象也。贪暴而止乎高者隼也③,贪窃而动乎阴者鼠也。狐,疑也,不果也④。牛,顺而强也。羊,很也⑤。羊,前其刚以触者也。鲋,物之在下污而微者也⑥。鸟,飞而止则困者也。雉,文明见乎外者也⑦。豹,文之蔚然者也。虎,文之炳然者也。虎、豹刚健,君子、大人之象也。虎之搏物,拟而后动,动而有获者也。鹤,洁白以远举,鸣之以时而远闻者也。鸿,进退以时而有序者也。禽,饮井之无择者也。豮豕之牙,能畜其刚而不可犯者也⑧。豕,污秽也。豚,豕之微者也。龟有灵德,潜见以时而不志于养者也。龟,人之所恃以知吉凶者也。龙,天类也,能见、能跃、能飞、能云雨而变化不测,人不可系而服者也⑨。马,地类也,能行而系乎人,其为物有常者也。鬼,物之无形者也。

[注释]①此篇汇集《周易》经传中的一些字词,如动物、器物等概念,凡十余类,用训诂的方法作解,行文类似札记,反映出王安石的字学不循《说文》六书解字的特点。 ②柔巽隐伏:柔顺隐藏。制:控制。 ③隼(sǔn):也称鹘(hú),一种猛禽。 ④不果:不果断。 ⑤很:通"狠"。 ⑥鲋(fù):鲫鱼。

下污:指"涸辙之鲋"所喻的小水坑。 ⑦雉(zhì):野鸡。文明:纹理章明。下"文"字均同"纹"。 ⑧豮(fén)豕:被阉割的猪。畜:读作"蓄",积存。 ⑨系:拴系,约束。

几,尊物也,所冯以为安者也①。床,安上以止者也。车,载其上以行者也。轮,有运动之材而非车之全也②,可以为车之一器者也。舆,有承载之材而亦非车之全者也。辐,车舆所以行者也。缶,圆虚以容而应者也③。矢,直而利乎行者也。弧,攻远之器也。鼎,成物之器也④。铉⑤,所举鼎而行之者也。鼎耳,虚中以受铉者也。瓶,井之上水者也。瓮,井水之已出乎上而受之者也。筐,女所以承实者也。匕鬯⑥,所以事宗庙社稷之器也。樽酒簋贰,祭之约也⑦;贰簋,享之约也。

[注释]①几:低矮的几案,古人用以踞坐依靠。冯:同"凭"。 ②材:功能。 ③缶:大肚小口的陶器或铜器。应:应接容纳。 ④成:通"盛"。 ⑤铉(xuàn):古代举鼎器具。铜制,钩状,用以提鼎之两耳。 ⑥匕鬯(chàng):舀酒勺和香酒。 ⑦樽酒簋贰:一尊酒,两簋食物。约:简约。

幽而能正时者,斗也①。暮夜者,阴盛之时也。日中者,丰之时也②。日昃者③,过中当退之时也。昼日者,明进已盛而未至乎中之时也,日中则照天下矣④。日以明进,至昼日其极盛也。甲,仁属也。庚,义属也。月几望,阴盛而不亢也⑤。云,阴上也。雨,阴阳应也。霜,阴刚之微也。坚冰,阴刚而疑阳也⑥。

[注释]①幽:黑暗。斗:指北斗星。 ②丰:此指日光盛。 ③日昃:同

"日昃",日偏西。　④"昼日"句:据王安石《卦名解》,《晋》卦象"明出地上",为臣下进身之象,虽盛而不能如日中天,中天而照天下,就僭位而等同王者了。　⑤月几望:月亮接近望时。不亢:不过盛。　⑥疑阳:《易传》旧注谓阴盛极而为阳所疑。一说"疑"读作"拟",指匹敌或相似。

　　膏①,阳之泽也。血,阴之伤也。汗,出而不反也。肤,柔物之为间而易侵者也②。趾,在下而行者也。拇,在下之微而无能为者也③。腹,容物者也。頄④,上体之见乎外而无能为者也。臀,下体之无能为者也。身,躬己也。顶,首之上者也。面,见乎外者也。心,体之主也。限⑤,上下之所同也。夤⑥,上体之接乎限者也。须⑦,柔而附刚者也,阳物之饰也。背,体之不接乎物而上者也。尾,后也。首,先也,上也。足,下也。角,刚之上穷者也⑧。肱,上体之随而附者也。股,下体之随而附者也。腓⑨,趾之上、股之下而体之随而附者也。垂其翼,下也。耳,所听也。

　　[**注释**]①膏:脂肪。《易传》指恩泽。　②间:间隔。此指皮肤隔身体之内外。　③拇:脚之拇指。在下之微而无能为:意指在身体下部末端,虽为拇指而无能为。　④頄(qiú):颧骨。　⑤限:指身体中部,即腰。　⑥夤(yín):指脊背上的肉。　⑦须:胡须。　⑧上穷:指最上端。　⑨腓:小腿肚。

　　东北,止,以近险也。西南,顺,以远险也①。西南,众也②。南,明也。西南,坤之地也③。东北,违坤之所也④。西,阴所也。东,阳所也。左,下也。右,上也。
　　载者,载上也。负,后也⑤。负者,下道也⑥。乘者,上道也⑦。载鬼,以鬼为在上也。负涂⑧,以涂为在后也。

往,从之也⑨。往,之外也。往,之上也。来,之已也。来,之内也。

[注释]①《易传》以东北为险位,西南为顺位,以为往东北当止,往西南则有利。　②众:指众人所从。　③坤之地:指平地。　④违坤之所:指山地。　⑤负:指背负。后:背后。　⑥下道:指背负之物下坠。　⑦上道:指车载之物提升。　⑧负涂:《易传》谓"豕负涂",指猪身上满是泥。　⑨从之:从某处至某处。此与下共五"之"字皆为动词。

渝,变其德也。亿,安也。居,不行也。安,以静居也。逐,从求之也。血,去不来也①。出自穴,出不去也②。复,反而得其所也③。反,自外来而复也。见,见彼也④。处,不行也。征,进也。盘桓,动未进也。枕,止而安之也。动,方征也。起,方往也。遇,逢而见之也。跻,升也。孕,女之得其配也,以有为而未功也⑤。字⑥,育女之功也。田⑦,兴事之大者也。弋⑧,兴事之小者也。飞,宜下不宜上者也。

[注释]①去不来:意指血流去即不返。按:《易传》以"血"字指阴阳相伤。　②出不去:意指虽出穴而不离穴。　③反:通"返"。　④见彼:看见他方。　⑤有为而未功:事有为而尚未完成。　⑥字:哺乳,抚养。　⑦田:狩猎。　⑧弋:射鸟。

且,方然也①。或,疑辞也②,方也③,后也④。乃,徐也⑤,方此爻之时,未可以然也,要其终则然也。

[注释]①方然:将然。此解副词"且"字之义。　②疑辞:未定之词。　③方:比拟之词。　④后:意指后言的转语。　⑤徐:意指"乃"字接述的是将要徐徐发生的事。

田,平夷著见之地也①,非龙之所宜宅也。大川,险也。沙近险而无难也,泥则近险而有难也。沛②,泽之困乎水者也。穴,阴之宅也。在穴,动物在阴之小者也。渊,龙之宅也,在天则龙有为之地。陆,高平也③。陵,陆之大也。涂,污也④。井,泥浊也。谷⑤,下也。井谷⑥,旁出而下流也。臲卼,乘刚也⑦。石,坚而不动者也。金,刚而趣变者也⑧。玉,温润粹美,刚而不可变者也。干⑨,鸿之在下而不失其宜者也,鸿所宜居者也。桷⑩,木之在上者也。株,木不能庇荫其下者也。磐⑪,进于干而不失其安者也。

[注释]①平夷著见:平整可远望。夷,平。 ②沛:水势盛大。 ③高平:高平地。 ④污:污泥。 ⑤谷:山谷。 ⑥井谷:井底。 ⑦臲卼(niè wù):摇动不安貌。乘刚:在《易传》指阴爻居于阳爻之上,泛指阴凌驾于阳。 ⑧趣:通"趋"。 ⑨干:通"岸"。此指鸿(大雁)落息的水边。 ⑩桷(jué):树木横生的枝条。 ⑪磐:磐石。按:《易经·渐》卦谓鸿渐(进)于干、磐、陆、木、陵。

甘,物之所美也。苦,物之所恶也。黄,地色也。玄,天色也。黄,中之见乎色者也①。白,成色之主也。白,未受饰乎物者也。朱绂,天子饰下者也②。赤绂,人臣饰下者也。

泣血,阴之忧也。涕,忧之见乎容貌者也。号嗟④,忧之见乎音声者也,号甚乎嗟者也。

[注释]①中:指方位之中。此方位对应于色则为黄色。 ②朱绂(fú):古代礼服的红色蔽膝。饰下:作下身衣饰。 ④号嗟(jiē):号啕、嗟叹。

藩①,内外之隔也。庐,人所庇也。升虚邑,小而易之也②。升阶,平易以有序,以渐升而得位也。伐邑者,小之也。伐国,大事也。伐邑,小事也。城,地道上承而外扞也;复于隍,则不上承、不外扞矣③。墉④,扞外以保内也,自下之高者也。二簋⑤,阴象也。门,阴象也。户⑥,阳象也。《易》曰:"犹未离其类也,故称'血'焉。"⑦《易》象之大概,见于乾坤之说,推而长之,则凡《易》之象可不疑矣。栋,室壁之所恃也。野,空旷也;同人于野,无适莫也⑧。龙战于野,无君臣也。邑,有事之地也,趣时而为之者也⑨。郊,远乎有事之地。次⑩,师旅之安舍也。巷,出门庭而未易道也。自牖⑪,自幽以即明也。

[注释]①藩:篱笆。 ②升虚邑:《易传》旧注谓指升进空虚的城邑。小而易之:因其小而容易。 ③"城"字句:解释《周易·泰》卦爻辞"城复于隍",意谓城墙是由地面承受而用于扞御外敌的,若城墙倾覆于城壕中,则是地面不能承受,也不能扞御外敌了。城,城墙。隍,壕沟。扞,同"捍"。 ④墉(yōng):亦指城墙。 ⑤二簋:见上文"贰簋"。 ⑥户:此指户庭,即院落。 ⑦此语见于《周易·乾》卦的《文言》,旧注谓指阴疑于阳而仍是阴类,所以阴阳相战而称"血"(相伤)。 ⑧同人:与人相同。无适莫:情无亲疏。 ⑨趣:通"趋"。 ⑩次:古时指军队驻扎。 ⑪自牖:《易传》原文指祭祀时,进献祭品于向明的窗户下。

婚媾,内外之合也。邻,比己者也。妻,配也。王母①,幽以远也。以父为阳,以母为幽也;以母为近,则王母为远也。妣②,以顺配祖者也。臣,以顺承君者也。考,父之有成德之称也。长子,一也;弟子,不一也③。仆,卑以顺也。童,未有与也④。妇,一乎顺者也。妾,配之不正者也。士,未成夫之辞也。女,未成妇之辞也。娣,女归而不得正配者也⑤。

[注释]①王母:祖母。 ②妣(bǐ):祖母及祖母以上女性祖先。 ③此处指长子是唯一的,诸弟子则不止一人。 ④童:童蒙。未有与:谓不知所从。 ⑤娣:女弟,妹。归:出嫁。不得正配:此指姊妹同嫁一人,若姊为正配,则妹不得为正配。

衣,上饰也。挐,所以窒隙也①。裳,下之饰也。鞶带②,在下体之上,而以柔为饰也。袂,体乎衣者也③。囊④,所以畜物也。茀⑤,所以蔽车也。履,践下而承上也。履,上道也;载,下道也⑥。

[注释]①挐(rú):败絮。窒隙:塞缝隙。 ②鞶(pán)带:系于腰间的大革带。 ③袂(mèi):衣袖。体乎衣者:连结于衣上的。体,连结。 ④囊:口袋。 ⑤茀(fú):古代贵族妇女所乘车辆上的蔽饰。 ⑥上道、下道:意指鞋子是以下(履)承上(人),车载则是以上(人)践下(车)。

不可,甚乎不利也。可,其为利仅也①。有凶,不必凶②,而凶在其中也。有厉③,不必厉,而厉在其中也。有悔,不必悔,而悔在其中也。

[注释]①仅:程度词,仅仅算……。 ②不必:不必然。 ③厉:祸。

卦　名　解①

"刚柔始交而难生,动乎险中",故曰"云雷,《屯》"②。《屯》已"大亨"③,则"雷雨之动满盈"而为解④,故曰"雷雨作,《解》","动而免乎险,《解》"。

"山下有险"⑤,非险在前也。可往而止焉,必蒙者也⑥,故为《蒙》。《蹇》则"险在前"者也⑦,险在前则不可以往,故为《蹇》。《象》曰:"见险而能止,知矣哉⑧!"知者,反乎《蒙》者也。《需》亦"险在前"也⑨,其不为乾健而进也⑩,非若艮之止也,非坎之所能陷也,待时而进耳,故为《需》。

[注释]①此篇仿照《易传》的《说卦》、《序卦》、《杂卦》,并利用《系辞》及《彖》、《象》的内容,对《乾》、《坤》之外六十二卦的卦名作训解,与传统的解说不尽相同。 ②《屯(zhūn)》:由单卦震、坎组成,震下坎上,震为雷、为动,坎为云雨、为险、为陷,合之即象雷在云雨下,始动而险象环生,喻艰难。 ③大亨:大通,顺畅无阻。 ④解:崩解。《解》卦坎下震上,喻险象解除。 ⑤山下有险:指《蒙》卦坎下艮上之象。 ⑥蒙:童蒙、蒙昧。 ⑦《蹇》:艮下坎上,象山上有水。 ⑧知:通"智"。 ⑨《需》:乾下坎上,象云上于天。 ⑩乾健:指《乾》卦的"天行健"。

"柔得位而上下应之",小者之畜也。小者畜则其畜亦小矣,故为《小畜》①。以小而畜大,非柔之中也。柔得位而不中,不中而上下应之,《小畜》之道也。"能止健",大者之畜也。大者畜,则其畜亦大矣,故为《大畜》②。

四阳过二阴而阳得中,故为《大过》③。大过者,"大者过"也。大者过,则亦事之大过越也。四阴过二阳而阴得中,故为《小过》④。小过者,"小者过"也。小者过,则亦事之小过越者耳。

《大有》⑤,能有大者也,大者应之也。"柔得尊位",大有者也。《同人》⑥,同乎人者也,"柔得位得中而应乎乾"

者也。巽而丽乎内,故为《家人》⑦。止而丽乎外,故为《旅》。

[**注释**]①《小畜》:乾下巽上,象风行天上,密云不雨。畜,读作"蓄"。"小者畜则其畜亦小",谓所蓄皆小者,则总的积蓄亦小。 ②《大畜》:乾下艮上,象天在山中。 ③《大过》:巽下兑上,象风行泽上。 ④《小过》:艮下震上,象山上有雷。 ⑤《大有》:乾下离上,象火在天上。 ⑥《同人》:离下乾上,象天下有火。 ⑦巽:顺。丽:附丽。《家人》:离下巽上,象风自火出。

少男长女必惑,山下有风必挠。蛊者,挠惑之名也,为天下之蛊者事也,故为《蛊》①。少女少男,男下女上,故为《咸》②。咸者,交感之名也。长男长女,男上女下,故为《恒》③。姤,阴遇阳,故为《姤》④。

阳终决阴,故为《夬》⑤。柔履刚,故为《履》⑥。履,礼也。礼者,以柔履刚者也。刚应顺而以动,故为《豫》⑦。上下交,故为《泰》⑧;不交,故为《否》⑨。

[**注释**]①《蛊》:巽下艮上,象山下有风。《易传》又以震为长男,巽为长女,坎为中男,离为中女,艮为少男,兑为少女。《蛊》卦为少男长女,男上女下,故为"惑"。 ②《咸》:艮下兑上,象山上有泽,少男在少女下。 ③《恒》:巽上震下,象雷风之恒久,长男在长女上。 ④《姤(gòu)》:巽下乾上,象天下有风。象辞解"姤"字为"遇",即"遭",谓"柔遇刚"即"女遇男"。 ⑤《夬(guài)》:乾下兑上,象泽上于天。 ⑥《履》:兑下乾上,象上天下泽。 ⑦《豫》:坤下震上,象雷出地奋。 ⑧《泰》:乾下坤上,象天地交。 ⑨《否(pǐ)》:坤下乾上,象天地不交。

以刚中为主而下顺从,故为《比》①。顺而止,故为《谦》②。动而说,故为《随》③。大者在上,故为《观》④。

大者壮,故为《大壮》⑤。刚浸长以临柔,故为《临》⑥。临者,大临小之名,故曰临者大也。

柔来文刚,分刚上而文柔,故为《贲》⑦。柔变刚为《剥》⑧,剥者,消烂之名也。《剥》穷上而刚反,故曰《复》⑨。复者,反而得其所之名也。

[注释]①《比》:坤下坎上,象地上有水。 ②《谦》:艮下坤上,象地中有山。 ③《随》:震下兑上,象泽中有雷。 ④《观》:坤下巽上,象风行地上。 ⑤《大壮》:乾下震上,象雷在天上。 ⑥《临》:兑下坤上,象泽上有地。 ⑦文:文饰。《贲(bì)》:离下艮上,象山下有火。 ⑧《剥》:坤下艮上,象山附于地。 ⑨反:同"返"。《复》:震下坤上,象雷在地中。

"天下雷行",物应之,故为《无妄》①。雷之感物,物之所以应,无妄者也。刚退,故为《遯》②。"明入地中",故为《明夷》③。明者,伤于暗之名也,文王与纣当其象矣④。以爻考之,自三以下周象也,自四以上殷象也⑤。

"明出地上",《晋》⑥,臣进之象卦也。明出地上,则方昼而未至乎中,中则照天下;昼则进之,盛而不亢乎王者也⑦。

[注释]①《无妄》:震下乾上,象天下雷行,物与无妄。 ②《遯》:艮下乾上,象天下有山。 ③《明夷》:离下坤上,象明入地中。 ④此处指周文王为殷纣王所囚,当明伤于暗之象。 ⑤"以爻"句意思是:《明夷》卦的下三爻是周象,上三爻是殷象,周象在殷象下,表示"明入地中"。 ⑥《晋》:坤下离上,象明出地上。 ⑦以上意思是:臣下进身有"明出地上"之象,白昼为盛,但不至于如日中天,因为臣下之盛不能超过王者。

"损上益下",主于自损者也,故为《益》①。"损下益上",主于自益者也,故为《损》②。乾道成男,坤道成女,凡女卦皆受损者也③,凡男卦皆受益者也④。"损上益下","损下益上",此之谓也。

"巽乎水而上水",故为《井》⑤。"以木巽火",故为《鼎》⑥。明以动,故为《丰》⑦。《丰》者,光明盛大之卦也。

[注释]①《益》:震下巽上,象风雷。 ②《损》:兑下艮上,象山下有泽。 ③女卦:指巽、离、兑。句意指三女卦在复合卦中都是受损者。 ④男卦:指震、坎、艮。句意指三男卦在复合卦中都是受益者。 ⑤《井》:巽下坎上,象木上有水。按:巽为木、为入,而本卦象辞谓"巽乎水而上水",旧释多歧。汉代郑玄谓指以桔槔打水,宋代程颐谓指以木器汲水,朱熹谓指树木吸水。考象辞下文有"繘"(汲水绳)、"瓶"(陶罐)二字,疑王安石只解巽为入,"巽乎水而上水"即指以汲水之物入于水而提水上来,不必循巽为木作解。 ⑥《鼎》:巽下离上,象木上有火。按:"以木巽火"亦可讲为以木入火,指炊煮。 ⑦《丰》:离下震上,象雷电皆至。

刚上下而实在其间,颐中有物之象也①。颐中有物必噬,噬则合矣,故为《噬嗑》②。嗑者,有间而通之之卦也。

上险下说③,说以行险,故为《节》④。柔在内而刚得中,说而巽,故为《中孚》⑤。柔亦在内,可谓对矣⑥。《中孚》者,至诚之卦也,《无妄》则不妄而已。

一阳陷于二阴,故为《坎》⑦。坎者,陷也。内明⑧,水象也。一阴丽于二阳,故为《离》⑨。离,丽也。外明,火象也。水之为物陷者也,火之为物丽者也,推此则《震》、《巽》、《艮》、《兑》可以类知之也⑩。

[注释]①颐:扬雄《方言》谓本与颔、颌通用,指下巴。"颐中有物"实指口中有物。 ②《噬嗑(shì kē)》:震下离上,象雷电噬嗑。噬嗑,咬。 ③说:

同"悦"。　④《节》：兑下坎上，象泽上有水。　⑤《中孚》：兑下巽上，象泽上有风。　⑥对：对称。《中孚》两阴爻在中，上、下各有两阳爻。　⑦《坎》：坎下坎上，象重险。其上、下皆为二阴爻夹一阳爻，故谓"一阳陷于二阴"。　⑧内明：指阳爻在中。下文"外明"反此。　⑨《离》：离下离上，象明两作。　⑩此类皆为重复单卦的纯卦。《震》象接连雷震，《巽》象随风，《艮》象连山，《兑》象连泽。

"上火下泽"，《睽》①。睽者，不合之名也，二女之卦也。"火在水上"，《未济》②。未济者，有济之道也，男女之卦也。水上火下，男女相逮之卦也，故为《既济》③。泽上火下，二女不相得之卦也，故为《革》④。不相得而相违，革之所以生也。

以众行险，故为《师》⑤。上刚而下险，"险而健"，故为《讼》⑥。上动而下止，止而动，故为《颐》⑦。止而动，颐之道也。上说而下顺，故为《萃》⑧。上巽而下险，险而巽，故为《涣》⑨。涣者，离散之名也。巽而免乎险，则不蹇不困。下虽险，上巽而不健，则不讼，故为涣而已。《困》则刚见掩者也⑩，在难中者也，不可以不动矣。《蹇》则难在前者也，不可以往而已，故《象》曰"利西南也"。顺而巽，其进也孰御焉，故为《升》⑪。止而巽，有止之道，故为《渐》⑫。

[注释]①《睽(kuí)》：兑下离上，象上火下泽。睽，违异。　②《未济》：坎下离上，象火在水上。　③《既济》：离下坎上，象水在火上。　④《革》：离下兑上，象泽中有火。　⑤《师》：坎下坤上，象地中有水。师，众。　⑥《讼》：坎下乾上，象天与水违行。　⑦《颐》：震下艮上，象山下有雷。颐，养。按：此处言"上动而下止"，疑当作"下动而上止"，《周易注疏》孔颖达疏谓"山止于上，雷动于下"，"下动上止"。　⑧《萃》：坤下兑上，象泽上于地。　⑨巽：顺。

《涣》:坎下巽上,象风行水上。 ⑩《困》:坎下兑上,象泽无水。 ⑪《升》:巽下坤上,象地中生木。 ⑫《渐》:艮下巽上,象山上有木。

《归妹》者①,归女之卦也。妹,少女也。少女为主于内,故曰归妹。归妹,女归之以其时也,故曰动而说②,所以为归妹也。

阳在下则动而进,故为《震》。进在阴上,已得其所则止,故为《艮》。内柔伏,故为《巽》。外柔见,故为《兑》。③

此其文皆在《系辞》④,或《彖》、《系》所不言。以其所言,反求其所不言,则知其所以然也。

[注释]①《归妹》:兑下震上,象泽上有雷。归,嫁。 ②说:同"悦"。 ③此所述诸纯卦见上文注。 ④此其文皆在《系辞》:指上述诸卦名之义,《易传·系辞》皆有概括的叙说。

谏 官 论

以贤治不肖,以贵治贱,古之道也。所谓贵者何也?公卿大夫是也。所谓贱者何也?士庶人是也。同是人也,或为公卿,或为士,何也?为其不能公卿也①,故使之为士;为其贤于士也,故使之为公卿。此所谓以贤治不肖、以贵治贱也。

今之谏官者,天子之所谓士也,其贵则天子之三公也②。惟三公,于安危治乱存亡之故无所不任其责,至于一官之废、一事之不得无所不当言,故其位在卿大夫之上,所以贵之也;其道德必称其位,所谓以贤也。至士则不然,修一官而百官之废不可以预也③,守一事而百事之失可以毋言也④,称其德、副其材而命之以位也,循其名、傃其分以事其上而不敢过也⑤。此君臣之分也,上下之道也。今命之以士而责之以三公,士之位而受三公之责,非古之道也。孔子曰:"必也正名乎!"⑥正名也者,所以正分也。然且为之⑦,非所谓正名也。身不能正名,而可以正天下之名者,未之有也。

[注释]①不能公卿:据上下文,"公卿"上似当有"为"字。 ②三公:古指司马、司徒、司空,或指太傅、太师、太保,后世有不同称呼,均指最高行政、军事、监察长官。 ③修一官:指做好本官而不废职。 ④守一事:指只做本职分内的事。 ⑤傃(sù)其分:遵守其职分、本分。傃,遵守。过:指越职。 ⑥语出《论语·子路》。正名,正名分。 ⑦且为之:指权且为上述"非古之道"之士。

蚳鼃为士师,孟子曰:"似也,为其可以言也。"鼃"谏于王而不用,致为臣而去",孟子曰:"有言责者,不得其言则去;有官守者,不得其职则去。"①然则有官守者莫不有言责,有言责者莫不有官守,士师之谏于王是也。其谏也,盖以其官而已矣,是古之道也。古者"官师相规,工执艺事以谏",其或不能谏,谓之不恭,则有常刑②。盖自公卿至于百工,各以其职谏,则君孰与为不善?自公卿至于百工皆失其职,以阿上之所好,则谏官者乃天子之所谓士耳,吾未见其能为也③。待之以轻而要之以重,非所以使臣之道也;其待己也轻,而取重任焉,非所以事君之道也④。不得已,若唐之太宗,庶乎其或可也⑤。虽然,有道而知命者果以为可乎未之能处也？⑥唐太宗之时，所谓谏官者，与丞弼俱进于前⑦，故一言之谬、一事之失，可救之于将然，不使其命已布于天下，然后从而争之也。君不失其所以为君，臣不失其所以为臣，其亦庶乎其近古也。

[注释]①此处所引蚳鼃掌故，见《孟子·公孙丑下》。原文谓蚳鼃辞去地方长官之职而请为士师，孟子以为似有道理，因为士师可以向君王进谏言。后蚳鼃进谏言而王不能用，于是复辞去士师之职，孟子又评论说，若有言责、有官守而不得尽责尽职，便皆可辞去。蚳鼃(chíwā)，相传为齐国大夫。鼃，今"蛙"字。士师，掌狱讼之官。 ②此处"官师"云云，为《尚书·胤征》之文，谓古时众官皆相规谏，百官各据其技艺和所掌事务进谏言，若不能恭谨进谏则要受到处罚。师，众。工，百官。 ③"自公卿"以下意思是：后世自公卿以至百官皆失其进谏之责，而阿谀奉承成俗，则专设的谏官也不过是天子之士，未见得能有所作为。 ④以上意指今之谏官身份轻而责任重，非是合理的用人之道；谏官自己并不看重自己而担当重任，也不是正常的事君之道。 ⑤此处意思是：若不得已而设谏官，像唐太宗那样善于纳谏的帝王，或者差不多是可以的。 ⑥此句意谓：有道而知命的士人果然以为谏官可设而未能处其官吗？ ⑦丞弼：左右辅佐大臣。

今也上之所欲为，丞弼所以言于上，皆不得而知也。及其命之已出，然后从而争之，上听之而改，则是士制命而君听也①；不听而遂行，则是臣不得其言而君耻过也②。臣不得其言，士制命而君听，二者上下所以相悖而否乱之势也③。然且为之，其亦不知其道矣。及其谆谆而不用④，然后知道之不行，其亦辨之晚矣。或曰：《周官》之师氏、保氏，司徒之属而大夫之秩也⑤。曰：尝闻周公为师，而召公为保矣，《周官》则未之学也⑥。

[注释]①制命:掌握政令。　②耻过:耻于改过。　③否(pǐ)乱:用《易经·否》卦之义,指"小人道长,君子道消"之乱。　④谆谆:反复陈奏之意。　⑤秩:级别。句意指或说《周礼》所记的师氏、保氏为司徒的属官,属于大夫的级别。喻指谏官非有三公之重。　⑥末句谓《周礼》明确记载"周公为师,召公为保"(见《周礼·师氏》),因斥"或曰"者连《周礼》也未学过。按:王安石变法时,谏官多属于反对派,安石厌恶其攻击,故此篇以为今之谏职非"古之道",以至欲废之。

伯　　夷

事有出于千世之前,圣贤辩之①,甚详而明。然后世不深考之,因以偏见独识,遂以为说。既失其本,而学士大夫共守之不为变者盖有之矣,伯夷是已②。

夫伯夷,古之论有孔子、孟子焉。以孔、孟之可信,而又辩之反复不一,是愈益可信也。孔子曰"不念旧恶","求仁而得仁","饿于首阳之下","逸民"也③。孟子曰"伯夷非其君不事","不立恶人之朝",避纣"居北海之滨","目不视恶色","不事不肖","百世之师也"④。故孔、孟皆以伯夷遭纣之恶,不念以怨,不忍事之,以求其仁,饿而避,不自降辱,以待天下之清,而号为圣人耳。然则司马迁以为武王伐纣,伯夷叩马而谏,天下宗周而耻之,义不食周粟,而为《采薇》之歌⑤。韩子因之,亦为之颂,以为"微二子,乱臣贼子接迹于后世"⑥,是大不然也。

[注释]①辩:论。　②伯夷:相传为商末孤竹君之子,因反对周武王伐商,与其弟叔齐不食周粟,一起饿死首阳山下。已:同"矣"。　③此所述孔子之语分见《论语·公冶长》及《述而》、《季氏》、《微子》诸篇。　④此所述孟子

之语分见《孟子·公孙丑下》及《万章下》、《告子下》、《尽心下》诸篇。 ⑤司马迁所记见《史记·伯夷列传》。 ⑥韩子:韩愈。其语见《昌黎先生文集》卷十二《伯夷颂》。微,没有。接迹,足迹相接,喻接连不断。

夫商衰,而纣以不仁残天下,天下孰不病纣①?而尤者伯夷也②,尝与太公闻西伯善养老,则往归焉。当是之时,欲夷纣者③,二人之心岂有异耶?及武王一奋,太公相之,遂出元元于涂炭之中,伯夷乃不与,何哉?盖二老,所谓天下之大老④,行年八十余而春秋固已高矣,自海滨而趋文王之都,计亦数千里之远。文王之兴,以至武王之世,岁亦不下十数,岂伯夷欲归西伯而志不遂,乃死于北海耶?抑来而死于道路耶?抑其至文王之都,而不足以及武王之世而死耶?如是而言,伯夷其亦理有不存者也。且武王倡大义于天下,太公相而成之,而独以为非,岂伯夷乎⑤?天下之道二,"仁与不仁"也⑥。纣之为君,不仁也;武王之为君,仁也。伯夷固不事不仁之纣以待仁,而后出武王之仁,焉又不事之?则伯夷何处乎?余故曰:圣贤辩之甚明,而后世偏见独识者之失其本也。呜呼!使伯夷之不死,以及武王之时,其烈岂独太公哉⑦?

[注释]①病:怨恨。 ②尤者:尤其怨恨者。 ③夷:灭。 ④大老:特受尊崇而又格外年迈的老人。语见《孟子·离娄上》。 ⑤岂伯夷:岂是伯夷的行为。 ⑥此语亦出《孟子·离娄上》,托为孔子之语。 ⑦烈:事业。按:此文意在论辩伯夷至仁,不可能反对武王伐纣,后世或因其早死,而有不食周粟而饿死之说,

三　圣　人①

孟子曰："可欲之谓善,有诸己之谓信,充实之谓美,充实而有光辉之谓大,大而化之之谓圣。"②圣之为名,道之极,德之至也。非礼勿动,非礼勿言,非礼勿视,非礼勿听,此大贤者之事也。贤者之事,如此则可谓备矣,而犹未足以钻圣人之坚,仰圣人之高。以圣人观之,犹太山之于冈陵,河海之于陂泽。然则圣人之事,可知其大矣!《易》曰:"与天地合其德,与日月合其明,与鬼神合其吉凶。"③此盖圣人之事也。德苟不足以合于天地,明苟不足以合于日月,吉凶苟不足以合于鬼神,则非所谓圣人矣。

孟子论伯夷、伊尹、柳下惠④,皆曰圣人也。而又曰:"伯夷隘,柳下惠不恭。隘与不恭,君子不由也。"⑤夫动、言、视、听苟有不合于礼者,则不足以为大贤人。而圣人之名,非大贤人之所得拟也,岂隘与不恭者所得僭哉⑥?盖闻圣人之言行,不苟而已,将以为天下法也。

昔者伊尹制其行于天下,曰:"何事非君,何使非民,治亦进,乱亦进⑦。"而后世之士多不能求伊尹之心者,由是多进而寡退,苟得而害义,此其流风末俗之弊也。圣人患其弊,于是伯夷出而矫之,制其行于天下,曰:"治则进,乱则退,非其君不事,非其民不使。"而后世之士多不能求伯夷之心者,由是多退而寡进,过廉而复刻⑧,此其流风末世之弊也。圣人又患其弊,于是柳下惠出而矫之,制其行于天下,曰:"不羞污君,不辞小官,遗逸而不怨,阨穷而不悯。"⑨而后世之士多不能求柳下惠之心者,由是多污而寡洁,恶异而尚同,此其流风末世之弊也。此三人者,因时之偏而救之,非天下之中道也,故久必弊。至孔子之时,三圣人之弊,各极于天下矣,故孔子集其行而制成法于天下,曰:"可以速则速,可以久则久,可以仕则仕,可以处则处。"然后圣人之道大具,而无一偏之弊矣。

  其所以大具而无弊者,岂孔子一人之力哉?四人者相为终始也。故伯夷不清,不足以救伊尹之弊;柳下惠不和,不足以救伯夷之弊。圣人之所以能大过人者,盖能以身救弊于天下耳。如皆欲为孔子之行,而忘天下之弊,则恶在其为圣人哉?是故使三人者当孔子之时,则皆足以为孔子也。然其所以为之清、为之任、为之和者,时耳⑩,岂滞于此一端而已乎?苟在于一端而已,则不足以为贤人也,岂孟子所谓圣人哉?孟子之所谓"隘与不恭,君子不由"者,亦言其时尔。且夏之道岂不美哉?而殷人以为野⑪;殷之道岂不美哉?而周人以为鬼⑫。所谓隘与不恭者,何以异于是乎?当孟子之时,有教孟子枉尺直寻者⑬,有教孟子权以援天下者⑭,盖其俗有似于伊尹之弊,时也。是以孟子论是三人者,必先伯夷,亦所以矫天下之弊耳。故曰:圣人之言行,岂苟而已,将以为天下法也。

  [注释]①三圣人:指伯夷、伊尹、柳下惠。 ②语出《孟子·尽心下》。③语出《易传》乾卦《文言》。 ④伊尹:商汤灭夏的主要谋士,商初为贤相。柳下惠:即展禽,春秋时鲁国大夫,被称为孔子之前的圣人。 ⑤语出《孟子·公孙丑下》。隘,狭隘。不恭,不敬。不由,不从。按:下文皆因孟子论伯夷、伊尹、柳下惠之言而发论,有关引文亦见该篇。 ⑥僭:冒占。 ⑦进:出

仕。　⑧刻:苛刻,要求过严。　⑨此处引文意谓:不以事污君为羞,也不因官小而辞职,隐居而不埋怨,困穷而不悲天悯人。　⑩时:时势造成。　⑪《礼记·表记》载夏道尚忠,"其民之敝(弊)蠢而愚,乔(骄)而野,朴而不文"。　⑫《礼记·表记》载"殷人尊神,率民以事神,先鬼而后礼"。　⑬枉尺直寻:弯曲一尺,伸直一寻(八尺),喻小处委屈,大处得利。　⑭援天下:意谓拯救天下。

周　　公

甚哉,荀卿之好妄也①！载周公之言曰:"吾所执贽而见者十人,还贽而相见者三十人,貌执者百有余人,欲言而请毕事千有余人。"②是诚周公之所为,则何周公之小也？夫圣人为政于天下也,初若无为于天下,而天下卒以无所不治者,其法诚修也。故三代之制,立庠于党,立序于遂,立学于国,而尽其道以为养贤教士之法。是士之贤虽未及用,而固无不见尊养者矣,此则周公待士之道也。诚若荀卿之言,则春申、孟尝之行③,乱世之事也,岂足为周公乎！

且圣世之事,各有其业,讲道习艺,患日之不足,岂暇游公卿之门哉？彼游公卿之门,求公卿之礼者,皆战国之奸民,而毛遂、侯嬴之徒也④。荀卿生于乱世,不能考论先王之法,著之天下⑤,而惑于乱世之俗,遂以为圣世之事亦若是而已,亦已过也！且周公之所礼者,大贤与⑥,则周公岂唯执贽见之而已,固当荐之天子而共天位也⑦。如其不贤,不足与共天位,则周公如何其与之为礼也？"子产听郑国之政,以其乘舆济人于溱洧,孟子曰:'惠而不知为政。'"⑧盖君子之为政,立善法于天下则天下治,立善法于一国则一国治。如其不能立法,而欲人人悦之,则日亦不足矣。使周公知为政,则宜立学校之法于天下矣。不知立学校,而徒能劳身以待天下之士,则不惟力有所不足,而势亦有所不得也⑨。

或曰:仰禄之士犹可骄,正身之士不可骄也⑩。夫君子之不骄,虽暗室不敢自慢,岂为其人之仰禄而可以骄乎?呜呼!所谓君子者,贵其能不易乎世也⑪。荀卿生于乱世,而遂以乱世之事量圣人。后世之士尊荀卿,以为大儒而继孟子者,吾不信矣。

[注释]①荀卿:即荀子,名况,战国晚期学术大师。 ②语出《荀子·尧问》,引自《尚书大传》,称道周公的礼贤下士。执贽,执持见面礼。还贽,回赠见面礼。貌执,礼貌对待。欲言而请毕事,指被接见者有言,即请其把话说完。按:《荀子》原文"貌执"下有"之士"二字。 ③春申、孟尝之行:指战国春申君、孟尝君的养士。春申君,楚国公子黄歇。孟尝君,齐国公子田文。二人与赵国公子平原君赵胜、魏国公子信陵君魏无忌俱以养士著称。 ④毛遂:平原君赵胜门客,即"毛遂自荐"典故中的主要人物。侯嬴:信陵君魏无忌门客,"信陵君窃符救赵"典故中的重要人物。 ⑤著:彰显。 ⑥与:读作"欤",语助词。 ⑦共天位:指辅助君位。 ⑧语出《孟子·离娄下》。乘舆,车子。济,渡水。溱洧(zhēn wěi),溱水和洧水。惠,施恩惠。 ⑨此处"势亦有所不得"下,《宋文鉴》卷九十六所引则有"周公亦可谓愚"六字。 ⑩骄:傲慢对待。 ⑪不易:不慢易。

子　贡

予读史所载子贡事,疑传之者妄,不然,子贡安得为儒哉①？夫所谓儒者,用于君则忧君之忧,食于民则患民之患②,在下而不用则修身而已。当尧之时,天下之民患于潦水③,尧以为忧,故禹于九年之间,三过其门而不一省其子也④。回之生⑤,天下之民患有甚于潦水,天下之君忧有甚于尧,然回以禹之贤而独乐陋巷之间,曾不以天下忧患介其意也。夫二人者,岂不同道哉？所遇之时则异矣。盖生于禹之时,而由回之行,则是杨朱也⑥。生于回之时,而由禹之行,则是墨翟也⑦。故曰：贤者用于君,则以君之忧为忧；食于民,则以民之患为患；在下而不用于君,则修其身而已,何忧患之与哉？

[注释]①子贡：姓端木,名赐,孔子弟子。 ②食于民：靠民众供养。指居于民间。 ③潦水：洪水。 ④省其子：探望其新生儿。句意指禹在外治水九年,三过其家门而不入。 ⑤回：指颜回,即颜渊,孔子弟子。《论语·雍也》载其"一箪食,一瓢饮,在陋巷,人不堪其忧,回也不改其乐"。 ⑥杨朱：战国时道家代表人物。主张"为我",孟子曾称其"拔一毛而利天下,不为也"。 ⑦墨翟：即墨子,先秦墨家学说的创始人。此处指墨家学说的提倡节俭。

夫所谓忧君之忧、患民之患者,亦以义也。苟不义,而能释君之忧,除民之患,贤者亦不为矣。《史记》曰齐伐鲁,孔子闻之曰："鲁,坟墓之国①,国危如此,二三子何为莫出？"子贡因行,说齐以伐吴,说吴以救鲁,复说越,复说晋,五国由是交兵,或强,或破,或乱,或霸,卒以存鲁。②观其言,迹其事③,仪、秦、轸、代无以异也④。嗟乎！孔子曰："己所不欲,勿施于人。"己以坟墓之国而欲全之,则齐、吴之人岂无是心哉？奈何使之乱欤？吾所以知传者之妄一也。于史考之,当是时,孔子、子贡为匹夫,非有卿相之位、万钟之禄也,何以忧患为哉?然则异于颜回之道矣。吾所以知其传者之妄二也。坟墓之国,虽君子之所重,然岂有忧患而谋为不义哉?借使有忧患为谋之义,则岂可以变诈之说亡人之国,而求自存哉?吾所以知其传者之妄三也。子贡之行,虽不能尽当于道,然孔子之贤弟子也,固不宜至于此,矧曰孔子使之也⑤?太史公曰:"学者多称七十子之徒,誉者或过其实,毁者或损其真。"子贡虽好辩,讵至于此耶⑥?亦所谓毁损其真者哉。

[注释]①坟墓之国:指祖先坟墓所在之国。 ②此所述子贡事迹,见《史记·仲尼弟子列传》,所谓"子贡一出,存鲁、乱齐、破吴、强晋而霸越","十年之中,五国各有变"。 ③迹:考察。 ④仪、秦、轸(zhěn)、代:指张仪、苏秦、陈轸、苏代,皆为战国时期的纵横家。 ⑤矧:况且。 ⑥讵(jù):岂、怎。

扬、孟①

贤之所以贤,不肖之所以不肖,莫非性也。贤而尊荣寿考,不肖而厄穷死丧,莫非命也。论者曰:人之性善。不肖之所以不肖者,岂性也哉?此学乎孟子之言性,而不知孟子之指也②。又曰:人为不为命也③。不肖而厄穷死丧,岂命也哉?此学乎扬子之言命,而不知扬子之指也。

[注释]①扬、孟:指扬雄、孟子。扬雄(前53—公元18),字子云,西汉末年著名学者。 ②指:同"旨"。 ③人为不为命:语出《扬子法言·问明》,谓生命出于天然,因人为而死者"非命"。

孟子之言性曰"性善"①,扬子之言性曰"善恶混"②。孟子之言命曰"莫非命也",扬子之言命曰"人为不为命也"。孟、扬之道未尝不同,二子之说非有异也,此孔子所谓"言岂一端而已,各有所当者也"③。孟子之所谓性者,正性也;扬子之所谓性者,兼性之不正者言之也。扬子之所谓命者,正命也;孟子之所谓命者,兼命之不正者言之也。夫人之生,莫不有羞恶之性④。有人于此,羞善行之不修,恶善名之不立,尽力乎善,以充其羞恶之性,则其为贤也孰御哉⑤?此得乎性之正者,而孟子之所谓性也。有人于此,羞利之不厚,恶利之不多,尽力乎利,以充羞恶之性,则其为不肖也,孰御哉?此得乎性之不正,而扬子之兼所谓性者也。有人于此,才可以贱而贱,罪可以死而死,是人之所自为也,此得乎命之不正者,而孟子之所兼谓命者也。有人于此,才可以贵而贱,德可以生而死,是非人之所为也,此得乎命之正者,而扬子之所谓命也。今夫羞利之不厚,恶利之不多,尽力乎利,而至乎不肖,则扬子岂以谓人之性,而不以罪其人哉?亦必恶其失性之正也。才可以贱而贱,罪可以死而死,则孟子岂以谓人之命,而不以罪其人哉?亦必恶其失命之正也。孟子曰:"口之于味也,目之于色也,耳之于声也,鼻之于臭也⑥,四支之于安佚也⑦,性也,有命焉,君子不谓性也。仁之于父子也,义之于君臣也,礼之于宾主也,知之于贤者也,圣人之于天道也,命也,有性焉,君子不谓命也。"⑧然则孟、扬之说,果何异乎?今学者是孟子则非扬子,是扬子则非孟子,盖知读其文而不知求其指耳。而曰我知性命之理,诬哉⑨!

[注释]①《孟子·滕文公上》:"孟子道性善,言必称尧、舜。" ②《法言·修身》原文:"人之性也善恶混,修其善则为善人,修其恶则为恶人。" ③语出《礼记·祭义》,托为孔子之言。 ④羞恶(wù)之性:即羞耻之心。 ⑤御:阻止。 ⑥臭:气味。 ⑦安佚:即"安逸"。 ⑧语出《孟子·尽心下》。 ⑨诬:虚假。

材　　论

天下之患,不患材之不众,患上之人不欲其众;不患士之不欲为,患上之人不使其为也。夫材之用,国之栋梁也,得之则安以荣①,失之则亡以辱。然上之人不欲其众,不使其为者,何也?是有三蔽焉。其尤蔽者,以为吾之位可以去辱绝危,终身无天下之患,材之得失无补于治乱之数,故偃然肆吾之志,而卒入于败乱危辱,此一蔽也。又或以谓吾之爵禄富贵足以诱天下之士,荣辱忧戚在我,吾可以坐骄天下之士将无不趋我者②,则亦卒入于败乱危辱而已,此亦一蔽也。又或不求所以养育取用之道,而諰諰然以为天下实无材,则亦卒入于败乱危辱而已,此亦一蔽也。此三蔽者,其为患则同,然而用心非不善而犹可以论其失者,独以天下为无材者耳。盖其心非不欲用天下之材,特未知其故也。且人之有材能者,其形何以异于人哉?惟其遇事而事治,画策而利害得,治国而国安利,此其所以异于人也。上之人苟不能精察之,审用之,则虽抱皋、夔、稷、契之智③,且不能自异于众,况其下者乎!

[注释]①以：且、而。 ②吾可以坐骄天下之士将无不趋我者："天下之士"下，《宋文鉴》卷九十六所引有"而其"二字。疑当重"天下之士"四字，或传抄误脱重文符号。 ③皋、夔、稷、契：即皋陶、乐正夔、后稷、商祖契，《尚书·舜典》所载贤臣。

世之蔽者方曰：人之有异能于其身，犹锥之在囊，其末立见，故未有有其实而不可见者也。此徒有见于锥之在囊，而固未睹夫马之在厩也。驽骥杂处①，饮水食刍②，嘶鸣蹄啮③，求其所以异者蔑矣④。及其引重车，取夷路⑤，不屡策⑥，不烦御⑦，一顿其辔而千里已至矣⑧。当是之时，使驽马并驱，则虽倾轮绝勒，败筋伤骨，不舍昼夜而追之，辽乎其不可以及也⑨。夫然后，骐骥騕褭与驽骀别矣⑩。古之人君知其如此，故不以天下为无材，尽其道以求而试之⑪。试之之道，在当其所能而已。

[注释]①驽骥：良马与劣马。 ②饮水食刍：龙舒本作"其所以饮水食刍"。刍，草料。 ③蹄啮（niè）：踢踏啃咬。 ④蔑：无。 ⑤夷路：平坦之路。 ⑥屡策：屡次加鞭。⑦烦御：频繁控驭。 ⑧一顿其辔：一次牵引马缰。 ⑨辽：远。 ⑩骐骥騕（yǎo）褭（niǎo）：皆指良马。驽骀（tái），皆指劣马。 ⑪试：用。

夫南越之修簳①，簇以百炼之精金②，羽以秋鹗之劲翮③，加强弩之上，而矿之千步之外④，虽有犀兕之捍⑤，无不立穿而死者。此天下之利器，而决胜觌武之所宝也⑥。然用以敲扑，则无以异于朽槁之梃⑦。是知虽得天下之瑰材杰智，而用之不得其方，亦若此矣。古之人君知其如此，于是铢量其能而审处之⑧，使大者、小者、长者、短者、强者、弱者，无不适其任者焉。如是，则士之愚蒙鄙陋者，皆能奋其所知以效小事，况其贤能智力卓荦者乎？呜呼！后之在位者，盖未尝求其说而试之以实也，而坐曰天下果无材，亦未之思而已矣。

[注释]①南越之修簳(gǎn)：南越地区所产细长坚实的竹质箭杆。 ②簇：通"镞"，箭头，《宋文鉴》作"镞"。此用作动词，即以……为镞。 ③羽：箭杆上装饰助飞的羽毛。此亦用作动词。秋鹗：鱼鹰。劲翮(jìnghé)：强劲的翎毛。 ④矿(guō)：拉满弓而射出。步：古代丈量单位，一步为六尺。 ⑤犀兕(sì)：指用犀牛皮做成的坚实铠甲。 ⑥觇武：显示武力，犹比武。 ⑦朽槁(gǎo)：朽败干枯。梃(tǐng)：棍棒。 ⑧铢量：仔细考察。铢，古代重量单位，二十四铢为旧制一两。

或曰：古之人于材有以教育成就之，而子独言其求而用之者，何也？曰：天下法度未立，之后必先索天下之材而用之。如能用天下之材，则能复先王之法度；能复先王之法度，则天下之小事无不如先王时矣，况教育成就人材之大者乎？此吾所以独言求而用之之道也。噫！今天下盖尝患无材，吾闻之六国合从而辩说之材出①，刘项并世而筹划战斗之徒起②，唐太宗欲治而谟谋谏诤之佐来③。此数辈者，方此数君未出之时盖未尝有也，人君苟欲之斯至矣④。天下之广，人物之众，而曰果无材可用者，吾不信也。

[注释]①合从：同"合纵"。 ②刘项并世：指刘邦、项羽并起的楚汉之争。 ③谟谋：谋划。 ④此句之下，《宋文鉴》所录尚有"今亦患上之不求之、不用之耳"十二字。

命　解

先王之俗坏，天下相率而为利，则强者得行无道，弱者不得行道，贵者得行无礼，贱者不得行礼。孔子修身洁行，言必由绳墨①，陈、蔡大夫恶其议己，率众而围之②，此乃所谓不得行道也。公行有子之丧，右师往吊③。入门，有进而与右师言者，有出位而与右师言者④。孟子不与右师言，右师不说⑤。孟子曰："我欲为礼也。"⑥方是时，不独右师不说，凡与右师言者，盖皆不说也，此乃所谓不得行礼也。然孔子不以弱而离道⑦，孟子不以贱而失礼，故立乎千世之上而为学者师，右师、陈蔡之大夫卒亦不得伤焉，以其有命也。今不知命之人，刚则不以道御之，而曰"有命焉，彼安能困我"，由此则死乎岩墙之下者，犹正命也⑧；柔则不以礼节之，而曰"不出，惧及祸焉"，由此则是贫贱可以智去也⑨。夫柔而不以礼节之，刚而不以道御之，其难免一也，故《易·旅》之初六与上九同患⑩。悲夫！离道以合世，去礼以从俗，苟命之穷矣，孰能恃此以免者乎？

[注释]①绳墨：此指德行修养标准。　②此指孔子周游列国时，曾被围困于陈、蔡之间。　③公行：又称公行子，齐国大夫。有子之丧：儿子去世。右师，官名。旧说此指王驩，字子敖。吊：吊丧。　④此二句指有在自己的行礼位置上上前几步作揖而与右师说话的，有离开自己行礼的位置而就右师之位与右师说话的。　⑤说：同"悦"，下同。　⑥为礼：指依礼行事，不乱位。按：此处所述事见《孟子·离娄下》。　⑦弱：指上述孔子被围于陈、蔡时处于弱势。　⑧犹正命：如正命。句意指因逞强而死于非命者，犹自以为是正命。

⑨贫贱可以智去:意谓贫贱而不依礼行事,亦不合于儒者之道。《论语·八佾》载孔子曰:"贫与贱,是人之所恶也,不以其道得之,不去也。"　⑩同患:意谓《周易》旅卦的最下一爻(阴爻、柔爻)和最上一爻(阳爻、刚爻)都是凶爻。

对　　疑

己亥敕书:"自今内殿崇班以上大丧致其事,供奉官以下则勿致,如其故。"①于是有疑者,以为供奉官以下亦士大夫也,而朝廷独遇之如此,顾而问曰:"今子以谓何如?"

尝窃原朝廷之意以对曰②:先王之制丧礼,不饮酒、不食肉、不御于内以致其哀戚者③,所谓礼之实而其行之在我者也④,不论其人之贵贱、不视其世之可否而使之同者也⑤。然而有疾⑥,则虽贱者,亦使之饮酒而食肉,此所谓以权制者也⑦。或不言而事行,或言而后事行,或身执事而后行者,所谓礼之文而其行之在物者也,论其人之贵贱、视其世之可否而为之节者也⑧。视其世之可否而为之节,故金革之事,则虽贵者,亦有时乎而无辟⑨,此所谓以权制者也。

[注释]①此所引为宋仁宗嘉祐四年(1059)敕书,规定今后内殿崇班以上武官遭父母之丧可以解官行服,供奉官以下则仍如旧制,不得离职服丧。内殿崇班,武臣阶官名,正八品。供奉官,内侍阶官名,从八品。致,指离职。　②原:原察,推究考察。　③不御于内:不与配偶同房。　④礼之实而其行之在我:意指此类规定的落实和执行在个人自觉。　⑤世之可否:世俗是否认可。使之同:指要求相同。　⑥有疾:指因父母之丧而哀戚致病。　⑦以权制:以权宜处理。　⑧以上意思是:虽然按以往的规定,武臣遭父母之丧不

许解官行服,但或有不报告而离职行服的,或有报告之后离职行服的,或有身任职事而后来行服的,这些都是由于服丧之礼有明文规定,其实行取决于大众的风俗,要根据各人的身份和世俗是否认可而为之节制。 ⑨"金革"至"无辟":用《礼记·曾子问》"三年之丧卒哭,金革之事无辟"之文,指服丧尽孝,虽在战时,身份高贵者有时也不能避。金革之事,代指战事。辟,通"避"。

今欲使三班趋走给使之吏①,大丧则皆无以身执事②,而从古者卿士大夫之礼,此固盛世之所宜急,而先王以孝理天下之意③。然而事又有先于此者。古之时卿大夫之丧,所以听身不执事者,为其可以不身执事也。其可以不身执事者何也?古之人君于其卿士大夫之丧,所以存问养恤者,盖不诎于其在事之时④。其有大丧而得不以身执事者,以其臣属足使而禄赐足以事养故也⑤。今三班趋走给使之吏,其素所以富养之非备厚也⑥,一日使去位而治丧,则朝廷视遇与庶人之在野者无以异⑦。庶人之在野者所以葬祭其先人、畜养其妻子有常产矣,三班趋走给使之吏去位而治丧,则其使令非有臣属,事养非有禄赐,一日无常产,则其穷乃有欲比于庶人而不得者。若用事者不为之忧此,而曰汝必无以身执事,则亦有饿而死者耳。然而世之议者方曰:今之小吏去位而治丧者众矣,吾未见有饿而死者。夫今之去位而治丧者,自非多积余藏有以活身,则孰能无以身执事者乎?今欲使之去位而治丧,故欲使其致丧之实,而无以身执事也。苟不能使之无以身执事,而徒使之去位,则岂盛世之所急,而先王以孝理天下之意也?愚故曰事又有先于此者,谓所以存问恤养士大夫如古之时者,今之所先也。夫明吾政以赡天下之财,而存问恤养士大夫如古之时,此吾之所易为也。仰无以葬祭其先人,俯无以畜养其妻子,然且去位而治丧,无以身执事,以致古者士大夫之礼,此人所难行也。舍吾之所易为而忽不谋⑧,曰:是皆先王之事,非吾今日之所能为也。操人之所难行而诛之不释⑨,曰:古之士大夫皆然尔,奚事而不为⑩?朝廷或者以为此非先王以权制丧、内恕及人之道⑪,故止而不为。虽然,愚亦有疑焉,欲内恕以及人,而不为吾之所易为者,何也?

[注释]①三班:指上文所说内殿崇班以上武臣。宋人以横行正使和副使、诸司正使和副使、大使臣统称三班使臣。 ②无以身执事:与下文"身不执事"、"不身执事",均指解官去职。 ③理:治。 ④诎:通"屈",此指降低。句意指古时人主对居丧卿士大夫的存问抚恤之厚,不低于他们在官的俸禄待遇。 ⑤此处是说:古时卿士大夫有大丧而皆得去官,是因为他们都有下属足以供驱使,而俸禄和赏赐又足以养家。 ⑥素:平时。富养:存养。 ⑦视遇:对待。 ⑧忽不谋:忽视而不打算实行。 ⑨诛之不释:苛求而不放过。诛,责求。 ⑩奚事:有何理由。 ⑪内恕:存心宽厚。

戊集　论议（下）

《洪范》传

五行，天所以命万物者也，故"初一曰五行"。五事，人所以继天道而成性者也，故"次二曰敬用五事"。五事，人君所以修其心、治其身者也，修其心、治其身而后可以为政于天下，故"次三曰农用八政"。为政必协之岁、月、日、星辰、历数之纪，故"次四曰协用五纪"。既协之岁、月、日、星辰、历数之纪，当立之以天下之中，故"次五曰建用皇极"。中者，所以立本而未足以趣时①，趣时则中不中无常也，唯所施之宜而已矣，故"次六曰乂用三德"。有皇极以立本，有三德以趣时，而人君之能事具矣。虽然，天下之故，犹不能无疑也。疑则如之何？谋之人以尽其智，谋之鬼神以尽其神，而不专用己也，故"次七曰明用稽疑"。虽不专用己，而参之于人、物、鬼神，然而反身不诚不善②，则明不足以尽人、物，幽不足以尽鬼神，则其在我者不可以不思。在我者，其得失微而难知③，莫若质诸天，物之显而易见，且可以为戒也，故"次八曰念用庶征"。自五事至于庶征各得其序，则五福之所集，自五事至于庶征各失其序，则六极之所集，故"次九曰向用五福，威用六极"。敬者何？君子所以直内也④，言五事之本在人心而已。农者何⑤？厚也，言君子之道施于有政，取诸此以厚彼而已。有本以保常，而后可立也，故皇极曰建。有变以趣时，而后可治也，故三德曰乂⑥。向者，慕而欲其至也；威者，畏而欲其亡也。

[注释]①趣：通"趋"。　②反身：返身求己，犹反省。　③微：隐微。④直内：内心正直。《易·坤·文言》："君子敬以直内。"　⑤农：此为副词，或释为黾勉、努力之意。　⑥乂：治。

"五行：一曰水，二曰火，三曰木，四曰金，五曰土"，何也？五行也者，成变化而行鬼神①，往来乎天地之间而不穷者也，是故谓之行。天一生水，其于物为精；精者，一之所生也。地二生火，其于物为神；神者，有精而后从之者也。天三生木，其于物为魂；魂，从神者也。地四生金，其于物为魄；魄者，有魂而后从之者也。天五生土，其于物为意，精、神、魂、魄具而后有意。自天一至于天五，五行之生数也，以奇生者成而耦②，以耦生者成而奇。其成之者皆五，五者，天数之中也③。盖中者所以成物也，道立于两、成于三、变于五，而天地之数具。其为十也，耦之而已。盖五行之为物，其时、其位、其材、其气、其性、其形、其事、其情、其色、其声、其臭、其味，皆各有耦，推而散之，无所不通。一柔一刚，一晦一明，故有正有邪、有美有恶、有丑有好、有凶有吉。性命之理,道德之意,皆在是矣。耦之中又有耦焉,而万物之变,遂至于无穷。其相生也,所以相继也;其相克也,所以相治也。语器也以相治④,故序六府以相克⑤;语时也以相继⑥,故序盛德所在以相生⑦。《洪范》语道与命,故其序与语器与时者异也⑧。道者,万物莫不由之者也⑨;命者,万物莫不听之者也⑩。器者道之散⑪,时者命之运⑫。由于道、听于命而不知者,百姓也;由于道、听于命而知之者,君子也。道万物而无所由⑬,命万物而无所听,唯天下之至神为能与于此⑭。夫火之于水,妻道也⑮;其于土,母道也⑯。故神从志⑰,无志则从意⑱,志致一之谓精⑲。唯天下之至精,为能合天下之至神。精与神一而不离,则变化之所为,在我而已⑳。是故能道万物而无所由,命万物而无所听也。

[注释]①鬼神:变化莫测之意。 ②奇:奇数。耦:今写作"偶",偶数。 ③天数:古人称奇数为天数,偶数为地数。 ④语器:言之于器具。器具可以相治,如以金器治木器、以木器制土器之类。 ⑤六府:见《尚书·大禹谟》,旧说指水、火、金、木、土、谷,以为此六者皆为"天地生物之府"。其顺序是依次相克的。 ⑥语时:言之于时序、时代。时是相继的,如春夏秋冬、虞夏商周。 ⑦盛德所在:指"五德终始"。此说有相生、相克两种理解。其相生者,如水德生木德、木德生火德之类。 ⑧其序与语器与时者异:指《洪范》言道与性命,与言器和言时者有异。 ⑨由:遵循,由来。 ⑩听:顺从。 ⑪器者道之散:有形的万事万物是道离散的结果。器,此指"形而下者谓之器",不仅指狭义的器物。 ⑫时者命之运:时序是命的运行过程。 ⑬道万物而无所由:使万物循道而万物又不知所由来。道,用作动词。下句"命"字同此用法。 ⑭至神:极致的神明,犹言最不可表述的变化机理。《易·系辞上》以"至神"与"至变"相对。能与于此:能参与此种机制的造成。 ⑮妻道:

此指水火相克如夫妻对立。 ⑯母道:此指火生土如母生子。 ⑰志:犹今言思想。 ⑱意:犹今言意向。 ⑲致一:达到"一"的境界,犹今言专一、专心致志。精:精思。含有精气之意。 ⑳在我:指对万物变化的理解在自我的精神活动。

"水曰润下①,火曰炎上②,木曰曲直,金曰从革③,土爰稼穑",何也?北方阴极而生寒,寒生水,南方阳极而生热,热生火,故水润而火炎,水下而火上。东方阳动以散而生风,风生木,木者阳中也④,故能变,能变故曲直。西方阴止以收而生燥,燥生金,金者阴中也,故能化,能化故从革。中央阴阳交而生湿,湿生土,土者阴阳冲气之所生也⑤,故发之而为稼,敛之而为穑。曰者,所以命其物⑥。爰者,言于之稼穑而已。润者,性也。炎者,气也。上下者,位也。曲直者,形也。从革者,材也。稼穑者,人事也。冬,物之性复⑦,复者性之所,故于水言其性。夏,物之气交,交者气之时,故于火言其气。阳极上,阴极下,而后各得其位,故于水火言其位。春,物之形著,故于木言其形。秋,物之材成,故于金言其材。中央,人之位也,故于土言人事。水言润,则火燥、土溽、木敷、金敛⑧,皆可知也。火言炎,则水洌、土烝、木温、金清⑨,皆可知也。水言下,火言上,则木左、金右、土中央,皆可知也。推类而反之,则曰后、曰前、曰西、曰东、曰北、曰南,皆可知也。木言曲直,则土圜、金方、火锐、水平,皆可知也。金言从革,则木变土化、水因火革,皆可知也。土言稼穑,则水之井洫、火之爨冶⑩、木金之为械器,皆可知也。所谓木变者何？灼之而为火,烂之而为土,此之谓变。所谓土化者何？能熯、能润、能敷、能敛,此之谓化。所谓水因者何？因甘而甘、因苦而苦、因苍而苍⑪、因白而白,此之谓因。所谓火革者何？革生以为熟、革柔以为刚、革刚以为柔,此之谓革。金亦能化,而命之曰从革者何？可以圜、可以平、可以锐、可以曲直,然非火革之,则不能自化也,是故命之曰从革也。夫金,阴精之纯也,是其所以不能自化也。盖天地之用,五行也,水施之⑫,火化之,木生之,金成之,土和之。施生以柔⑬,化成以刚,故木挠而水弱⑭,金坚而火悍⑮。悍坚而济以和,万物之所以成也,奈何终于挠弱,而欲以收成物之功哉？

[注释]①润下:水流向下。 ②炎上:火焰、火气上升。 ③从革:顺变,指熔化、变形。 ④阳中:古人称春为阳中,夏为阳极,秋为阴中,冬为阴极,对应东、南、西、北及木、火、金、水。 ⑤冲气:阴阳和合之气,如和风。⑥曰者:指《洪范传》原文的"水曰润下"等"曰"字。命:名,描述。 ⑦复:恢复,指重新萌发。 ⑧熯(hàn):干燥。溽(rù):湿。敷:披散。敛:收敛。⑨洌:清澈。烝:蒸腾。清(qìng):凉。 ⑩井洫:水井与沟渠。爨冶:烧煮与冶炼。 ⑪苍:水不清之色。 ⑫施:洒布。 ⑬生以柔:使物生而性柔。以,而。 ⑭挠:弯曲,指木之性能够弯曲。 ⑮悍:强。

"润下作咸,炎上作苦,曲直作酸,从革作辛,稼穑作甘",何也？寒生水,水生咸,故润下作咸。热生火,火生苦,故炎上作苦。风生木,木生酸,故曲直作酸。燥生金,金生辛,故从革作辛。湿生土,土生甘,故稼穑作甘。生物者气也,成之者味也;以奇生则成而耦,以耦生则成而奇。寒之气坚,故其味可用以软①。热之气奭,故其味可用以坚。风之气散,故其味可用以收。燥之气收,故其味可用以散。土者,冲气之所生也,冲气则无所不和,故其味可用以缓而已。气坚则壮,故苦可以养气。脉耎则和,故咸可以养脉。骨收则强,故酸可以养骨。筋散则不挛,故辛可以养筋。肉缓则不壅②,故甘可以养肉。坚之而后可以耎,收之而后可以散;欲缓则用甘,不欲则弗用也。古之养生治疾者,必先通乎此,不通乎此而能已人之疾者盖寡矣③。

[注释]①耎(ruǎn):古"软"字。 ②壅:滞。 ③已:治愈。

"五事:一曰貌,二曰言,三曰视,四曰听,五曰思。貌曰恭,言曰从,视曰明,听曰聪,思曰睿。恭作肃,从作乂,明作哲,聪作谋,睿作圣",何也?恭则貌钦①,故作肃。从则言顺,故作乂②。明则善视,故作哲。聪则善听,故作谋。睿则思无所不通,故作圣。五事以思为主,而貌最其所后也,而其次之如此③,何也?此言修身之序也。恭其貌,顺其言,然后可以学而至于哲;既哲矣,然后能听而成其谋④;能谋矣,然后可以思而至于圣。思者,事之所成终而所成始也⑤。思所以作圣也,既圣矣,则虽"无思也,无为也,寂然不动,感而遂通天下之故"可也⑥。

[注释]①钦:敬。 ②乂:安定。 ③次:次序。 ④谋:王安石以本义作解,指谋虑、谋划。一说"谋"通"敏",训明敏。 ⑤所成终而所成始:用《易·说卦》之语,指成物、成事之终始。 ⑥此处引文见《易·系辞上》。感,感应。故,事。

"八政:一曰食,二曰货,三曰祀,四曰司空,五曰司徒,六曰司寇,七曰宾,八曰师",何也?食货,人之所以相生养也,故一曰食,二曰货。有相生养之道,则不可不致孝于鬼神,而著不忘其所自①,故三曰祀。有所以相生养之道,而知不忘其所自,然后能保其居,故四曰司空②。司空所以居民,民保其居然后可教,故五曰司徒③。司徒所以教民,教之不率④,然后俟之以刑戮⑤,故六曰司寇⑥。自食货至于司寇,而治内者具矣,故七曰宾,八曰师⑦。宾所以接外治⑧,师所以接外乱也⑨。自食、货至于宾、师,莫不有官以治之,而独曰司空、司徒、司寇者,言官则以知物之有官⑩,言物则以知官之有物也。

[注释]①著:显示。 ②司空:亦作司工,掌土木工程等。 ③司徒:掌民政管理。 ④不率:不循从。 ⑤俟:待。 ⑥司寇:掌司法。 ⑦师:军队。 ⑧接外治:承接治外之事,即外交。 ⑨接外乱:即征伐以平境外之乱。 ⑩物:事务。

"五纪①:一曰岁,二曰月,三曰日,四曰星辰,五曰历数②",何也?王省惟岁,卿士惟月,师尹惟日③,上考之星辰,下考之历数,然后岁、月、日、时不失其政,故一曰岁,二曰月,三曰日,四曰星辰,五曰历数。历者,数也。数者,一二三四是也。五纪之所成终而所成始也,非特历而已。先王之举事也,莫不有时,其制物也莫不有数。有时故莫敢废,有数故莫敢逾。盖尧舜所以同律度量衡、协时月正日而天下治者④,取诸此而已。

[注释]①纪:纪时。 ②历数:历法。治历须考天文,天体运行各有度

数,故言历数。 ③三"惟"字句:一说王、卿士、师尹各省察其职事,如岁时、月、日之运行;一说王岁一省察,卿士月一省察,师尹日日省察。疑王安石的理解如后者。 ④此所述尧舜制度见《尚书·舜典》。协时月正日,指协调时节、月份,更定日期,犹言授时。

"皇极:皇建其有极,敛时五福①,用敷锡厥庶民",何也?皇,君也。极,中也②。言君建其有中,则万物得其所,故能集五福,以敷锡其庶民也③。"惟时厥庶民于汝极④,锡汝保极⑤",何也?言庶民以君为中,君保中则民与之也。"凡厥庶民,无有淫朋⑥,人无有比德⑦,惟皇作极",何也?言君中则民人中也。庶民无淫朋,人无比德者,惟君为中而已。盖君有过行偏政,则庶民有淫朋,人有比德矣。

[注释]①时:读作"是"。 ②中:中正、公平。按:王安石解"皇"为"君"、"极"为"中",与旧注解"皇"为"大"、"极"为"中"有异。今人一般谓"极"指法度、法则,"皇极"即"大法",亦即"洪范"。 ③敷锡:同"普赐"。 ④时:亦读作"是"。厥:其。于汝极:可理解为"与汝极",即赞成其法度。 ⑤锡汝保极:使你保持这些法度。 ⑥淫朋:邪党。 ⑦比德:私相勾结比附的行为。

"凡厥庶民,有猷①、有为、有守,汝则念之②。不协于极③,不罹于咎④,皇则受之⑤,而康而色⑥;曰'予攸好德'⑦,汝则锡之福,时人斯其惟皇之极⑧",何也?言民之有猷、有为、有守,汝则念其所猷、所为、所守之当否。所猷、所为、所守不协于极,亦不罹于咎,君则容受之,而康汝颜色以诱之⑨。不协于极,不罹于咎,虽未可以锡之福,然亦可教者也,故当受之而不当谴怒也。《诗》曰:"载色载笑,匪怒伊教。"⑩康而色之谓也。其曰我所好者德,则是协于极,则非但康汝颜色以受之,又当锡之福以劝焉⑪。如此,则人惟君之中矣。不言"攸好德"则锡之福,而言曰"予攸好德"则锡之福,何也?谓之皇极,则不为已甚也⑫。"攸好德"然后锡之福,则获福者寡矣,是为已甚,而非所以劝也。曰"予攸好德"则锡之福,则是苟革面以从吾之攸好者,吾不深探其心而皆锡之福也。此之谓皇极之道也。

[注释]①猷:谋。 ②念:留意。旧注谓指考虑录用。 ③不协于极:不合于皇极。 ④不罹于咎:不至于犯罪。 ⑤受:宽容。 ⑥康而色:犹言和颜悦色。康,安和。而,第二人称代词。 ⑦予攸好德:我所好者德,犹言我企慕善行。攸,语助词。按:此为他人之言,非是箕子所拟武王之言。 ⑧时人:读作"是人",这样的人。斯:乃。惟皇之极:意谓谨守皇极。 ⑨诱:引导。 ⑩引诗出《诗经·鲁颂·泮(pàn)水》,意谓和颜悦色,不怒而教。 ⑪劝:鼓励。 ⑫此处自"不言"而下,以"攸好德"指好德之实,以"予攸好德"指好德的愿望。全句按王安石的理解,意谓:不说人有好德之实即赐之福,而说人有好德的愿望即可赐之福,这是由于皇极既是君主的中道,则不作过分的要求。已甚,过分。

"无虐茕独,而畏高明",何也?言苟曰好德,则虽茕独①,必进宠之而不虐②;苟曰不好德,则虽高明,必罪废之而不畏也。盖茕独也者,众之所违而虐之者也③;高明也者,众之所比而畏之者也④。人君蔽于众而不知自用其福威⑤,则不期虐茕独而茕独实见虐矣,不期畏高明而高明实见畏矣。茕独见虐而莫劝其作德,则为善者不长;高明见畏而莫惩其作伪，则为恶者不消。善不长，恶不消，人人离德作伪，则大乱之道也。然则虐茕独而宽朋党之多⑥，畏高明而忽卑晦之贱⑦，最人君之大戒也。

[注释]①茕独：指孤独无助之人。茕（qióng），本义指无兄弟。　②进宠之而不虐：使之进身受重用而不受侵害。　③违：离弃。　④比：亲近，攀附。　⑤福威：恩惠和威势。　⑥宽：宽容。　⑦卑晦：地位低下而才华不显。按：此处文字显示王安石对北宋朋党的不满，所说"茕独"、"卑晦"实指变法派的孤立无援和进身之难，"朋党"、"高明"则暗指结党营私而多处高位的反对派。

"人之有能有为，使羞其行而邦其昌"，何也？言有能者使在职而羞其材①，有为者使在位而羞其德，则邦昌也②。人君孰不欲有能者羞其材，有为者羞其德，然旷千数百年而未有一人致此。盖聪不明而无以通天下之志，诚不至而无以同天下之德，则智以难知而为愚者所诎，贤以寡助而为不肖者所困，虽欲羞其行不可得也。通天下之志在穷理，同天下之德在尽性。穷理矣，故知所谓咎而弗受，知所谓德而锡之福。尽性矣，故能不虐茕独以为仁，不畏高明以为义。如是则愚者可诱而为智也，虽不可诱而为智，必不使之诎智者矣。不肖者可革而为贤也，虽不可革而为贤，必不使之困贤者矣。夫然后有能有为者得羞其行，而邦赖之以昌也。

[注释]①羞：进，贡献。　②邦昌：国家昌盛。

"凡厥正人①，既富方谷②，汝弗能使有好于而家③，时人斯其辜④",何也？言凡正人之道,既富之,然后善。虽然,徒富之亦不能善也,必先治其家,使人有好于汝家,然后人从汝而善也。汝弗能使有好于汝家,则人无所视效⑤,而放僻邪侈亦无不为也。盖人君能自治,然后可以治人；能治人,然后人为之用；人为之用,然后可以为政于天下；为政于天下者,在乎富之、善之,而善之必自吾家人始。所谓自治者,"惟皇作极"是也；所谓治人者,"弗协于极,弗罹于咎,皇则受之,而康而色。曰'予攸好德',汝则锡之福,无虐茕独,而畏高明"是也；所谓人为之用者,"有能有为,使羞其行,而邦其昌"是也；所谓为政于天下者,"凡厥正人"是也。既曰能治人,则人固已善矣,又曰富之然后善,何也？所谓治人者,教化以善之也；所谓富之然后善者,政以善之也⑥。徒教化不能使人善,故继之曰"凡厥正人,既富方谷"。徒政亦不能使人善,故卒之曰"汝弗能使有好于而家,时人斯其辜"也。"于其无好德,汝虽锡之福,其作汝用咎",何也？既言治家不善不足以正人也,又言用人不善不足以正身,言崇长不好德之人而锡之福⑦,亦用咎作汝而已矣⑧。

[注释]①正人：按下文王安石的解释,此为统治臣民之意。 ②谷：善。 ③使有好于而家：按下文王安石的解释,此语意指使人称善于汝家,直译即以为汝家治理得好。有好,"有"为词头,"好"用为动词,即称善。而,汝。家,指王家。 ④斯其辜：乃将违法犯罪。 ⑤视效：仿效。 ⑥政：为政。 ⑦崇长：指用为长官。 ⑧用咎作汝：解释原文"作汝用咎",意指对德行不好的人,即是你赐之福禄,他也会以为是你的过错。

"无偏无陂①,遵王之义;无有作好②,遵王之道;无有作恶,遵王之路。无偏无党,王道荡荡;无党无偏,王道平平;无反无侧,王道正直。会其有极,归其有极③。曰皇极之敷言④,是彝是训,于帝其训",何也?言君所以虚其心,平其意,唯义所在,以会归其有中者。其说以为人君以中道布言,是以为彝⑤,是以为训者⑥,于天其训而已⑦。夫天之为物也,可谓无作好,无作恶,无偏无党,无反无侧,会其有极,归其有极矣。荡荡者,言乎其大。平平者,言乎其治。大而治,终于正直,而王道成矣。无偏者,言乎其所居⑧;无党者,言乎其所与⑨。以所居者无偏,故能所与者无党,故曰"无偏无党"。以所与者无党,故能所居者无偏,故曰"无党无偏"。偏不已乃至于侧,陂不已乃至于反。始曰"无偏无陂"者,率义以治心,不可以有偏陂也;卒曰"无反无侧"者,及其成德也。以中庸应物,则要之使无反侧而已。路,大道也。正直,中德也。始曰义,中曰道、曰路,卒曰正直,"尊德性而道问学,致广大而尽精微,极高明而道中庸"之谓也⑩。孔子以为"示之以好恶,而民知禁"⑪。今曰"无有作好"、"无有作恶",何也?好恶者性也,天命之谓性;作者人为也,人为则与性反矣。《书》曰:"天命有德,五服五章哉!天讨有罪,五刑五用哉!"⑫命有德,讨有罪,皆天也。则好恶者,岂可以人为哉?所谓示之以好恶者,性而已矣。

[注释]①陂:读为"颇",不正。 ②无有作好(hào):与此下"无有作恶(wù)"联言,即行事不要以私心有好恶之意。 ③会其有极,归其有极:即一切会归于皇极。 ④敷言:下文释为"布言",即普遍传布以教化之意。 ⑤

彝:常,常道,常行的法则。　⑥训:通"顺",顺从。下同。　⑦于天其训:释原文"于帝其训",即顺从上天的旨意。　⑧居:处,所处的位置。此指中正而言。　⑨与:交往。　⑩语出《礼记·中庸》,谓由勤学养德,博通而精研,以中庸之道极尽高明。道,由。　⑪语出《孝经·三才》。此"好恶"指提倡与反对。　⑫语出《尚书·皋陶谟》,意指承天命设官而有等级,奉天命罚罪而用五刑。五服五章,指服饰分为五等。

"凡厥庶民,极之敷言,是训是行,以近天子之光。曰天子作民父母,以为天下王",何也?言凡厥庶民,以中道布言,是训是行,以近天子之光者。其说以为天子作民父母,以为天下王,当顺而比之①,以效其所为而不可逆②。盖君能顺天而效之,则民亦顺君而效之也。二帝三王之诰命,未尝不称天者,所谓"于帝其训"也,此人之所以化其上也③。及至后世,矫诬上天以布命于下④,而欲人之弗叛也,不亦难乎!

[注释]①比:亲近。　②效:承上文指效顺,即贡献其顺从之心。　③化其上:化于其上,即因在上者的表率作用而改变。　④矫诬:假借名义而诬称。

"三德:一曰正直,二曰刚克,三曰柔克",何也?直而不正者有矣,以正正直乃所谓正也;曲而不直者有矣,以直正曲乃所谓直也。正直也者,变通以趣时,而未离刚柔之中者也。刚克也者,刚胜柔者也;柔克也者,柔胜刚者也。"平康正直,强弗友刚克,燮友柔克",何也?燮者,和孰上之所为者也①;友者,右助上之所为者也②。强者,弗柔从上之所为者也;弗友者,弗右助上之所为者也。君君臣臣,适各当分,所谓正直也。若承之者③,所谓柔克也;若威之者④,所谓刚克也。盖先王用此三德,于一颦一笑⑤,未尝或失,况以大施于庆赏刑威之际哉?故能为之其未有也⑥,治之其未乱也。"沈潜刚克,高明柔克",何也?言人君之用刚克也,沈潜之于内⑦;其用柔克也,发见之于外。其用柔克也,抗之以高明;其用刚克也,养之以卑晦。沈潜之于内,所以制奸慝;发见之于外,所以昭忠善。抗之以高明,则虽柔过而不废⑧;养之以卑晦,则虽刚过而不折。《易》曰:"道有变动故曰爻,爻有等故曰物,物相杂故曰文,文不当故吉凶生焉。"⑨吉凶之生,岂在夫大哉?盖或一颦一笑之间而已。《洪范》之言三德,与《舜典》、《皋陶谟》所序不同⑩,何也?《舜典》所序以教胄子⑪,而《皋陶谟》所序以知人臣⑫,故皆先柔而后刚。《洪范》所序则人君也,故独先刚而后柔。至于正直,则《舜典》、《洪范》皆在刚柔之先,而《皋陶谟》乃独在刚柔之中者,教人治人宜皆以正直为先,至于序德之品,则正直者中德也,固宜在柔刚之中也⑬。

[**注释**]①燮(xiè):同"燮",协和。和孰:同"和熟",即协和熟习。 ②右助:今作"佑助"。此训"友"字为"右",即友则助之。 ③承之者:顺从者。 ④威之者:使畏惧者,即不顺从而须迫之者。 ⑤颦:蹙眉。 ⑥为之其未有:为之其事未发生时。 ⑦沈潜:即"沉潜",深藏。内:内心。 ⑧过:过度。 ⑨语出《周易·系辞下》。 ⑩序:同"叙"。 ⑪《舜典》载舜命夔教胄子(贵族子弟):"直而温,宽而栗,刚而无虐,简而无傲。" ⑫《皋陶谟》载九德:"宽而栗,柔而立,愿而恭,乱而敬,扰而毅,直而温,简而廉,刚而塞,强而义。" ⑬以上谓教人治人宜以正直为先,故《舜典》、《洪范》叙人之德性,皆以正直居刚柔之先;而《皋陶谟》之所以独以正直居刚柔之中,是由于以德性之

品类言,正直为中德。

"惟辟作福,惟辟作威,惟辟玉食①;臣无有作福、作威、玉食。臣之有作福、作威、玉食,其害于而家,凶于而国,人用侧颇僻②,民用僭忒③",何也?执常以事君者④,臣道也;执权以御臣者⑤,君道也。三德者,君道也。作福,柔克之事也;作威,刚克之事也。以其侔于神天也,是故谓之福⑥。作福以怀之,作祸以威之,言作福则知威之为祸,言作威则知福之为怀也。皇极者,君与臣民共由之者也;三德者,君之所独任而臣民不得僭焉者也。有其权,必有礼以章其别⑦,故惟辟玉食也。礼所以定其位,权所以固其政,下僭礼则上失位,下侵权则上失政。上失位,则亦失政矣;上失位、失政,人所以乱也。故"臣之有作福、作威、玉食,其害于而家,凶于而国,人用侧颇僻,民用僭忒"也。侧颇僻者,臣有作福、作威之效也。僭忒者,臣有玉食之效也。民侧颇僻也易,而其僭忒也难。民僭忒则人可知也,人侧颇僻则民可知也。其曰"庶民有淫朋,人有比德",亦若此而已矣。于淫朋曰庶民,于僭忒曰民而已,何也?僭忒者,民或有焉,而非众之所能也。天子、皇、王、辟,皆君也。或曰天子,或曰皇,或曰王,或曰辟,何也?皇极"于帝其训"者,所以继天而顺之,故称天子;建有极者道,故称皇;好恶者德,故称王;福、威者政,故称辟⑧。道所以成德,德所以立政,故言政于三德而称辟也。建有极者道,故称皇,则其曰"天子作民父母,以为天下王",何也?吾所建者道,而民所知者,德而已矣⑨。

[注释]①辟:君主。作福、作威:分指行赏、行罚之权。玉食:珍贵饮食。代指等级。　②侧颇僻:三字皆为倾邪不正之意。　③僭忒:犯上而作恶。忒,通"慝"。　④常:常道、常法。　⑤权:权变。　⑥侔于神天:比同于神秘莫测的天。福:据上下文,疑当作"福、威"。　⑦章:同"彰",显。　⑧以上谓《洪范》中的君主之称所以会有"天子"、"皇"、"王"、"辟"之别,是由于言说对象不同,言继天顺天则称"天子",言循道建极则称"皇",言好恶之德则称"王",言立政之方则称"辟"。　⑨以上进一步申述因道成德,因德立政,故由三德言立政,遂称君主为"辟"(似是指开辟之义);而百姓所以称君主为"王"而不称"皇",是由于小民只知有德而不知有道。按:此类解说皆穿凿,不合于诸称用字的造字本义。

"七稽疑①:择建立卜筮人,乃命卜筮:曰雨,曰霁,曰蒙,曰驿,曰克,曰贞,曰悔,凡七②。卜五,占用二,衍忒",何也?言有所择,有所建,则立卜筮人卜筮。凡七,而其为卜者五,则其为筮者二,可知也③。先卜而后筮,则筮之为正,悔亦可知也。衍者,吉之谓也。忒者,凶之谓也。吉言衍,则凶之为耗,可知也。凶言忒,则吉之为当,亦可知也。④此言之法也,盖自始造书则固如此矣。福之所以为福者,于文从畐,畐则衍之谓也。祸所以为祸者,于文从呙,呙则忒之谓也。⑤盖忒也、当也,言乎其位;衍也、耗也,言乎其数⑥。夫物有吉凶,以其位与数而已。六五得位矣,其为九四所难者,数不足故也;九四得数矣,其为六五所制者,位不当故也。⑦数衍而位当者,吉;数耗而位忒者,凶。此天地之道、阴阳之义,君子、小人之所以相为消长,中国、夷狄之所以相为强弱⑧。《易》曰:"人谋鬼谋,百姓与能。"⑨盖圣人、君子以察存亡,以御治乱,必先通乎此。不通乎此,而为百姓之所与者,盖寡矣。

[注释]①稽疑:考问决疑。按:二字前"七"字为原文序数字。 ②此所述七项为占卜内容。雨,问是否有雨。霁,初晴。蒙,指雾。驿,旧字多歧,或写作"涕"、"弟"、"悌"、"圛"等,疑皆由甲骨文的"赐日"之"赐"转来,指多云间晴的天气。克,指成功与否。贞,义为正,指利卦,即行之有利的卦。悔,指悔卦,即行之有悔的卦。 ③此释原文"卜五,占用二",当是指原文所列七项的前五项用龟卜,后两项贞、悔用筮占。 ④以上以吉凶释原文的"衍忒",以为"衍"指衍生,故用为吉兆之称;"忒"(差)指耗减,故用为凶兆之称。按:今人一般释"衍忒"为推算过失或推演变化之意。 ⑤以上谓以"衍忒"表示吉凶的用法,自造字以来就已如此。如"福"为吉祥字,其字从"畐",而"畐"即古"富"字(《说文》释为"满"),是表示衍生的;"祸"为凶险字,其字从"呙",而"呙"即古"剐"字(去肉离骨之义),是表示耗减的。按:此用训诂的方法解字,亦不合于传统的《说文》学。 ⑥此处转以《周易》卦爻的位次及序数解释"衍忒"。爻位自下而上,有当与不当,如阳爻居第一、第三、第五位为当位,阴爻居第二、第四、第六位为当位,否则即不当位;但爻位又有尊卑,最尊者为第五位,最卑者为第二位。又每爻都有其序次,称之为数,而数与位不是同一的概念;且传统上用"九"表示阳爻,用"六"表示阴爻,也是一种数。 ⑦以上举例解释爻位、爻数与吉凶的关系。如六五爻为阴爻居第五位,却为居于第四位的阳爻九四爻所发难,这是由于它的数不够,若"六五"变成"九五",即阴爻变成阳爻,那么它居第五位就无碍了;反过来说,九四爻的数是"九",得阳爻之数,却为六五爻所控制,这是由于它以阳爻处阴位而不当位,若它变为阴爻而当位,那么它居第四位就不受控制了。 ⑧此处君子、小人及中国、夷狄之喻,皆以卦象言之。 ⑨语出《易传·系辞下》,意谓百姓也能占吉凶。

"立时人作卜筮①,三人占,则从二人之言",何也?卜筮者,质诸鬼神,其从与违为难知②,故其占也,从众而已也。"汝则有大疑,谋及乃心,谋及卿士,谋及庶人,谋及卜筮",何也?言人君有大疑,则当谋之于己;己不足以决,然后谋之于卿士;又不足以决,然后谋之于庶民;又不足以决,然后谋之于鬼神。鬼神尤人君之所钦也③,然而谋之反在乎卿士、庶民之后者,吾之所疑而谋者人事也,必先尽之人,然后及鬼神焉,固其理也。圣人以鬼神为难知,而卜筮如此其可信者,《易》曰:"成天下之亹亹者,莫大乎蓍龟。"④唯其诚之不至而已矣,用其至诚,则鬼神其有不应而龟蓍其有不告乎?"汝则从,龟从,筮从,卿士从,庶民从,是之谓大同,身其康强,子孙其逢⑤,吉",何也?将有作也,心从之,而人神之所弗异,则有余庆矣⑥,故谓之大同,而子孙其逢,吉也。"汝则从,龟从,筮从,卿士逆,庶民逆,吉。卿士从,龟从,筮从,汝则逆,庶民逆,吉。庶民从,龟从,筮从,汝则逆,卿士逆,吉",何也?吾之所谋者疑也,可以作,可以无作,然后谓之疑。疑而从者众,则作而吉也。"汝则从,龟从,筮逆,卿士逆,庶民逆,作内吉,作外凶⑦",何也?尊者从,卑者逆,故逆者虽众,以作内犹吉也。"龟、蓍共违于人,用静吉,用作凶",何也?所以谋之心、谋之人者尽矣,然犹不免于疑,则谋及于龟筮,故龟、筮之所共违,不可以有作也。

[注释]①时人:是人,这些人,指卜筮者。 ②违:不从。 ③钦:敬畏。 ④语出《易传·系辞上》。亹亹,形容勤勉不倦,代指功业。 ⑤逢:通"丰",大,昌盛。 ⑥余庆:延续后代的福祉。 ⑦作内、作外:分指境内、境外行动。

"庶征:曰雨、曰旸、曰燠、曰寒、曰风、曰时"者①,何也?曰雨、曰旸、曰燠、曰寒、曰风者,自"肃时雨若"以下是也。曰时者②,自"王省惟岁"以下是也。"五者来备,各以其叙③,庶草蕃庑④",何也?阴阳和,则万物尽其性,极其材。言"庶草"者,以为物之尤微而莫养,又不知自养也,而犹蕃庑,则万物得其性,皆可知也。"一极备⑤,凶;一极无,凶",何也?雨极备,则为常雨;旸极备,则为常旸;风极备,则为常风。燠极无,则为常寒;寒极无,则为常燠。此饥馑疾疠之所由作也,故曰凶。"曰休征:曰肃,时雨若;曰乂,时旸若;曰晢,时燠若;曰谋,时寒若;曰圣,时风若⑥。曰咎征:曰狂,恒雨若;曰僭,恒旸若;曰豫,恒燠若;曰急,恒寒若;曰蒙,恒风若⑦",何也?言人君之有五事,犹天之有五物也。天之有五物,一极备凶,一极无亦凶,其施之小大缓急无常⑧,其所以成物者,要之适而已⑨。人之有五事,一极备凶,一极无亦凶,施之小大缓急亦无常,其所以成民者,亦要之适而已。故雨、旸、燠、寒、风者,五事之证也⑩。降而万物悦者,肃也,故若时雨然。升而万物理者,乂也,故若时旸然。晢者,阳也,故若时燠然。谋者,阴也,故若时寒然。睿其思,心无所不通,以济四事之善者圣也,故若时风然。狂则荡,故常雨若。僭则亢,故常旸若。豫则解缓,故常燠若。急则缩栗⑪,故常寒若。冥其思,心无所不入,以济四事之恶者蒙,故常风若也。孔子曰:"见贤思齐,见不贤而内自省也。"⑫君子之于人也,固常思齐其贤,而以其不肖为戒,况天者固人君之所当法象也,则质诸彼以验此,固其宜也。然则世之言灾异者非乎?曰:人君固辅相天地,以理万物者也,天地万物不得其常,则恐惧修省,固亦其宜也。今或以为天有是变,必由我有是罪以致之;或以为灾异自天事耳,何豫于我?我知修人事而已。盖由前之说则蔽而葸⑬,由后之说则固而怠⑭,不蔽不葸,不固不怠者,亦以天变为己惧,不曰天之有某变,必以我为某事而至也。亦以天下之正理,考吾之失而已矣,此亦"念用庶征"之意也⑮。

[注释]①庶征:各种征象。雨:下雨。旸:天晴。燠(yù):暖、热。寒:冷,包括凉。风:刮风。 ②时:季节。 ③叙:通"序",时序。 ④蕃庑:通"蕃芜",繁茂。 ⑤一极备:指上述五者之一过多。 ⑥此述好的征象,意谓:处事敬肃则当雨即雨,处事得治则当晴即晴,处事睿智则当暖即暖,处事有谋则当寒即寒,处事圣明则当风即风。按:此处各项文意都互相包含。又句中"若"字,可理解为语末助词,有比喻的意味。 ⑦此述不好的征象,意谓:处事狂妄就会久雨不止,处事错乱就会久晴致旱,贪图安逸就会持久炎热,处事急躁就会持久寒冷,处事蒙昧就会持久刮风。各项意思亦互相包含。 ⑧施:布施,降临。 ⑨适:适宜,适度。 ⑩证:通"征",征象。 ⑪缩栗:畏缩战栗。 ⑫语出《论语·里仁》。 ⑬蔽而葸:蒙蔽而畏惧。 ⑭固而怠:固陋而怠惰。 ⑮念:通"验"。

"王省惟岁,卿士惟月,师尹惟日",何也?言自王至于师尹,犹岁、月、日三者相系属也。岁、月、日有常而不可变,所揔大者不可以侵小①,所治少者不可以僭多。自王至于师尹三者,亦相系属有常而不可变,所揔大者亦不可以侵小,所治少者亦不可以僭多。故岁月日者,王及卿士、师尹之征也。"岁、月、日时无易②,百谷用成③,乂用明,俊民用章,家用平康。日、月、岁时既易,百谷用不成,乂用昏不明④,俊民用微⑤,家用不宁",何也?既以岁、月、日三者之时,为王及卿士、师尹之征也,而王及卿士、师尹之职,亦皆协之岁、月、日时之纪焉,故岁有会,月有要,日有成。大者省其大而略,小者治其小而详,其小大详略得其序,则功用兴而分职治矣,故百谷用成,乂用明,俊民用章⑥,家用平康。小大详略失其序,则功用无所程⑦,分职无所考,故百谷用不成,乂用昏不明,俊民用微,家用不宁也。

[注释]①揔:同"总"。　②无易:指自然规律不变。　③用:因此。下同。　④昏:同"昏"。　⑤俊民:有才能之人。微:衰微。　⑥章:通"彰",显。　⑦程:评估。

"庶民惟星,星有好风,星有好雨",何也?言星之好不一,犹庶民之欲不同。星之好不一,待月而后得其所好,而月不能违也。庶民之欲不同,待卿士而后得其所欲,而卿士亦不能违也。故星者,庶民之征也。"日月之行,则有冬有夏",何也?言岁之所以为岁,以日、月之有行而岁无为也,犹王之所以为王,亦以卿士、师尹之有行而王无为也。春秋者阴阳之中,冬夏者阴阳之正,阴阳各致其正而后岁成。有冬有夏者,言岁之成也。"月之从星,则以风雨",何也?言月之好恶不自用而从星,则风雨作而岁功成,犹卿士之好恶不自用而从民,则治教政令行而王事立矣。《书》曰:"天听自我民听,天视自我民视。"①夫民者,天之所不能违也,而况于王乎,况于卿士乎?②

[注释]①语出《尚书·泰誓中》。　②此段解释《洪范》篇的"庶民惟星,星有好风,星有好雨"及"月之从星,则以风雨",用传统说法,以星辰比喻庶民之性,不可从。疑此"星"字当读作"祭(xíng或yíng)",为祭祀名称。甲骨文

的"星"字多假为"晴",也有用作祭名的,本指祈晴之祭,后世则用"禜"字,又泛化为祭祀山川日月星辰及禳除风雨水旱之灾的称呼。如此,"庶民惟星,星有好风,星有好雨"可译为:百姓都从禜祭,禜祭就有好风,禜祭就有好雨。"月之从星,则以风雨",疑"月"为"民"字之讹,本指民从禜祭,则即风雨有时。

"五福:一曰寿,二曰富,三曰康宁,四曰攸好德①,五曰考终命②",何也?人之始生也,莫不有寿之道焉,得其常性则寿矣,故一曰寿。少长而有为也,莫不有富之道焉,得其常产则富矣,故二曰富。得其常性,又得其常产,而继之以毋扰,则康宁矣,故三曰康宁也。夫人君使人得其常性,又得其常产,而继之以毋扰,则人好德矣,故四曰攸好德。好德则能以令终③,故五曰考终命。

[注释]①攸:语助词。 ②考:老,长寿。 ③令:善。

"六极①:一曰凶短折②,二曰疾,三曰忧,四曰贫,五曰恶③,六曰弱",何也?不考终命谓之凶,蚤死谓之短,中绝谓之折。祸莫大于凶短折,疾次之,忧次之,贫又次之。故一曰凶短折,二曰疾,三曰忧,四曰贫。凶者,考终命之反也。短折者,寿之反也。疾、忧者,康宁之反也。贫者,富之反也。此四极者,使人畏而欲其亡,故先言人之所尤畏者,而以尤愈者次之。夫君人者,使人失其常性,又失其常产,而继之以扰,则人不好德矣,故五曰恶,六曰弱。恶者,小人之刚也。弱者,小人之柔也④。

[注释]①六极:犹言"六疹(疹)",指六种灾祸。中医学上以"六疹"指六气不和,以"六极"指虚劳病症。 ②凶短折:即"夭短折"。古人以年幼而死

为夭,未冠而死为短,未婚而死为折。　③恶:指作恶而有受惩罚之灾。　④弱:疑《洪范传》原文本指体弱,非是指德性的柔。

九畴曰初①、曰次,而五行、五事、八政、五纪、三德、五福、六极特以一二数之,何也? 九畴以五行为初,而水之于五行,貌之于五事,食之于八政,岁之于五纪,正直之于三德,寿凶短折之于五福、六极,不可以为初故也。或曰:箕子之所次,自五行至于庶征,而今独曰自五事至于庶征各得其序则五福之所集,自五事至于庶征各爽其序则六极之所集②,何也? 曰:人君之于五行也,以五事修其性,以八政用其材,以五纪协其数,以皇极建其常,以三德治其变,以稽疑考其难知,以庶征征其失得③。自五事至于庶征各得其序,则五行固已得其序矣。或曰:世之不好德而能以令终,与好德而不得其死者众矣,今曰好德则能以令终,何也? 曰:孔子以为"人之生也直,罔之生也幸而免"④。君子之于吉凶祸福,道其常而已;幸而免与不幸而及焉,盖不道也。或曰:孔子以为"富与贵,人之所欲;贫与贱,人之所恶"⑤,而福、极不言贵贱,何也? 曰:五福者,自天子至于庶人皆可使慕而欲其至;六极者,自天子至于庶人皆可使畏而欲其亡⑥。若夫贵贱,则有常分矣,使自公侯至于庶人皆慕贵欲其至⑦,而不欲贱之在己,则陵犯篡夺之行日起,而上下莫安其命矣。《诗》曰:"肃肃宵征,抱衾与裯,寔命不犹。"⑧盖王者之世,使贱者之安其贱如此,夫岂使知贵之为可慕而欲其至,贱之为可畏而欲其亡乎?

[注释]①九畴:《洪范》所叙大法共九类,统称"九畴"。 ②"独曰"下二句是说:自"五事"至于"庶征",凡是正面的价值概念而得到贯彻实行的,便会聚集各种福祉;凡是违背了这类价值的行为,便会招致各种灾祸。爽,乖,失。 ③征其失得:验证得失。 ④语出《论语·雍也》,意谓人生于世以正直得善终,不正直而得善终者是侥幸免于灾祸。罔,通"惘",失意,不正直。 ⑤此语节引自《论语·里仁》。 ⑥亡:无。 ⑦使:假如。 ⑧引诗见《诗经·召南·小星》,原意指为妾者急急夜行,抱着被帐往来于君所,命运与君主的正妻不同。肃肃,急速之貌。宵,夜。征,行。衾(qīn),被子。裯(chóu),床帐。寔(shí),通"是"。犹,如。

《易》象论解①

君子之道始于自强不息,故于《乾》也,"君子以自强不息"。自强不息,然后厚德载物,故于《坤》也,"君子以厚德载物"。自强积德,以有载也,乃能经纶②,故于《屯》也,"君子以经纶"。经纶者,君子有事之时,故于《蒙》也,"君子以果行育德"。果行育德则无事矣③,故于《需》也,"君子以饮食宴乐"。饮食宴乐,所以待人而与之从事者也,故于《讼》也,"君子以作事谋始"。作事谋始则能为物主,故于《师》也,"君子以容民畜众"④。建万国,亲诸侯,容民畜众之大者,故于《比》也,"先王以建万国,亲诸侯"。诸侯亲则无所用武,故于《小畜》也,"君子以懿文德"⑤。德以礼为体,故于《履》也,"君子以辨上下,定民志"⑥。

[注释]①此篇仿《周易·序卦传》,据卦象(大象)材料,论证六十四卦的编排顺序,有新意。 ②经纶:指治世。 ③无事:指育德颐养则平静安详。 ④容民畜众:受民蓄众。 ⑤以懿文德:以修美文明之德。 ⑥定民志:指

确立臣民等级。

礼也者,因时之会通,以财成辅相天地者也①,故于《泰》也,"后以财成天地之道,辅相天地之宜,以左右民"。物不能终泰,故于《否》也,"君子以俭德避难,不可荣以禄"。泰则通,否则辨②,故于《同人》也,"君子以类族辨物"③。族各有其类,物各有其辨,则君子、小人见矣,故于《大有》,"君子以遏恶扬善,顺天休命"。虽遏恶也,不可以为偏亢④,故于《谦》也,"君子以裒多益寡,称物平施"⑤。顺天休命而以谦平施,则人乐之,故于《豫》也,"先王以作乐崇德,殷荐之上帝⑥,以配祖考"。乐成而息,故于《随》也,"君子以向晦入宴息"⑦。

[注释]①财:通"裁"。　②辨:别。　③类族:类群。　④偏亢:偏于高亢傲慢。　⑤平施:公平施与。　⑥殷荐:盛大的祭祀。　⑦宴息:同"燕息",休息。

物不可终息,故于《蛊》也,"君子以振民育德"。振民育德,莫大乎教思无穷①,容保民无疆②,故于《临》也,"君子以教思无穷,容保民无疆"。教思无穷,容保民无疆,莫大乎省方观民设教③,故于《观》也,"先王以省方观民设教"。教至矣,则明罚敕法继之,故于《噬嗑》也,"先王以明罚敕法"。明罚敕法者,所以待之而非敢于折狱④,故于《贲》也,"君子以明庶政,无敢折狱"。无敢折狱者,将以厚下也,故于《剥》也,"上以厚下安宅"⑤。厚下者,将使人无失其性命之情也。欲不失其性命之情,则亦不违其性命之理而已,故于《复》也,"先王以至日闭关,商旅不行,后不省方"者,所以应时。知应时,然后知对时育物,故于《无妄》也,"先王以茂对时⑥,育万物"。

[注释]①教思:教化顾念。 ②容保民:受民保民。 ③省方观民设教:巡视万方而观民风、施教化。 ④待之而非敢于折狱:意指待人向善而不是随意果决用刑。折狱,断狱,判决案件。 ⑤厚下安宅:使属下受厚待而安居。 ⑥茂:盛。对时:当其时。

对时育物者,非稽古畜德之主则不能,故于《大畜》也,"君子以多识前言往行,以畜其德"。畜德莫大乎养,故于《颐》也,"君子以慎言语,节饮食"。知自养,然后出处皆有以大过人,故于《大过》也,"君子以独立不惧,遯世无闷"。出则欲独立不惧,处则欲遯世无闷,则德不可无习,故于《坎》也,"君子以常德行,习教事"。德行不失其事,教事不废其习,然后可以继明照四方,故于《离》也,"大人以继明照于四方"。所谓明者,非恃其所明,则资诸人而已,故于《咸》也,"君子以虚受人"。惟以虚受人而有节于内,故于《恒》也,"君子以立不易方"①。所以有时而远小人,故于《遯》也,"君子以远小人,不恶而严"②。所谓严者,亦礼而已矣,故于《大壮》也,"君子以非礼勿履"。非礼勿履,德之所以昭也,故于《晋》也,"君子以自昭明德"。明者,自明非所以莅众③,故于《明夷》也,"君子以莅众,用晦而明"④。知自明,又知所以莅众,则言有物而行有恒,故于《家人》也,"君子以言有物而行有常⑤"。言有物、行有常⑥,则知所同、知所异,于《睽》也⑦,"君子以同而异"。

同故能有容,异故能有辨,反身修德,言有辨也,故于《蹇》也,"君子以反身修德"。赦过宥罪,言有容也,故于《解》也,"君子以赦过宥罪"。能反身修德,赦过宥罪,则其欲也惩而窒矣⑧,故于《损》也,"君子以惩忿窒欲"。能惩忿窒欲,然后见善迁,有过改,故于《益》也,"君子以见善则迁,有过则改"。

[注释]①立不易方:立身不易其道。 ②不恶而严:外表不显其憎恶而保持尊严。 ③莅众:临众、临民。 ④用晦而明:计谋不显而事功彰明。 ⑤常:《易传》原作"恒"。按:宋人避"恒"字,或王安石此处原用"常"字,后人回改为"恒"而未尽。 ⑥常:此"常"字,四库本原作"暌",当是涉下文而误,今据上文及明嘉靖刻本改。听香馆本《王临川全集》亦作"常"。明叶良佩辑《周易义丛》卷十六作"恒"而缺末笔。 ⑦于《睽》也:按文例当作"故于《睽》也"。缪氏本《王临川全集》及《周易义丛》皆有"故"字。 ⑧惩而窒:惩戒而堵塞。

以居则修德,以动则有功。功不可以擅,德不可以居也,故于《夬》也,"君子以施禄及下,居德则忌"①。能施禄及下,居德则忌,则众之所听也,故于《姤》也,"后以施命诰四方"。众之所听,不可不戒,故于《萃》也,"君子以除戎器②,戒不虞"。不虞知戒矣,德之所以积也,故于《升》也,"君子以顺德,积小以高大"。积小以至高大,而至于命,则志遂矣,故于《困》也,"君子以致命遂志"。至于命,则所以成已也,而后可以成民教,故于《井》也,"君子以劳民劝相"③。劳民劝相,莫大乎恭爱,故于《革》也,"君子以治历明时"。能治历明时,然后能正位凝命④,故于《鼎》也,"君子以正位凝命"。正位凝命不可恃,故于《震》也,

"君子以恐惧修省"。修省之道,在于正己而已,故于《艮》也,"君子以思不出其位"。能正己则贤德可居,俗可善,故于《渐》也,"君子以居贤德善俗"。俗善矣,其终不能无爱,爱则敝矣⑤,故于《归妹》也,"君子以永终知敝"⑥。知敝,则所以待人者尽矣,故于《丰》也,"君子以折狱致刑"。折狱以刑,君子所以明慎之时也,故于《旅》也,"君子以明慎用刑而不留狱"⑦。

[注释]①居德则忌:以自负有恩德于下为禁忌。 ②除:修治。 ③劳:慰劳。劝相:鼓励帮助。相,助。 ④凝:严,严肃。 ⑤爱:指偏私的亲昵、亲近。敝:同"弊"。 ⑥永终:指常能善始善终。 ⑦不留狱:不滞留案件。

不留狱,则治道终矣。终则有始,故于《巽》也,"君子以申命行事"。申命行事,不可以无学,故于《兑》也,"君子以朋友讲习"。所讲习者,仁义而已,故于《涣》也,"先王以飨帝立庙"①。飨帝立庙,则仁之至、义之尽矣。其推行之也,度数不可以无制,德行不可以无议,故于《节》也,"君子以制数度,议德行"。制数度,议德行,则欲急己以缓人②,故于《中孚》也,"君子以议狱缓死"。急己以缓人者,依于仁而已,故于《小过》也,"君子以行过乎恭,丧过乎哀,用过乎俭"。依于仁则无患矣,故于《既济》也,"君子以思患而豫防之"。物不穷也,故于《未济》也,"君子以慎,辨物居方"③。辨物居方者,物之终始也。

[注释]①飨帝立庙:祭祀上帝,建立宗庙。《易传》原文"帝"上有"于"字。 ②急己以缓人:切于律己而宽宥他人。 ③辨物居方:辨别事物,使各

得其所。

《周南》诗次解①

　　王者之治始之于家，家之序本于夫妇正。夫妇正者，在求有德之淑女为后妃，以配君子也，故始之以《关雎》。夫淑女所以有德者，其在家，本于女工之事也②，故次以《葛覃》。有女功之本，而后妃之职尽矣，则当辅佐君子求贤审官。求贤审官者非所能专，有志而已，故次之以《卷耳》。有求贤审官之志以助治其外，则于其内治也，其能有嫉妒而不逮下乎③？故次之《樛木》。无嫉妒而逮下，则子孙众多，故次之以《螽斯》。子孙众多，由其不妒忌，则致国之妇人亦化其上，则男女正、婚姻时、国无鳏民也④，故次之以《桃夭》。国无鳏民，然后好德，贤人众多，故次之以《兔罝》。好德，贤人众多，是以室家和平，而妇人乐有子，则后妃之美具矣，故次之以《芣苢》。后妃至于国之妇人乐有子者，由文王之化行，使南国江汉之人无思犯礼，此德之广也，故次之以《汉广》。德之所及者广，则化行乎汝坟之国⑤，能使妇人闵其君子而勉之以正⑥，故次之以《汝坟》。妇人能勉君子以正，则天下无犯非礼，虽衰世公子皆能信厚，此《关雎》之应也，故次之以《麟之趾》焉。

　　[注释]①《诗经》十五国风的第一部分即《周南》，包括从《关雎》到《麟之趾》的十一首诗。本篇是王安石根据自身对诗义的理解，对《周南》诸诗次序的解说，基本的依据还是原诗现存的小序。　②女工：即"女功"、"女红"，旧

时多指女子在针线活及手工制作等方面的工作。　③逮下:指后妃以宽容的态度对待诸妾。逮,及。　④男女正:指两性之礼正。婚姻时:指适龄通婚不失时。鳏民:无妻或丧妻的男子。　⑤汝坟:汝水边。坟,通"濆(fén)",水边。　⑥闵:爱怜而担忧之意。君子:夫君。

礼　论

呜呼!荀卿之不知礼也。其言曰"圣人化性而起伪"①,吾是以知其不知礼也。知礼者,贵乎知礼之意。而荀卿盛称其法度节奏之美②,至于言化,则以为伪也,亦乌知礼之意哉③?故礼始于天而成于人,知天而不知人则野④,知人而不知天则伪⑤,圣人恶其野而疾其伪⑥,以是礼兴焉。今荀卿以谓圣人之化性为起伪,则是不知天之过也。

[注释]①语出《荀子·性恶》,原意指圣人改变人的本性,所创制的礼义法度都出于人为。伪,在荀子的理解上指人为。　②法度节奏:指礼义法度的节制功能。　③乌:疑问词,同"恶"。　④野:朴素无修饰,意指自然形成的风俗。　⑤伪:此指礼义法度的制定全靠主观的人为,而不顾及自然形成的风俗。　⑥疾:以为有弊端。

然彼亦有见而云尔。凡为礼者,必诎其放傲之心①,逆其嗜欲之性,莫不欲逸而为尊者劳,莫不欲得而为长者让②,擎跽曲拳以见其恭③。夫民之于此,岂皆有乐之之心哉?患上之恶己而随之以刑也,故荀卿以为特劫之法度之威而为之于外尔④,此亦不思之过也。夫斫木而为之器,服马而为之驾,此非生而能者也;故必削之以斧斤,直之以绳墨,圆之以规而方之以矩,束联胶漆之⑤,而后器适于用焉。前之以衔勒之制⑥,后之以鞭策之威,驰骤舒疾无得自放而一听于人⑦,而后马适于驾焉。由是观之,莫不劫之于外而服之以力者也。然圣人舍木而不为器,舍马而不为驾者,固亦因其天资之材也。今人生而有严父爱母之心⑧,圣人因其性之欲而为之制焉,故其制虽有以强人,而乃以顺其性之欲也。圣人苟不为之礼,则天下盖将有慢其父而疾其母者矣,此亦可谓失其性也。得性者以为伪,则失其性者乃可以为真乎?此荀卿之所以为不思也。夫狙猿之形⑨,非不若人也,欲绳之以尊卑而节之以揖让,则彼有趋于深山大麓而走耳⑩,虽畏之以威而驯之以化,其可服邪?以谓天性无是,而可以化之使伪耶?则狙猿亦可使为礼矣。故曰:礼始于天而成于人。天则无是,而人欲为之者,举天下之物,吾盖未之见也。

[注释]①诎:通"屈",此犹言收敛。放傲:放纵自傲。 ②二"莫"字句:指虽欲安逸而为尊者尽劳,虽欲自得而为长者谦让。 ③擎跽曲拳:指拱手跪拜及鞠躬行礼。 ④"患上"下是说:担心在上者憎恶自己而随即给以惩罚,所以荀卿以为人们行礼不过是被礼义法度所胁持的一种外在表现。 ⑤束联胶漆:组合结构,胶固而涂漆。 ⑥衔勒:马嚼子和络头。 ⑦驰骤舒疾:马跑得快慢。 ⑧严父爱母:尊父爱母。 ⑨狙(jū)猿:猿猴。 ⑩大麓(lù):有密林的大山。意同深山。

礼 乐 论

气之所禀命者心也①。视之能必见,听之能必闻,行之能必至,思之能必得,是诚之所至也②。不听而聪,不视而明,不思而得,不行而至,是性之所固有而神之所自生也,尽心尽诚者之所至也③。故诚之所以能不测者性也,贤者尽诚以立性者也,圣人尽性以至诚者也④。神生于性,性生于诚,诚生于心,心生于气,气生于形。形者有生之本,故养生在于保形,充形在于育气⑤,养气在于宁心,宁心在于致诚,养诚在于尽性,不尽性不足以养生。能尽性者至诚者也,能至诚者宁心者也,能宁心者养气者也,能养气者保形者也,能保形者养生者也,不养生不足以尽性也。

[注释]①首句谓构成人体之气的运动由心支配。 ②以上谓视、听、行、思等功能的实现,都是心的本质诚的体现。 ③以上谓"不听而聪"等都出于人的本能,这种本能产生精神活动,精神活动是尽心尽诚的体现。 ④以上谓人之诚与不诚所以会不可测是由于展示为不同的性,贤者尽诚以立其性,圣人尽性以至于诚。 ⑤充形在于育气:使身体充实在于养其气。

生与性之相因循,志之与气相为表里也①。生浑则蔽性②,性浑则蔽生,犹志一则动气,气一则动志也③。先王知其然,是故体天下之性而为之礼,和天下之性而为之乐。礼者天下之中经④,乐者天下之中和⑤,礼乐者先王所以养人之神,正人气而归正性也。是故大礼之极简而无文,大乐之极易而希声⑥。简易者,先王建礼乐之本意也。世之所重,圣人之所轻;世之所乐,圣人之所悲。非圣人之情与世人相反,圣人内求,世人外求,内求者乐得其性,外求者乐得其欲。欲易发而性难知,此情性之所以正反也⑦。衣食所以养人之形气,礼乐所以养人之性也。

礼反其所自始,乐反其所自生⑧,吾于礼乐,见圣人所贵其生者至矣⑨。

[注释]①志:指精神活动及其趋向。 ②生浑则蔽性:人生质朴则掩蔽其性。 ③"犹"下二句:用心专一则扰动气的运行,用气专一则扰动精神活动。 ④中经:体现中道行为的典制。 ⑤中和:促进人性和谐的措施。 ⑥"是故"下意谓:最盛的大礼简朴而少文饰,最盛的大乐平易而少强音。 ⑦正反:有正有反。意谓欲望本出于性情,适度可以养性情,过度则反而败性情。 ⑧二"反"字句:指礼乐制度基于人性,是返回其本原。反,同"返"。 ⑨贵其生者至:重视人生到极致。

世俗之言曰,养生非君子之事,是未知先王建礼乐之意也。养生以为仁,保气以为义。去情却欲,以尽天下之性;修神致明,以趋圣人之域。圣人之言,莫大颜渊之问,"非礼勿视,非礼勿听,非礼勿言,非礼勿动"①,则仁之道亦不远也。耳非取人而后聪②,目非取人而后视,口非取诸人而后言也,身非取诸人而后动也。其守至约,其取至近,有心有形者皆有之也。然而颜子且犹病之,何也? 盖人之道莫大于此。非礼勿听,非谓掩耳而避之,天下之物不足以干吾之聪也③。非礼勿视,非谓掩目而避之,天下之物不足以乱吾之明也。非礼勿言,非谓止口而无言也,天下之物不足以易吾之辞也。非礼勿动,非谓止其躬而不动,天下之物不足以干吾之气也。天下之物,岂特形骸自为哉④? 其所由来盖微矣。不听之时有先聪焉,不视之时有先明焉,不言之时有先言焉,不动之时有先动焉。圣人之门,惟颜子可以当斯语矣。是故非耳以为聪而不知所以聪者,不足以尽天下之听;非目以为明而不知所以明者,不足以尽天下之视。聪明者,耳目之所能为;而所以聪明者,非耳目之所能为也。是故待钟鼓而后乐者⑤,非深于乐者也;待玉帛而后恭者⑥,非深于礼者也。蒉桴土鼓⑦,而乐之道备矣;燔黍捭豚,污尊抔饮⑧,礼既备矣。然大裘无文,大辂无饰⑨,圣人独以其事之所贵者,何也?所以明礼乐之本也。故曰:礼之近人情,非其至者也⑩。

[注释]①语出《论语·颜渊》,为孔子对颜渊问"仁"的回答。 ②取人:择人,针对他人。 ③干:关连。 ④岂特形骸自为:岂只是形体官能自主其行为。 ⑤钟鼓:代指乐器。乐:奏乐。 ⑥玉帛:代指祭祀礼品。 ⑦蒉桴(kuìfú)土鼓:粗糙的鼓槌和陶鼓。喻指上古乐器的简朴。蒉桴,用草和泥做成的鼓槌。 ⑧燔黍捭(bǎi)豚:焚黍米而裂小猪以祭。污尊抔(póu)饮:以不干净的陶尊盛酒,用手掬酒以祭。喻指上古礼仪的简朴。 ⑨大裘无文,大辂无饰:贵重的皮衣、大车无文饰。 ⑩此句谓礼制接近人情风俗,不是最好的礼。

曾子谓孟敬子①:"君子之所贵乎道者三:动容貌,斯远暴慢矣;正颜色,斯近信矣;出辞气,斯远鄙倍矣。笾豆之事,则有司存。"②观此言也,曾子而不知道也则可;使曾子而为知道,则道不违乎言貌辞气之间,何待于外哉?是故古之人目击而道已存,不言而意已传,不赏而人自劝,不罚而人自畏,莫不由此也。是故先王之道可以传诸言、效诸行者,皆其法度刑政,而非神明之用也。《易》曰:"神而明之,存乎其人;默而成之,不言而信,存乎德行。"③去情却欲而神明生矣,修神致明而物自成矣,是故君子之道鲜矣。齐明其心,清明其德,则天地之间所有之物皆自至矣④。君子之守至约,而其至也广;其取至近,而其应也远。《易》曰:"拟之而后言,议之而后动,拟议以成其变化。"变化之应,天人之极致也,是以《书》言天人之道,莫大于《洪范》。《洪范》之言天人之道,莫大于貌、言、视、听、思。大哉,圣人独见之理,传心之言乎!储精晦息而通神明⑤,君子之所不至者三:不失色于人,不失口于人,不失足于人。不失色者,容貌精也;不失口者,语默精也⑥;不失足者,行止精也。君子之道也,语其大则天地不足容也,语其小则不见秋毫之末;语其强则天下莫能敌也,语其约则不能致传记⑦。圣人之遗言曰,"大礼与天地同节,大乐与天地同和"⑧,盖言性也。大礼性之中,大乐性之和,中和之情通乎神明,故圣人储精九重、仪凤凰⑨,修五事而关阴阳⑩,是天地位而三光明⑪,四时行而万物和。《诗》曰:"鹤鸣于九皋,声闻于天。"⑫故孟子曰,"我善养吾浩然之气","充塞乎天地之间"⑬。扬子曰,"貌、言、视、听、思,性所有","潜天而天,潜地而地"也⑭。

[注释]①曾子:曾参,孔子弟子。孟敬子:鲁国大夫孟武伯之子。 ②曾子之语见《论语·泰伯》。动容貌,行动注意容貌。正颜色,端正脸色态度。出辞气,说话注意语辞口气。鄙倍,鄙陋背理,"倍"通"背"。笾(biān)豆之事,指祭祀;笾豆,祭器的一类,竹制为笾,木制为豆。 ③此与下条"《易》曰"皆出《易传·系辞上》。 ④自至:意指通达明见。 ⑤储精晦息而通神明:蓄养精神,按时作息,而头脑清醒明达。晦息,本意指向晦(夜晚)而息。 ⑥语默:开口与不开口。 ⑦约:简约。不能致传记:不值得书籍记载。 ⑧语出《礼记·乐记》。 ⑨圣人:实指古帝王。九重:指人主地位。仪凤凰:用《尚书·益稷》"凤皇来仪"典故,喻指天下大治。相传凤凰出现即天下安宁。 ⑩修五事:即修持《洪范》所言的五事。关阴阳:贯通阴阳。关,通"贯"。意指使阴阳谐和。 ⑪三光:日月星。 ⑫引诗见《诗经·小雅·鹤鸣》。九皋

(gāo),九曲而深远的沼泽地。 ⑬语出《孟子·公孙丑上》。 ⑭语出《法言·学行》及《问神》。"潜天而天,潜地而地",谓心神入天则合于天,入地则合于地。

  呜呼!礼乐之意不传久矣。天下之言养生修性者,归于浮屠、老子而已①。浮屠、老子之说行,而天下为礼乐者,独以顺流俗而已。夫使天下之人驱礼乐之文,以顺流俗为事,欲成治其国家者,此梁、晋之君所以取败之祸也②。然而世非知之也者,何耶?特礼乐之意大而难知,老子之言近而易轻③。圣人之道得诸己,从容人事之间而不离其类焉④;浮屠直空虚穷苦,绝山林之间,然后足以善其身而已⑤。由是观之,圣人之与释、老,其远近难易可知也。是故赏与古人同而劝不同,罚与古人同而威不同,仁与古人同而爱不同,智与古人同而识不同,言与古人同而信不同。同者道也,不同者心也。

  [注释]①浮屠:指佛教。老子:代指道教。 ②"梁、晋"句:指南朝梁武帝萧衍因佞佛而导致在部下叛乱中被囚饿死,及东晋哀帝司马丕因迷信道教而死于炼丹服药事。 ③老子之言:指道教言论。近而易轻:浅近而容易轻信(如长生不死之类)。 ④不离其类:指不离人事。 ⑤善其身:指佛教之修行。

  《易》曰:"苟非其人,道不虚行。"①昔宓子贱为单父宰,而单父之人化焉②。今王公大人有尧、舜、伊尹之势,而无子贱一邑之功者,得非学术素浅而道未明欤?夫天下之人非不勇为圣人之道;为圣人之道者,时务速售诸人,以为进取之阶③。今夫进取之道,譬诸钩索物耳,幸而多得其数，则行为王公大人④；若不幸而少得其数，则裂逢掖之衣为商贾矣⑤。由是观之，王公大人同商贾之得志者也。此之谓学术浅而道不明。由此观之，得志而居人之上，复治圣人之道而不舍焉几人矣⑥！内而好爱之容蛊其欲⑦，外有便嬖之谀骄其志⑧，向之所能者日已忘矣，今之所好者日已至矣。孔子曰："有颜回者好学，不迁怒，不贰过。"⑨又曰："吾见其进，未见其止也。"⑩夫颜子之所学者，非世人之所学。不迁怒者，求诸己；不贰过者，见不善之端而止之也。世之人所谓退，颜子之所谓进也；人之所谓益，颜子之所谓损也。《易》曰"损，先难而后获"⑪，颜子之谓也。耳损于声，目损于色，口损于言，身损于动，非先难欤？及其至也，耳无不闻，目无不见，言无不信，动无不服，非后得欤？是故君子之学，始如愚人焉，如童蒙焉；及其至也，天地不足大，人物不足多⑫，鬼神不足为隐，诸子之支离不足惑也⑬。是故天之高也，日月星辰，阴阳之气，可端策而数也⑭；地至大也，山川丘陵，万物之形，人之常产，可指籍而定也⑮。是故星历之数，天地之法，人物之所，皆前世致精好学圣人者之所建也；后世之人守其成法，而安能知其始焉？《传》曰"百工之事，皆圣人作"⑯，此之谓也。故古之人言道者莫先于天地，言天地者莫先乎身，言身者莫先乎性，言性者莫先乎精。精者，天之所以高，地之所以厚，圣人所以配之。故御人莫不尽能⑰，而造父独得之⑱，非车马不同，造父精之也；射人莫不尽能，而羿独得之⑲，非弓矢之不同，羿精之也。今之人与古之人一也，然而用之则二也。造父用之以为御，羿用之以为射,盗跖用之以为贼⑳。

[注释]①语出《周易·系辞下》。 ②宓(mì)子贱:字不齐,孔子弟子。《吕氏春秋·察贤》篇载"宓子贱治单父(今山东单县),弹鸣琴,身不下堂而单父治"。 ③"时务"句意谓:速以时务付予有才能之人,以为进取之阶而使之得官治世。 ④行:将。 ⑤裂逢掖之衣:指毁去儒服。逢掖之衣,古代儒者所服大袖单衣。 ⑥几人:能有几个人! ⑦内而好爱之容蛊其欲:在宫廷内因君主的嗜好和宠爱而容饰自己的行为,以欲望迷乱其性。 ⑧外有便嬖之谀骄其志:在外则有左右亲信阿谀奉承而使之志得意满。便嬖(pián bì):善于迎合的不正之人。 ⑨语出《论语·雍也》。 ⑩语出《论语·子罕》。 ⑪语出《周易·系辞下》,原作"先难而后易"。 ⑫多:称道。 ⑬支离不足惑:指诸子书中的纷然记载不足以引起迷惑。 ⑭端策而数:摆好占筮用的蓍草而数之。此指对天文现象可一一为之解释。 ⑮指籍而定:指点典籍的记载而定。此指对地理人文、万事万物皆可引经据典言之。 ⑯语出《周礼·考工记》。 ⑰御人:驾车者。 ⑱造父:古之善驾者。 ⑲羿:古之善射者。 ⑳盗跖:春秋末黄河流域武装反抗首领。相传从卒九千,"横行天下,侵暴诸侯"。

九变而赏罚可言①

万物待是而后存者天也②,莫不由是而之焉者道也③,道之在我者德也④,以德爱者仁也,爱而宜者义也。仁有先后、义有上下谓之分⑤,先不擅后、下不侵上谓之守⑥。形者物此者也,名者命此者也⑦。所谓物此者何也?贵贱亲疏所以表饰之,其物不同者是也;所谓命此者何也?贵贱亲疏所以称号之,其命不同者是也⑧。物此者贵贱各有容矣,命此者亲疏各有号矣,因亲疏贵贱任之以其所宜为,此之谓因任⑨。因任之以其所宜为矣,放而不察乎则又将大弛⑩,必原其情,必省其事,此之谓原省。原省明而后可以辨是非,是非明而后可以施赏罚。故庄周曰:"先明天而道德次之,道德已明而仁义次之,仁义已明而分守次之,分守已明而形名次之,形名已明而因任次之,因任已明而原省次之,原省已明而是非次之,是非已明而赏罚次之。"是说虽微庄周⑪,古之人孰不然?

[注释]①此篇标题为《庄子·天道》篇之语,原文谓"古之语大道者,五变而形名可举,九变而赏罚可言"。五变、九变,见本文首段所引。 ②天:自然。句意指万物为自然存在。 ③之焉者:往之者,指运动。句意谓事物运动变化的规则在道。 ④道之在我者德:意谓道体现于个体的本质属性即是道德。 ⑤分:名分。 ⑥守:操守、职守。 ⑦"形"、"名"句:谓"形"为物之实体,"名"为物之称谓。 ⑧以上以礼制释形名,谓贵贱亲疏的实际关系是"形",表示这些关系的各种称号是"名"。表饰,指区分。 ⑨因任:按王安石的理解,此指按亲疏关系和等级低位等用人,赋予其人所适合担任的职事。《管子·心术》:"道贵因。因者,因其能者,言所用也。" ⑩放:放任。弛:废,废事。 ⑪微:无。

古之言道德所自出而属之天者,未之有也。尧者,圣人之盛也。孔子称之曰"惟天惟大,惟尧则之"①,此之谓明天。"聪明文思安安",此之谓明道德;"允恭克让",此之谓明仁义;次九族,列百姓,序万邦,此之谓明分守;修五礼,同律度量衡,以一天下,此之谓明形名;弃、后稷,契、司徒,皋陶、士,垂、共工,此之谓明因任;三载考绩,五载一巡狩,此之谓明原省;命舜曰"乃言底可绩",谓禹曰"万世永赖,时乃功","蠢兹有苗,昏迷不恭",此之谓明是非;"皋陶,方祗厥叙,方施象刑,惟明",此之谓明赏罚②。

至后世则不然，仰而视之曰：彼苍苍而大者何也？其去吾不知其几千万里，是岂能如我何哉③？吾为吾之所为而已，安取彼于是？遂弃道德，离仁义，略分守，慢形名，忽因任而忘原省，直信吾之是非而加人以其赏罚，于是天下始大乱而寡弱者号无告④。圣人不作，诸子者伺其间而出，于是言道德者至于窈冥而不可考，以至世之有为者皆不足以为；言形名者守物诵数⑤，罢苦以至于老而疑道德⑥。彼皆忘其智力之不赡⑦，魁然自以为圣人者⑧，此矣悲夫⑨！庄周曰："五变而形名可举，九变而赏罚可言。"语道而非其序，安取道？善乎其言之也！庄周，古之荒唐人也，其于道也，荡而不尽善⑩，圣人者与之遇，必有以约之，约之而不能听，殆将摈四海之外，而不使之疑中国⑪。虽然，其言之若此者，圣人亦不能废。

[注释]①语出《论语·泰伯》。则，效法。　②以上所叙诸事均出于《尚书》，分见《尧典》、《舜典》、《大禹谟》、《益稷》诸篇。　③如我何："如"原作"知"，据王雱《南华真经新传》卷七改。缪氏本《王临川全集》亦作"如"。　④号无告：号啕呼天而无处申诉。　⑤守物诵数：意谓只知背诵经典。　⑥罢苦：疲苦。罢，通"疲"。　⑦不赡：不足。　⑧魁然：高大杰出之貌。　⑨矣：用法如"亦"。　⑩荡：摇摆不定。　⑪疑中国：使中国之人疑惑。

王　霸

仁、义、礼、信，天下之达道，而王霸之所同也①。夫王之与霸，其所以用者则同，而其所以名者则异，何也？盖其心异而已矣。其心异则其事异，其事异则其功异，其功异则其名不得不异也。

王者之道,其心非有求于天下也。所以为仁、义、礼、信者,以为吾所当为而已矣。以仁、义、礼、信修其身而移之政,则天下莫不化之也。是故王者之治知为之于此,不知求之于彼,而彼固已化矣。霸者之道则不然,其心未尝仁也,而患天下恶其不仁,于是示之以仁;其心未尝义也,而患天下恶其不义,于是示之以义;其于礼、信,亦若是而已矣。是故霸者之心为利,而假王者之道以示其所欲,其有为也,唯恐民之不见而天下之不闻也。故曰:其心异也。

齐桓公劫于曹沫之刃而许归其地②。夫欲归其地者,非吾之心也许之者,免死而已。由王者之道,则勿归焉可也,而桓公必归之地。晋文公伐原,约三日而退,三日而原不降③。由王者之道,则虽待其降焉可也,而文公必退其师。盖欲其信示于民者也;凡所为仁、义、礼、信,亦无以异于此矣。故曰:其事异也。

王者之大若天地然,天地无所劳于万物,而万物各得其性;万物虽得其性,而莫知其为天地之功也。王者无所劳于天下,而天下各得其治;虽得其治,然而莫知其为王者之德也。霸者之道则不然,若世之惠人耳,寒而与之衣,饥而与之食;民虽知吾之惠,而吾之惠亦不能及夫广也。故曰:其功异也。

夫王霸之道则异矣,其用至诚以求其利而天下与之④。故王者之道虽不求利之所归,霸者之道不主于利,然不假王者之事以接天下,则天下孰与之哉⑤?

[注释]①王霸:王道与霸道。 ②公元前681年,齐师伐鲁,鲁师屡败,请献遂邑(在今山东肥城南)讲和。齐桓公会鲁庄公于柯(在今山东阳谷东北),将盟,鲁将曹沫(mèi)以匕首劫桓公于坛上,逼桓公返还侵地,桓公被迫答应。事见《史记·齐太公世家》。 ③公元前625年,晋文公率师伐原(在今河南济源西北),约定士卒只带三日粮,三日原不降即撤兵。其城三日未下,文公果撤兵,原人闻文公讲信用,遂降。事见《左传》僖公二十七年。 ④"其用"句:若用至诚之心以求利,则可得到天下人的拥护。其,表假设,用同"若"。而,用同"则"。与,拥护之意。至诚,在儒家的观念中,特指能尽万物之性、可以赞天地之化育的最为纯粹的道德品格,其具体表现即本文开头所称的仁义礼信等。 ⑤以上"故"字下是说:王道即使不求利归于谁,霸道即使不主于求利,但若不凭借王者的事功以会合天下,那么天下又有谁会拥护他呢?王者之事,承上文"用至诚以求其利而天下与之"言之,实指不论王霸,都不能脱离功利。

性　　情

性、情,一也。世有论者曰性善情恶,是徒识性、情之名,而不知性、情之实也。喜、怒、哀、乐、好、恶、欲未发于外而存于心,性也;喜、怒、哀、乐、好、恶、欲发于外而见于行,情也。性者情之本,情者性之用,故吾曰:性、情,一也。

彼曰性善,无它①,是尝读孟子之书,而未尝求孟子之意耳。彼曰情恶,无它,是有见于天下之以此七者而入于恶②,而不知七者之出于性耳。故此七者,人生而有之,接于物而后动焉。动而当于理则圣也、贤也,不当于理则小人也。彼徒有见于情之发于外者为外物之所累,而遂入于恶也,因曰情恶也、害性者情也,是曾不察于情之发于外而为外物之所感,而遂入于善者乎?盖君子养性之善,故情亦善;小人养性之恶,故情亦恶。故君子之所以为君子,莫非情也;小人之所以为小人,莫非情也。彼论之失者,以其求性于君子,求情于小人耳。自其所谓情者③,莫非喜、怒、哀、乐、好、恶、欲也。舜之圣也,"象喜亦喜"④,使舜当喜而不喜,则岂足以为舜乎?文王之圣也,"王赫斯怒"⑤,当怒而不怒,则岂足以为文王乎?举此二者而明之,则其余可知矣。如其废情,则性虽善,何以自明哉?诚如今论者之说,无情者善,则是若木石者尚矣⑥。是以知性情之相须⑦,犹弓矢之相待而用;若夫善恶,则犹中与不中也。曰:然则性有恶乎?曰:孟子曰养其大体为大人、养其小体为小人⑧,扬子曰人之性善恶混⑨,是知性可以为恶也。

[注释]①无它:没有其他涵义。意谓本于孟子的概念。 ②七者:指喜、怒、哀、乐、好、恶、欲。 ③自其:从来,"其"为助词。 ④语出《孟子·万章上》,原文谓舜之为人"象忧亦忧,象喜亦喜"。象,传说中的舜之弟。 ⑤语出《诗经·大雅·皇矣》,原指周文王对密人不从周命且侵犯邻近部落勃然大怒。 ⑥尚:通"上",此指上等人。 ⑦相须:相互对待、依存。 ⑧二"养"字句概括孟子之语,见《孟子·告子上》。原意指人之性善为大体,耳目口鼻等人体器官的嗜欲为小体,大人之养养其大体,小人之养养其小体。⑨扬子之言见前《扬孟》篇注。

季　子

先王酌乎人情之中以制丧礼,使哀有余者俯而就之,哀不足者企而及之。哀不足者,非圣人之所甚善也;善之者,善其能勉于礼而已。①

延陵季子,其长子死,既封而号者三,遂行。孔子曰:"延陵季子之于礼,其合矣乎。"②夫长子之丧,圣人为之三年之服,盖以谓父子之亲,而长子者为亲之后,人情之所至重也。今季子三号遂行,则于先王之礼为不及矣。今论者曰:当是之时,季子聘于齐,将君之命③。若夫季子之心,则以谓不可以私义而缓君命④,有势不得以两全者,则当忍哀以徇于尊者之事矣⑤。今将命而聘,既聘而返,遂少缓而尽哭之哀,则于事君之义,岂为不足而害于使事哉?君臣父子之义,势足以两全而不为之尽礼也,则亦薄于骨肉之亲而不用先王之礼尔。其言曰:"骨肉归复于土,命也,若魂气则无所不之矣。"⑥夫骨肉之复于土,魂气之无不之,是人情之所哀者矣。君子无所不言命,至于丧则有性焉,独不可以谓命也。昔庄周丧其妻,鼓盆而歌⑦;东门吴丧其子,比于未有⑧。此弃人齐物之道⑨,吾儒之罪人也。观季子之说,盖亦周、吴之徒矣。父子之亲,仁义之所由始;而长子者,继祖考之重,故丧之三年,所以重祖考也。今季子不为之尽礼,则近于弃仁义、薄祖考矣。孔子曰"丧事不敢不勉"也,又曰:"临丧不哀,吾何以观之哉!"⑩临人之丧而不哀,孔子犹以为不足观也,况礼之丧三年者乎?然则此言宜非取之矣⑪。盖记其葬"深不至于泉,敛以时服,既葬而封,广轮掩坎,其高可隐"⑫,孔子之称之,盖称其葬之合于礼尔。独称葬之合于礼,则哀之不足可知也。卫有送葬者,夫子观之,曰:"善哉!此可以为法矣。"⑬若此,则夫子之所美也。圣人之言,辞隐而义显,岂徒然哉？学者之所不可不思也⑭。

[注释]①此篇首数句意思是：古时丧礼是斟酌和折衷人情而制定的，以使尽哀超过常情的人能够将就，尽哀不足的人也希望能够达到。尽哀不足不是圣人甚为称道的，圣人所称道的是能够劝勉达到丧礼的要求。 ②此处括述延陵季子葬子的故事，载见《礼记·檀弓下》。相传季子出使齐国返回时，其长子去世，既葬，墓坑不深，敛以时服，坟头也只有半人高，季子袒其左臂，哭着绕坟三圈而离去，孔子以为所行合于古礼。季子，即季札，春秋后期吴王寿梦之子，以居于延陵(在今江苏丹阳)，又称延陵季子。 ③聘：访问，即出使。将：持。 ④缓：延迟(回复)。 ⑤徇：顺从。尊者之事：指王事。 ⑥此为《礼记·檀弓下》所载季子之语，意谓人死生有命，死后骨肉复归地下，魂气则无所不到。 ⑦《庄子·至乐》载庄子妻死，惠子往吊，庄子方叉腿坐地上敲着盆子歌唱。 ⑧东门吴：《战国策·秦策三·应侯失韩之汝南》所托的魏国人，姓东门，名吴。相传其子死而不忧，谓人曰："吾尝无子，无子之时不忧；今子死，乃即与无子时同也。" ⑨齐物：指先秦庄子一派道家所主张的齐物论。大意谓世间万物(包括人在内)虽形态千差万别，而在"物"的大概念上是没有差别的，人们的认识也无是非可言。 ⑩此处二引语分见《论语·子罕》及《八佾》篇。 ⑪此言宜非取之：意指上述季子所称"命也"云云，不是尽哀者所当采取的话。 ⑫此为《礼记·檀弓下》原文。泉，黄泉，俗称人死后所居之地。广轮掩坎，指四周堆土以掩盖墓坑。其高可隐，指墓坟的高度可隐藏蹲下的人身，犹言半人高。 ⑬语出《礼记·檀弓上》，原作："孔子在卫，有送葬者而夫子观之，曰：'善哉为丧乎！足以为法矣。'" ⑭按：本文批评延陵季子不为长子服丧三年，当与王安石之子王雱早逝有关，可反映王安石丧子之痛。

荀　卿

荀卿载孔子之言曰："'由，智者若何？仁者若何？'子路曰：'智者使人知己，仁者使人爱己。'子曰：'可谓士矣。'子曰：'赐，智者若何？仁者若何？'子贡曰：'智者知人，仁者爱人。'子曰：'可谓士君子矣。'子曰：'回，智者若何？仁者若何？'颜渊曰：'智者知己，仁者爱己。'子曰：'可谓明君子矣。'"①是诚孔子之言欤？吾知其非也。夫能近见而后能远察，能利狭而后能泽广②，明天下之理也。故古之欲知人者必先求知己，欲爱人者必先求爱己，此亦理之所必然，而君子之所不能易者也。

请以事之近而天下之所共知者谕之。今有人于此，不能见太山于咫尺之内者③，则虽天下之至愚，知其不能察秋毫于百步之外也。盖不能见于近，则不能察于远，明矣。而荀卿以谓知己者贤于知人者，是犹能察秋毫于百步之外者，为不若见太山于咫尺之内者之明也。今有人于此，食不足以厌其腹④，衣不足以周其体者，则虽天下之至愚，知其不能以赡足乡党也⑤。盖不能利于狭，则不能泽于广，明矣。而荀卿以谓爱己者贤于爱人者，是犹以赡足乡党，为不若食足以厌腹、衣足以周体者之富也。由是言之，荀卿之言，其不察理已甚矣！故知己者，智之端也，可推以知人也；爱己者，仁之端也，可推以爱人也。夫能尽智仁之道，然后能使人知己爱己。是故能使人知己爱己者，未有不能知人爱人者也；能知人爱人者，未有不知己爱己者也。今荀卿之言，一切反之，吾是以知其非孔子之言，而为荀卿之妄矣。扬子曰："自爱，仁之至也。"⑥盖言能自爱之道，则足以爱人耳，非谓不能爱人而能爱己者也。噫！古之人爱人不能爱己者有之矣，然非吾所谓爱人，而墨翟之道也⑦。若夫能知人而不能知己者，亦非吾所谓知人矣。

[**注释**]①引文见《荀子·子道》。 ②利狭:小范围内利于人。泽广:广施恩泽于人。 ③太山:泰山。 ④厌:通"餍",饱。 ⑤赡足:使……富足。乡党:指族人。 ⑥语见《法言·君子》。 ⑦墨翟之道:指自苦之道。参见下《杨墨》篇。

杨、墨

杨、墨之道①,得圣人之一而废其百者是也。圣人之道,兼杨、墨而无可无不可者是也。墨子之道,摩顶放踵以利天下②;而杨子之道,利天下拔一毛而不为也③。夫禹之于天下,九年之间,三过其门,闻呱呱之泣而不一省其子④,此亦可谓为人矣。颜回之于身,箪食瓢饮,以独乐于陋巷之间,视天下之乱若无见者,此亦可谓为己矣。杨、墨之道独以为人、为己得罪于圣人者,何哉?此盖所谓得圣人之一而废其百者也。是故由杨子之道则不义,由墨子之道则不仁,于仁义之道无所遗而用之不失其所者,其唯圣人之徒欤! 二子之失于仁义,而不见天地之全则同矣;及其所以得罪,则又有可论者也。杨子之所执者为己,为己,学者之本也;墨子之所学者为人,为人,学者之末也。是以学者之事必先为己,其为己有余,而天下之势可以为人矣,则不可以不为人。故学者之学也,始不在于为人,而卒所以能为人也。今夫始学之时,其道未足以为己,而其志已在于为人也,则亦可谓谬用其心矣。谬用其心者,虽有志于为人,其能乎哉? 由是言之,杨子之道虽不足以为人,固知为己矣;墨子之志虽在于为人,吾知其不能也。呜呼!杨子知为己之为务,而不能达于大禹之道也,则亦可谓惑矣;墨子者,废人物亲疏之别,而方以天下为己任,是以所欲以利人者,适所以为天下害患也,岂不过甚哉?故杨子近于儒,而墨子远于道,其异于圣人则同,而其得罪则宜有间也⑤。

[注释]①杨、墨:指道家杨朱派与墨家。《孟子·滕文公下》曾谓战国时"圣王不作,诸侯放恣,处士横议,杨朱、墨翟之言盈天下,天下之言不归杨则归墨"。　②摩顶放踵:秃头顶,打赤脚。喻指自苦。墨家倡自苦以利天下。　③拔一毛而不为:《孟子·尽心下》谓"杨子取为我,拔一毛而利天下不为也"。按:杨氏一派提倡人人为我而不为人则天下自治,与仅求己利的利己主义有所不同。　④此处所述为大禹治水故事,相传其在外九年,三过其家门而不入,闻其新生婴儿的哭声亦不探视。　⑤有间:有距离,犹言有差异。

老　子

道有本有末,本者万物之所以生也,末者万物之所以成也。本者出之自然,故不假乎人之力而万物以生也;末者涉乎形器①,故待人力而后万物以成也。夫其不假人之力而万物以生,则是圣人可以无言也、无为也;至乎有待于人力而万物以成,则是圣人之所以不能无言也、无为也。故昔圣人之在上,而以万物为己任者,必制四术焉。四术者,礼、乐、刑、政是也,所以成万物者也。故圣人唯务修其成万物者,不言其生万物者。盖生者尸之于自然②,非人力之所得与矣。老子者独不然,以为涉乎形器者皆不足言也、不足为也,故抵去礼乐刑政而唯道之称焉③,是不察于理而务高之过矣。夫道之自然者,又何预乎？唯其涉乎形器,是以必待于人之言也、人之为也。其书曰:"三十辐共一毂,当其无,有车之用。"④夫毂辐之用,固在于车之"无"用,然工之琢削未尝及于"无"者,盖"无"出于自然之力,可以无与也。今之治车者,知治其毂辐而未尝及于"无"也,然而车以成者,盖毂辐具则"无"必为用矣。如其知"无"为用,而不治毂辐,则为车之术固已疏矣⑤。今知"无"之为车用,"无"之为天下用,然不知所以为用也。故"无"之所以为用者⑥,以有毂辐也;"无"之所以为天下用者,以有礼乐刑政也。如其废毂辐于车,废礼乐刑政于天下,而坐求其"无"之为用也,则亦近于愚矣！

[注释]①形器:指具体事物及其存在形态。 ②尸:主。 ③抵:拒斥。 ④引文见今本《老子》第十一章。辐(fú),辐条。毂(gǔ),车轮中心固定在车轴上以安装辐条的圆木。无,指轮圈所包围的空间。 ⑤疏:粗疏。 ⑥为用:缪氏本《王临川全集》"为"下有"车"字。

庄 周 上

世之论庄子者不一,而学儒者曰:庄子之书务诋孔子以信其邪说①,要焚其书、废其徒而后可。其曲直固不足论也,学儒者之言如此。而好庄子之道者曰:庄子之德不以万物干其虑,而能信其道者也。彼非不知仁义也,以为仁义小而不足行己②;彼非不知礼乐也,以为礼乐薄而不足化天下。故老子曰:"道失后德,德失后仁,仁失后义,义失后礼。"③是知庄子非不达于仁义礼乐之意也。彼以为仁义礼乐者，道之末也，故薄之云耳。夫儒者之言善也，然未尝求庄子之意也。好庄子之言者，固知读庄子之书也，然亦未尝求庄子之意也。昔先王之泽至庄子之时竭矣，天下之俗谲诈大作，质朴并散，虽世之学士大夫，未有知贵己贱物之道者也。于是弃绝乎礼义之绪，夺攘乎利害之际④，趋利而不以为辱，殒身而不以为怨，渐渍陷溺以至乎不可救已⑤。庄子病之，思其说以矫天下之弊而归之于正也。其心过虑，以为仁义礼乐皆不足以正之，故同是非、齐彼我、一利害⑥，则以足乎心为得，此其所以矫天下之弊者也。既以其说矫弊矣，又惧来世之遂实吾说⑦，而不见天地之纯、古人之大体也，于是又伤其心于卒篇以自解⑧。故其篇曰："《诗》以道志，《书》以道事，《礼》以道行，《乐》以道和，《易》以道阴阳，《春秋》以道名分。"由此而观之，庄子岂不知圣人者哉？又曰："譬如耳目鼻口，皆有所明，不能相通。犹百家众技，皆有所长，时有所用。"用是以明圣人之道，其全在彼而不在此，而亦自列其书于宋钘⑨、慎到、墨翟、老聃之徒，俱为不该不遍、一曲之士⑩。盖欲明吾之言有为而作，非大道之全云耳。然则庄子岂非有意于天下之弊而存圣人之道乎？伯夷之清，柳下惠之和，皆有矫于天下者也。庄子用其心，亦二圣人之徒矣。然而庄子之言，不得不为邪说比者⑪，盖其矫之过矣。夫矫枉者欲其直也，矫之过则归于枉矣。庄子亦曰：墨子之心则是也，墨子之行则非也。推庄子之心以求其行，则独何异于墨子哉？后之读《庄子》者，善其为书之心，非其为书之说，则可谓善读矣。此亦庄子之所愿于后世之读其书者也。今之读者,挟庄以谩吾儒⑫,曰:庄子之道大哉,非儒之所能及知也! 不知求其意,而以异于儒者为贵,悲夫!

[注释]①信:使……可信。 ②行己:作为立身行事的标准。 ③语见今本《老子》第三十八章,文字有节略。 ④攘:与"夺"同意。 ⑤渐(jiān)渍陷溺:侵染沉湎。已:同"矣"。 ⑥同是非、齐彼我、一利害:即在思维逻辑上认为是亦非非亦是、彼亦我我亦彼、利亦害害亦利。 ⑦实:坐实,质实地理解。 ⑧卒篇:指今本《庄子》的最后一篇《天下》篇。篇中谓先秦诸子百家"多得一察焉以自好","不幸不见天地之纯、古人之大体,道术将为天下裂"。此下引语皆见此篇。 ⑨宋钘:亦称宋牼、宋荣子,约与孟子同时。其学说介乎墨家、道家之间。 ⑩不该不遍、一曲之士:不能该通周遍、拘执于一隅之士。 ⑪比:类。 ⑫谩:欺。

庄 周 下

学者诋周非尧、舜、孔子①,余观其书,特有所寓而言耳。孟子曰:"说《诗》者,不以文害辞,不以辞害意,以意逆志,是为得之。"②读其文而不以意原之,此为周者之所以诋也。周曰:"上必无为而用天下,下必有为而为天下用。"③又自以为处昏上乱相之间④,故穷而无所见其材,孰谓周之言皆不可措乎君臣父子之间? 而遭世遇主,终不可使有为也。及其引太庙牺以辞楚之聘使⑤,彼盖危言以惧衰世之常人耳⑥。夫以周之才岂迷出处之方,而专畏牺者哉? 盖孔子所谓隐居放言者⑦,周殆其人也。然周之说,其于道既反之,宜其得罪于圣人之徒也。夫中人之所及者,圣人详说而谨行之,说之不详、行之不谨则天下弊;

中人之所不及者,圣人藏乎其心而言之略,不略而详则天下惑。且夫谆谆而后喻、详详而后服者⑧,岂所谓可以语上者哉?惜乎,周之能言而不通乎此也!

[注释]①非:否定。 ②语出《孟子·万章上》。以意逆志,谓以己意迎合诗人的旨意而消化理解。 ③语出《庄子·天道》,意谓君主以无为之道治天下,臣下则有为以佐治天下。 ④昏上乱相:昏庸的君主与作乱的卿相。喻时局混乱。 ⑤相传楚国使人聘请庄子,庄子辞之而危言:假如一头用作牺牲的牛被牵入太庙,那么它想做个无用的小牛犊也不可能了。见《庄子·列御寇》。 ⑥惧:使畏惧。 ⑦隐居放言:指隐居不言世务。放,弃。 ⑧详详(náo):争辩之貌,今作"呶呶"。

原　　性

或曰:孟、荀、扬、韩四子者①,皆古之有道仁人;而性者,有生之大本也。以古之有道仁人,而言有生之大本,其为言也宜无惑,何其说之相戾也②?吾愿闻子之所安。

曰:吾所安者③,孔子之言而已。夫太极者④,五行之所由生,而五行非太极也。性者,五常之太极也⑤,而五常不可以谓之性。此吾所以异于韩子。且韩子以仁、义、礼、智、信五者谓之性,而曰天下之性"恶焉而已矣"⑥。五者之谓性,而"恶焉者"岂五者之谓哉?孟子言人之性善,荀子言人之性恶。夫太极生五行,然后利害生焉,而太极不可以利害言也。性生乎情⑦,有情然后善恶形焉,而性不可以善恶言也。此吾所以异于二子。

[注释]①韩:指唐代韩愈。 ②相戾:互相乖违。按:孟子道性善,荀子主性恶,扬子认为人性善恶混,韩子谓性有三品,其说各不同。 ③安:认为

合适。　④太极:古人所称构成物质世界之气的最原始的混沌状态,而指以为宇宙的本原。　⑤五常:近世出土的先秦遗文帛书《五行》和楚简《五行》作仁、义、礼、智、圣,后世则多指仁、义、礼、智、信。　⑥韩愈《原性》主张性之品有上、中、下,上者善,中者可上可下,下者恶。　⑧性生乎情:犹言"性发乎情",即情生于性。

孟子以恻隐之心人皆有之,因以谓人之性无不仁。就所谓性者如其说,必也怨毒忿戾之心人皆无之,然后可以言人之性无不善。而人果皆无之乎？孟子以恻隐之心为性者,以其在内也。夫恻隐之心与怨毒忿戾之心,其有感于外而后出乎中者①,有不同乎？荀子曰其为善者伪也。就所谓性者如其说,必也恻隐之心人皆无之,然后可以言善者伪也。为人果皆无之乎？荀子曰陶人化土而为埴②,埴岂土之性也哉？夫陶人不以木为埴者,惟土有埴之性焉,乌在其为伪也？且诸子之所言,皆吾所谓情也、习也,非性也。扬子之言为似矣,犹未出乎以习而言性也。古者有不谓喜、怒、爱、恶、欲情者乎？喜、怒、爱、恶、欲而善,然后从而命之曰仁也、义也；喜、怒、爱、恶、欲而不善,然后从而命之曰不仁也、不义也。故曰:有情然后善恶形焉。然则善恶者,情之成名而已矣③。孔子曰:"性相近也,习相远也。"④吾之言如此。

然则"上智与下愚不移"有说乎？曰:此之谓智愚;吾所云者,性与善恶也。恶者之于善也,为之则是；愚者之于智也,或不可强而有也⑤。伏羲作《易》,而后世圣人之言也,非天下之至精至神,其孰能与于此？孔子作《春秋》,则游、夏不能措一辞⑥。盖伏羲之智,非至精至神不能与;惟孔子之智,虽游、夏不可强而能也,况所谓下愚者哉? 其不移明矣。

或曰:四子之云尔,其皆有意于教乎? 曰:是说也,吾不知也。圣人之教,正名而已。

[注释] ①中:指内心。 ②埴(zhí):细腻的黄黏土。 ③成名:定名,既定的称谓。 ④此与下"上智"语皆见于《论语·阳货》。 ⑤不可强而有:不可勉强使之具备。 ⑥游、夏:子游、子夏。孔学四科被列入"文学"者。

性　　说

孔子曰:"性相近也,习相远也。"吾是以与孔子也①。韩子之言性也,吾不有取焉。然则孔子所谓"中人以上可以语上,中人以下不可以语上","惟上智与下愚不移",何说也? 曰:习于善而已矣,所谓上智者;习于恶而已矣,所谓下愚者;一习于善,一习于恶,所谓中人者②。上智也,下愚也,中人也,其卒也命之而已矣③。有人于此,未始为不善也,谓之上智可也;其卒也去而为不善,然后谓之中人可也。有人于此,未始为善也,谓之下愚可也;其卒也去而为善,然后谓之中人可也。惟其不移,然后谓之上智;惟其不移,然后谓之下愚。皆于其卒也命之夫,非生而不可移也。且韩子之言弗顾矣,曰性之品三,而其所以为性五。夫仁、义、礼、智、信,孰而可谓不善也? 又曰"上焉者之于五,主于一而行于四";"下焉者之于五,反于一而悖于四"。是其于性也,不一失焉,而后谓之上焉者;不一得焉,而后谓之下焉者。是果性善,而不善者习也。然则尧之朱,舜之均,瞽瞍之舜,鲧之禹,后稷、越椒、叔鱼之事④,后所引者皆不可信邪？曰:尧之朱,舜之均,固吾所谓习于恶而已者;瞽瞍之舜,鲧之禹,固吾所谓习于善而已者。后稷之诗以异云⑤,而吾之所论者常也。诗之言至以为人子而无父,人子而无父犹可以推其质常乎⑥！夫言性亦常而已矣。无以常乎,则狂者蹈火而入河⑦,亦可以为性也。越椒、叔鱼之事,徒闻之左丘明,丘明固不可信也。以言取人,孔子失之宰我;以貌,失之子羽⑧。此两人者,其成人也,孔子朝夕与之居,以言貌取之而失。彼其始生也,妇人者以声与貌定而卒得之,妇人者独有过孔子者邪⑨？

[注释]①与:赞同。　②此处"曰"字下意谓:只习于善的人即称上智,只习于恶的人即称下愚,一会儿习于善、一会儿又习于恶的人即称中人(普通人)。　③其卒也命之:都是根据他最后的选择和表现而称呼的。卒,最终,下同。命,名。　④朱:即丹朱,传说为尧之子。均:即叔均、商均,传说为舜之子。瞽瞍:舜之父。越椒:字伯棼,春秋时楚国贵族。相传其早年即显露"狼子野心",其父欲杀之。楚庄王时官至令尹,以作乱被族灭。事见《左传》宣公四年(前605)。叔鱼:即羊舌鲋,春秋时晋国贵族。晋昭公初年在内乱中被杀,后世被视为贪腐的典型,以致后来相传他出生时,其母即知其必以受贿致败。参见《左传》昭公十三年(前529)、十四年。按:此处所述诸人皆见于韩愈《原性》篇的举例。　⑤后稷之诗以异云:当是指《诗经·大雅·生民》篇所述后稷出生的灵异故事。其诗称后稷因姜嫄踏上帝脚印而孕生,故此处下文谓之"无父"。　⑥质常:质诸性情之常。　⑦狂者:疯人。　⑧《史记·仲尼弟子列传》记载孔子曾说"吾以言取人,失之宰予;以貌取人,失之子羽"。宰我,即宰予,曾屡次对孔子的说法提出异议,又因"昼寝"为孔子所批评,后来孔子改变了对他的成见。子羽,即澹台灭明,初以貌丑不为孔子所重,后成为吴地名师,闻于诸侯。　⑨末句意思是:人出生后即因母亲的声音和面貌

而母子相得,难道妇人的见识还超过孔子吗?按:此指天性使然,非关乎性品。

太　　古

太古之人,不与禽兽朋也几何①?圣人恶之也,制作焉以别之②。下而戾于后世③,侈裳衣,壮宫室,隆耳目之观以嚣天下④,君臣、父子、兄弟、夫妇皆不得其所当然。仁义不足泽其性⑤,礼乐不足锢其情⑥,刑政不足网其恶⑦,荡然复与禽兽朋矣。圣人不作,昧者不识所以化之之术,顾引而归之太古。太古之道,果可行之万世,圣人恶用制作于其间?必制作于其间,为太古之不可行也。顾欲引而归之,是去禽兽而之禽兽,奚补于化哉?吾以为识治乱者,当言所以化之之术。曰归之太古,非愚则诬⑧!

[注释]①朋:群处。　②制作:制定各种规章制度。　③戾:至。　④隆耳目之观以嚣天下:隆盛耳目之欲以示人,而使天下风俗日趋浇薄。观,示。嚣,使轻浮。　⑤泽:滋润。　⑥锢:限制。　⑦网:覆盖,使陷于法网之意。　⑧诬:欺骗。

原　　教

善教者藏其用①,民化上而不知所以教之之源。不善教者反此,民知所以教之之源,而不诚化上之意。

善教者之为教也,致吾义忠,而天下之君臣义且忠矣;致吾孝慈,而天下之父子孝且慈矣;致吾恩于兄弟②,而天下之兄弟相为恩矣;致吾礼于夫妇,而天下之夫妇相为礼矣。天下之君君臣臣、父父子子、兄兄弟弟、夫夫妇妇皆吾教也,民则曰:我何赖于彼哉？此谓化上而不知所以教之之源也。

不善教者之为教也,不此之务③,而暴为之制,烦为之防,劬劬于法令诰戒之间④,藏于府,宪于市,属民于鄙野⑤,必曰:臣而臣,君而君,子而子,父而父,兄弟者无失其为兄弟也,夫妇者无失其为夫妇也;率是也有赏,不然则罪;乡间之师、族鄹之长⑥,疏者时读,密者日告⑦。若是其悉矣,顾不有服教而附于刑者⑧,于是嘉石以惭之⑨,圜土以苦之⑩,甚者弃之于市朝⑪,放之于裔末⑫,卒不可以已也⑬。此谓民知所以教之之源,而不诚化上之意也。

[注释]①藏其用:不显其所以教化的手段。 ②恩:仁爱。 ③不此之务:即"不务此"。 ④劬劬(qú):勤苦,劳苦。 ⑤此三句意谓法令禁条藏于官府,公布于街市,聚民于郊外乡间。宪,公布。属(zhǔ),聚。鄙野,乡下。 ⑥乡间之师、族鄹之长:指居民单位的长吏。《周礼·遂人》载"五家为邻,五邻为里,四里为鄹,五鄹为鄙,五鄙为县,五县为遂",各有长吏以掌其政令刑禁。 ⑦"疏"、"密"句:刑政宽松则定时宣读法令,刑政严密则使民日日告发。读,古称宣读政令、法令为"读法"。 ⑧顾:反而有。不有服教:即"不服教",不顺从教化。附于刑:依法当加处罚。 ⑨嘉石以惭之:《周礼·大司寇》记载古时以嘉石(有文理的大石)置于外朝门左,民有轻罪则加以桎梏而使之坐于石上以悔过,然后强制服劳役。 ⑩圜土:古时圆形地穴式的监狱。 ⑪弃之于市朝:即弃市,判处死刑。 ⑫放之于裔末:即流放边地极远处。 ⑬已:止。

善教者,浃于民心而耳目无闻焉①,以道扰民者也②。不善教者,施于民之耳目而求浃于心,以道强民者也③。

扰之为言,犹山薮之扰毛羽④,川泽之扰鳞介也⑤,岂有制哉⑥?自然然耳。强之为言,其犹囿毛羽、沼鳞介乎⑦?一失其制,脱然逝矣⑧。噫!古之所以为古无异焉,由前而已矣;今之所以不为古无异焉,由后而已矣⑨。

或曰:法令诰戒不足以为教乎?曰:法令诰戒,文也⑩;吾云尔者,本也。失其本而求之文,吾不知其可也。

[注释]①浃:通"洽",沾溉。耳目无闻:指不见行迹。 ②扰:驯化,教化。 ③强(qiǎng):勉强,强迫。 ④山薮:山林。毛羽:鸟兽。 ⑤鳞介:同"鳞甲",鱼鳖之类。 ⑥制:强制。 ⑦囿:园林式饲养。沼:池沼式蓄养。 ⑧脱然:自由之貌。逝:逃。 ⑨此二句意谓古今之异不过是时间上的先后,事理则无异。 ⑩文:成文规定。

原　　过

天有过乎?有之,陵历斗蚀是也①。地有过乎?有之,崩弛竭塞是也②。天地举有过③,卒不累覆且载者何④?善复常也⑤。人介乎天地之间,则固不能无过,卒不害圣且贤者何?亦善复常也。故太甲思庸⑥,孔子曰勿惮改过⑦,扬雄贵迁善⑧,皆是术也。予之朋有过而能悔,悔而能改,人则曰:是向之从事云尔,今从事与向之从事弗类,非其性也,饰表以疑世也⑨。夫岂知言哉⑩?天播五行于万灵,人固备而有之,有而不思则失,思而不行则废。一日咎前之非,沛然思而行之⑪,是失而复得,废而复举也。顾曰非其性,是率天下而戕性也⑫。且如人有财见篡于盗⑬,已而得之,曰"非夫人之财,向篡于盗矣"⑭,可钦不可也？财之在己,固不若性之为己有也,财失复得曰非其财且不可,性失复得曰非其性可乎？

[注释]①陵历斗蚀:指星辰相掩、相过、相犯、相蚀。语见《汉书·天文志》,泛指星象异常。　②崩弛竭塞:山崩、土弛、川涸、堰塞。泛指地震现象。　③举:皆。　④不累覆且载:不会牵累天覆地载。　⑤善复常:善于恢复常规。　⑥思庸:思常道。庸,常。史载商王太甲初立而荒废政事,被执政的伊尹流放于桐宫,至其三年(一说七年)悔过后,又迎其复王位。　⑦《论语·学而》载孔子曰"过则勿惮改"。　⑧《法言·学行》载"君子贵迁善"。　⑨此处"人则曰"意思是:这类事都是过去那样做,与现在做事不同,悔过改过不是他的本性,不过是表面的文饰以迷惑世人。　⑩夫:此。　⑪沛然:感动之意。　⑫戕(qiāng):伤害。　⑬见篡:被偷。　⑭此语意谓:不是这人的财物,往时已被人偷去了。

取　　材

夫工人之为业也,必先淬砺其器用,抡度其材干①,然后致力寡而用功得矣。圣人之于国也,必先遴柬其贤能②,练核其名实③,然后任使逸而事以济矣。故取人之道,世之急务也。自古守文之君④,孰不有意于是哉？然其间得人者有之,失士者不能无焉;称职者有之,谬举者不能无焉。必欲得人称职,不失士,不谬举,宜如汉左雄所议,"诸生试家法,文吏课笺奏"⑤,为得矣。

[注释]①抡度:选择打量。材干:用作木材的树干。　②遴柬:遴选,拣选。　③练核:精加考核。　④守文:用文治守太平。　⑤语出《后汉书·左周黄列传》,意指有学业诸生要考其一家之学,是吏人的要考其撰写表奏的能力。左雄(？—138),字伯豪,官至司隶校尉、尚书。

所谓文吏者,不徒苟尚文辞而已,必也通古今,习礼法,天文人事,政教更张,然后施之职事则以详平政体①,有大议论使以古今参之是也②。所谓诸生者,不独取训习句读而已,必也习典礼,明制度,臣主威仪,时政沿袭,然后施之职事则以缘饰治道③,有大议论则以经术断之是也。以今准古,今之进士,古之文吏也;今之经学,古之儒生也。然其策进士,则但以章句声病苟尚文辞④,类皆小能者为之;策经学者,徒以记问为能⑤,不责大义,类皆蒙鄙者能之⑥。使通才之人,或见赘于时⑦;高世之士,或见排于俗。故属文者至相戒曰:涉猎可为也,诬艳可尚也⑧,于政事何为哉? 守经者曰:传写可为也,诵习可勤也,于义理何取哉? 故其父兄勖其子弟⑨,师长勖其门人,相为浮艳之作,以追时好而取世资也⑩。何哉? 其取舍好尚如此,所习不得不然也。若此之类,而当擢之职位,历之仕涂⑪,一旦国家有大议论,立辟雍明堂损益礼制⑫,更著律令决谳疑狱⑬,彼恶能以详平政体,缘饰治道,以古今参之,以经术断之哉? 是必唯唯而已。文中子曰:"文乎,文乎,苟作云乎哉? 必也贯乎道。学乎,学乎,博诵云乎哉? 必也济乎义。"⑭故才之不可苟取也久矣。必若差别类能⑮,宜少依汉之笺奏、家法之义。策进士者若曰:邦家之大计何先? 治人之要务何急? 政教之利害何大? 安边之计策何出? 使之以时务之所宜言之,不直以章句声病累其心。策经学者宜曰:礼乐之损益何宜? 天地之变化何如? 礼器之制度何尚? 各傅经义以对⑯,不独以记问传写为能。然后署之甲乙以升黜之⑰,庶其取舍之鉴灼于目前⑱,是岂恶有用而事无用、辞逸而就劳哉⑲?故学者不习无用之言则业专而修矣,一心治道则习贯而入矣⑳。若此之类,施之朝廷,用之牧民,何向而不利哉?其他限年之议亦无取矣㉑。

[注释]①详平(pián)政体:精详辨治为政事体。 ②大议论:指朝廷集议国家大事。 ③缘饰:修补润色。 ④章句声病:指讲究排比对偶的骈体文。句意谓进士考诗赋而但崇尚文章词藻。 ⑤记问:指经学考试的帖经所强调的背诵。 ⑥蒙鄙:蒙昧浅陋。 ⑦见赘:只被作为陪衬。 ⑧诬艳:虚浮艳丽。 ⑨勖(xù):勉励。 ⑩世资:用世之资,指用作博取功名的工具。 ⑪涂:通"途"。 ⑫辟雍明堂:古代天子布政之所。此泛指礼制设施。 ⑬更著:更改修订。决谳:判决定案。 ⑭此引文见于文中子《中说》,今本《中说·天地篇》作如下著录:"学者博颂云乎哉?必也贯乎道。文者苟作云乎哉?必也济乎义。"文中子,即隋代儒学家王通(580—617)。字仲淹,出身河东望族,平生以著述讲学为业,死后其门人私谥文中子,又仿《论语》编其问答之语为《中说》十篇,亦称《文中子》。 ⑮差别类能:区别其治学类型和才能。 ⑯傅:依凭,依据。 ⑰署之甲乙:即评判定其等次。 ⑱庶:庶几,差不多。取舍之鉴:用或不用的鉴定。灼于目前:一目了然。灼,明。 ⑲恶(wū):疑问词,何必。有用而事无用:以有用之才而从事无用之学。辞逸而就劳:放弃轻松的治学方式而趋从辛苦的途径。 ⑳习贯:本义指研习贯通,引申为"习惯"。入:入门,得深入堂奥之门径。 ㉑限年之议:指取才用才方面的限制年龄等规定。

兴　　贤

国以任贤使能而兴,弃贤专己而衰①,此二者必然之势,古今之通义,流俗所共知耳。何治安之世有之而能兴,昏乱之世虽有之亦不兴?盖用之与不用之谓矣。有贤而用,国之福也;有之而不用,犹无有也。商之兴也,有仲虺、伊尹②;其衰也,亦有三仁③。周之兴也,同心者十人④;其衰也,亦有祭公谋父、内史过⑤。两汉之兴也,有萧、曹、寇、邓之徒⑥;其衰也,亦有王嘉、傅喜、陈蕃、李固之众⑦。魏晋而下至于李唐,不可遍举。然其间兴衰之世,亦皆同也。由此观之,有贤而用之者,国之福也;有之而不用,犹无有也。可不慎欤!今犹古也,今之天下亦古之天下,今之士民亦古之士民。古虽扰攘之际,犹有贤能若是之众,况今太宁,岂曰无之?在君上用之而已。博询众庶则才能者进矣⑧,不有忌讳则谠直之路开矣⑨,不迩小人则谗谀者自远矣,不拘文牵俗则守职者辨治矣⑩,不责人以细过则能吏之志得以尽其效矣。苟行此道,则何虑不跨两汉、轶三代⑪,然后践五帝三皇之涂哉?

[注释]①专己:专用己意,独裁。 ②仲虺(huǐ)、伊尹:商汤时贤大臣,史书记为汤之左右相。 ③三仁:指商末为纣王所迫害的比干、箕子、微子。 ④同心者十人:即《尚书·泰誓中》和《论语·泰伯》所称的"乱(治)臣十人",或说指周公旦、召公奭、太公望、毕公、荣公、太颠、闳夭、散宜生、南宫适及武王之母太姒。 ⑤祭公谋父:周穆王时大臣。内史过:东周惠王、襄王时史官。 ⑥萧、曹、寇、邓:即西汉初萧何、曹参,东汉初寇恂、邓禹。 ⑦王嘉、傅喜:西汉末年哀帝时大臣。陈蕃、李固:东汉党锢之祸中的著名人物。 ⑧博询众庶:指广泛征求众人意见而搜访人才。 ⑨不有忌讳:指朝廷许臣下上言时政无忌讳。谠直:正直无私而敢言。 ⑩拘文牵俗:拘泥于文牍,牵制于流俗。 ⑪跨、轶:皆超过之意。

委 任

人主以委任为难,人臣以塞责为重①。任之重而责之重可也,任之轻而责之重不可也。愚无他识②,请以汉之事明之。高祖之任人也,可以任则任,可以止则止。至于一人之身,才有长短,取其长则不问其短;情有忠伪,信其忠则不疑其伪。其意曰:我以其人长于某事而任之,在它事虽短何害焉?我以其人忠于我心而任之,在它人虽伪何害焉?故萧何,刀笔之吏也,委之关中,无复西顾之忧③;陈平,亡命之虏也,出捐四万余金,不问出入④;韩信,轻猾之徒也,与之百万之众而不疑⑤。是三子者,岂素著忠名哉?盖高祖推己之心而置于其心⑥,则它人不能离间而事以济矣。

[注释]①塞责:指尽职尽责。 ②愚:自称的谦辞。 ③楚汉之争时,刘邦使萧何镇守关中,自统兵争天下而无后顾之忧。 ④楚汉之争时,刘邦出黄金四万斤给陈平,使之贿赂和离间关东诸侯,不问其来去。 ⑤刘邦初用韩信,即命之为大将军,使统领所有军兵。 ⑥推己之心而置于其心:即成语"推心置腹",充分信任之意。

后世循高祖则鲜有败事,不循则失。故孝文虽爱邓通,犹逞申屠之志①;孝武不疑金、霍,终定天下大策②。当是时,守文之盛者,二君而已。元、成之后则不然,虽有何武、王嘉、师丹之贤,而胁于外戚竖宦之宠,牵于帷嫱近习之制③,是以王道寖微,而不免负谤于天下也。中兴之后,唯世祖能驭大臣,以寇、邓、耿、贾之徒为任职④,所以威名不减于高祖。至于为子孙虑则不然⑤,反以元、成之后三公之任多胁于外戚竖宦、帷嫱近习之人而致败,由是置三公之任而事归台阁,以虚尊加之而已⑥。然而台阁之臣位卑事冗，无所统一，而夺于众多之口，此其为胁于外戚竖宦、帷嫱近习者愈矣；至于治有不进、水旱不时、灾异或起，则曰三公不能燮理阴阳而策免之⑦，甚者至于诛死，岂不痛哉！冲、质之后，桓、灵之间，因循以为故事，虽有李固、陈蕃之贤，皆挫于阉寺之手。其余则希世用事⑧，全躯而已，何政治之能立哉？此所谓任轻责重之弊也。

[注释]①此指汉文帝既用宠臣邓通，又纵容丞相申屠嘉抑制邓通而欲诛之之事。见《汉书·申屠嘉传》。　②此指汉武帝晚年信用霍光、金日䃅(mìdī)，最终二人拥立汉昭帝即位事。见《汉书·霍光金日䃅传》。　③帷嫱近习：宫闱女官和左右亲信。　④寇、邓、耿、贾：指东汉初功臣寇恂、邓禹、耿弇、贾复。　⑤为子孙虑：指皇位的巩固和传承。　⑥以上指西汉末元帝、成帝时，三公之任多被外戚、宦官、宫女胁持而致败。东汉初光武帝惩治其弊，遂架空太尉、司徒、司空三公，使之徒具虚名，一切权力归于尚书台。由此反而导致后来东汉王朝更为严重的外戚、宦官专权。　⑦燮(xiè)理阴阳：调和阴阳。句意指以政事不举和灾异等作为归罪于三公的借口。　⑧希世用事：为官处事迎合世俗。

噫！常人之性，有能有不能，有忠有不忠，知其能则任之重可也，谓其忠则委之诚可也。委之诚者，人亦输其诚；任之重者，人亦荷其重。使上下之诚相照，恩结于其心，是岂禽息鸟视而不知荷恩尽力哉①？故曰：不疑于物，物亦诚焉。且苏秦不信天下，为燕尾生②。此一苏秦倾侧数国之间、于燕独以然者，诚燕君厚之之谓也。故人主以狗彘畜人者③，人亦狗彘其行；以国士待人者，人亦国士自奋④。故曰：常人之性，有能有不能，有忠有不忠，顾人君待之之意何如耳。

[注释]①禽息鸟视:本意指圈中走兽和笼中飞鸟得到很好的息养和照料。喻人臣生活优渥而庸碌无为、不思用世。禽,兽。　②此句意指苏秦不为天下所信任,却为燕国之尾生。苏秦,战国纵横家,曾得燕昭王重用,主张合纵关东六国抗秦,挂六国相印,多以阴谋离间诸侯关系。尾生,传闻的守信用者,相传他与一女子约会于桥下,女子未至而水至,他守信不去,遂抱柱而死。　③以狗彘畜人:蓄养手下人如狗彘。彘(zhì),猪。　④国士:对国家有用的优秀人才。

知　人

贪人廉,淫人洁,佞人直,非终然也,规有济焉尔①。王莽拜侯,让印不受,假僭皇命,得玺而喜,以廉济贪者也②。晋王广求为冢嗣,管弦遏密,尘埃被之,陪扆未几,而声色丧邦,以洁济淫者也③。郑注开陈治道,激昂颜辞,君民翕然,倚以致平,卒用奸败,以直济佞者也④。于戏⑤!知人则哲,惟帝其难之,古今一也。

[注释]①首句意谓贪婪之人有时表现得清廉,淫乱之人有时表现得贞洁,奸邪之人有时表现得正直,并非到底他们就清廉、贞洁、正直,只不过他们的算计是以清廉、贞洁、正直济成其贪婪、淫乱、奸邪。规,计划,算计。　②此指西汉末王莽僭位前曾屡辞封爵,示天下以谦恭,以此沽名钓誉,而又假借皇天上帝的名义,见伪造的"天帝行玺"而窃喜。事见《汉书·王莽传上》。③此指隋炀帝在其父文帝生前,为攫取太子之位,伪装好学,藏其乐器有如尘封,而践位未久,即以耽溺于声色而亡国。事见《隋书·炀帝纪》。晋王广,指隋炀帝杨广,其即位前封晋王。遏密,指抑制声色而藏其乐器。陪扆,犹言即位。古称天子庙堂户牖之间绣有斧形纹的屏风为扆,陪扆即指就皇位。　④此指唐宪宗时佞臣郑注始以正直见称,曾设计诛除宦官,朝廷倚以为重,但不久即被杀。事见新、旧《唐书》本传。　⑤于戏:同"呜呼"。

风　　俗

夫天之所爱育者民也，民之所系仰者君也。圣人上承天之意①，下为民之主，其要在安利之；而安利之要不在于它，在乎正风俗而已。故风俗之变，迁染民志，关之盛衰，不可不慎也。

君子制俗以俭，其弊为奢，奢而不制，弊将若之何？夫如是，则有殚极财力僭渎拟伦②，以追时好者矣。且天地之生财也有时，人之为力也有限，而日夜之费无穷，以有时之财、有限之力以给无穷之费，若不为制，所谓积之涓涓而泄之浩浩③，如之何使斯民不贫且滥也④？国家奄有诸夏，四圣继统⑤，制度以定矣，纪纲以缉矣，赋敛不伤于民矣，徭役以均矣，升平之运未有盛于今矣，固当家给人足，无一夫不获其所矣。然而窭人之子，裋褐未尽完⑥；趋末之民⑦，巧伪未尽抑。其故何也？殆风俗有所未尽淳欤！

[注释]①圣人：此指君主。　②殚极：极尽。僭渎拟伦：僭越和亵渎礼制以相攀比。　③积之涓涓而泄之浩浩：积蓄如涓涓细流，发泄如浩浩大波。　④贫且滥：财用匮乏而花费又漫无节制。　⑤"国家"句：指宋朝统一了华夏，太祖、太宗、真宗、仁宗相继在位。按：王安石此篇当作于英宗治平年间。　⑥窭(jù)人：穷苦之人。裋褐(shù hè)：粗敝的布衣。　⑦末：指妨害农业的工商业。

且圣人之化，自近及远，由内及外。是以京师者，风俗之枢机也，四方之所面内而依仿也。加之士民富庶，财物毕会,难以俭率,易以奢变。至于发一端,作一事,衣冠车马之奇,器物服玩之具,旦更奇制,夕染诸夏。工者矜能于无用,商者通货于难得,岁加一岁,巧眩之性不可穷①,好尚之势多所易。故物有未弊而见毁于人,人有循旧而见嗤于俗。富者竞以自胜,贫者耻其不若,且曰:彼人也,我人也,彼为奉养若此之丽,而我反不及。由是转相慕效,务尽鲜明②,使愚下之人,有逞一时之嗜欲,破终身之资产而不自知也。且山林不能给野火③,江海不能实漏卮④,淳朴之风散则贪饕之行成⑤,贪饕之行成则上下之力匮。如此则人无完行,士无廉声,尚陵逼者为时宜⑥,守检押者为鄙野⑦,节义之民少,兼并之家多,富者财产满布州域,贫者困穷不免于沟壑。夫人之为性,心充体逸则乐生,心郁体劳则思死。若是之俗,何法令之能避哉⑧?故刑罚所以不措者,此也。且坏崖破岩之水,原自涓涓;干云蔽日之木,起于青葱。禁微则易,救末者难。所宜略依古之王制,命市纳贾以观好恶⑨,有作奇技淫巧以疑众者纠罚之⑩,下至物器馔具⑪,为之品制以节之⑫;工商逐末者,重租税以困辱之,民见末业之无用而又为纠罚困辱,不得不趋田亩。田亩辟则民无饥矣,以此显示众庶⑬,未有辇毂之内治而天下不治矣⑭。

[注释]①巧眩之性:执迷于工巧的习性。 ②鲜明:指衣服器物的鲜艳亮丽。 ③山林不能给野火:山林不足以供野火焚烧。喻生成有限。 ④江海不能实漏卮(zhī):江海之水灌不满漏水的器物。卮,酒器,此泛指盛器。 ⑤贪饕(tāo):二字皆贪婪之意。 ⑥陵逼:指兼并之家的欺凌。 ⑦检押:犹规矩、法度。此指节俭有度。 ⑧何法令之能避:如何能避免法令的制

裁而不犯罪。　⑨命市纳贾:语见《礼记·王制》,旧注谓指命市场之官纳进物价记录。贾,通"价"。以观好恶:以察民众好恶的风俗。　⑩疑众:惑众。　⑪馔具:炊具。　⑫品制:类别与形制。　⑬显示:公布开示。　⑭辇毂(niǎn gǔ)之内:犹言帝王车舆之下,代指京师。

推　命　对

吴里处士有善推命、知贵贱祸福者①,或俾予问之②,予辞焉。他日复以请,予对曰:夫贵若贱③,天所为也;贤不肖,吾所为也。吾所为者,吾能自知之;天所为者,吾独懵乎哉④?吾贤欤,可以位公卿欤,则万钟之禄固有焉;不幸而贫且贱,则时也。吾不贤欤,不可以位公卿欤,则箪食豆羹无歉焉⑤;若幸而富且贵,则咎也⑥。此吾知之无疑,奚率于彼者哉⑦?且祸与福,君子置诸外焉。君子居必仁,行必义,反仁义而福,君子不有也;由仁义而祸,君子不屑也。是故文王拘羑里⑧,孔子畏于匡⑨,彼圣人之智,岂不能脱祸患哉?盖道之存焉耳。

[注释]①吴里处士:吴地隐处民间的士人。　②俾(bǐ):使。　③若:或。　④懵(měng):昏昧无知。　⑤箪食豆羹:以粗陋的筐子盛饭,以简易的陶豆煮汤。喻衣食简朴。箪,盛饭的竹器。豆,古代盛食物的器皿。　⑥咎:祸,招致祸患。　⑦奚:为何。率于彼:向他人(贤者)看齐。　⑧文王拘羑(yǒu)里:史载周文王在商末曾被纣王拘禁于羑里(在今河南汤阴)。　⑨孔子畏于匡:指孔子周游列国时,曾于匡地(在今河南长垣)被围困。

曰:子以为贵若贱,天所为也。然世贤而贱、不肖而贵者,亦天所为欤?曰:非也。人不能合于天耳。夫天之生斯人也,使贤者治不贤,故贤者宜贵,不贤者宜贱,天之道也。择而行之者,人之谓也。天人之道合,则贤者贵、不肖者贱;天人之道悖,则贤者贱而不肖者贵也。天人之道悖合相半,则贤不肖或贵或贱。尧、舜之世,元凯用而四凶殛①,是天人之道合也。桀、纣之世,飞廉进而三仁退②,是天人之道悖也。汉魏而下,贤不肖或贵或贱,是天人之道悖合相半也。盖天之命一,而人之时不能率合焉③。故君子修身以俟命,守道以任时,贵贱祸福之来不能沮也④。子不力于仁义以信其中⑤,而屑屑焉甘意于诞谩虚怪之说⑥,不已溺哉⑦!

[注释]①元凯:指贤臣。四凶殛:指共工、驩兜、鲧、三苗被流放。 ②飞廉:传说以为商纣王时的谄媚之臣。三仁:指纣王时因直言进谏被迫害的比干、箕子、微子。 ③率合:皆合。 ④沮:使之沮丧、颓废。 ⑤中:中道。此指贵贱不移。 ⑥屑屑:执著之貌。诞谩:荒诞欺骗。 ⑦溺:沉溺。

汴　说

古者卜筮有常官,所诹有常事①;若考步人生辰星宿所次②,訾相人仪状色理③,逆斥人祸福④,考信于圣人无有也。不知从何许人传宗其说者⑤,澶漫四出⑥,抵今为尤蕃⑦,举天下而籍之⑧,以是自名者盖数万不啻,而汴不与焉⑨。举汴而籍之⑩,盖亦以万计。

[注释]①诹(zōu):询问。常事:某些固定的事体。 ②考步:即推步,推算。人生辰星宿所次:即人的生辰八字所对应的天上星宿所处的位置。 ③訾(zǐ)相:指带有迷信色彩的看相。仪状色理:仪态、相貌、脸色、皮肤纹理

等。　④逆斥：即预测。逆，预料。斥，指出。　⑤传宗：承传与尊崇。　⑥澶(chán)漫：泛滥。　⑦蕃：繁多，盛行。　⑧籍：估算，估计。　⑨汴(biàn)：即本篇所称的"汴术"，犹言"法术"，实指中世纪贵族延请道士、僧人等为之作法事的迷信活动。汴，通"卞"，法，如佛家传教的"法语"又称"卞语"。　⑩举汴而籍之：指仅仅列举汴术的活动方式而估算之。

予尝视汴之术士，菩挟奇而以动人者①。大祀官庐，服舆食饮之华，封君不如也②。其出也或召焉，问之某人也，朝贵人也；其归也或赐焉③，问之某人也，朝贵人也。坐其庐旁，历其人之往来④，肩相切，踵相籍，穷一朝暮，则已错不可计⑤。窃异之且窃叹曰：吾侪治先圣人之言而修其术，张之能为天子营太平，敛之犹足以禔身正家⑥，顾未尝有公卿彻官若是其即之勤也⑦。或曰：子知乎渴者期于浆⑧，疾者期于医治然也？子诚能为天子营太平，禔身正家。彼所存势与位尔⑨，势不盈、位不充则热中⑩，热中则惑；势盈位充矣，则病失之⑪，病失之则忧惑。且忧则思决⑫，以彼为能决，子亦能乎？不能，则无异其即彼疏此也⑬。因瘖不复异⑭。久之，补吏淮南⑮，省亲江南，有金华山人者率然相过⑯，自言能逆斥祸福。噫！今之世，子之术奚适而不遇哉⑰？因以《汴说》谂之⑱。

[注释]①菩(pú)：指佛教。挟奇：持其奇诡之术。　②此句意指达官贵人的庐舍有隆重的祭祀活动，为之作法事者的衣服、车马、饮食之奢华，连有封爵的贵族也比不上。　③赐：指赐予的钱财器物等。　④历：点阅，察看而计算其人数。　⑤此处指参加法事活动的人摩肩接踵，尽一整天，人数已杂乱不可计。籍，践踏。错，杂乱。　⑥张之：指在官而施展。敛之：指不在官而收敛。禔(tí)身正家：安身而治家。　⑦彻官：达官。即之勤：指从事法事

活动之频繁。 ⑧浆:饮料。 ⑨彼所存势与位:指达官贵人所依存的是权势和爵位。 ⑩热中:中医学名词,即内热,虚火上攻。句意指急于攫取充盈的势位而烦躁。 ⑪病失:以失去为心病,即担心失去。 ⑫忧则思决:有忧虑则想(对吉凶祸福)作出判断。 ⑬无异其即彼疏此:意指不必怪其迷惑于法事而疏远儒术。异,以为怪异。 ⑭寤:通"悟",领悟。 ⑮补吏淮南:此指皇祐间王安石迁舒州通判。 ⑯金华山人:金华山道士。率然:洒脱飘逸之貌。 ⑰奚适而不遇:到哪里而不被接待。 ⑱谂(shěn):规谏。

己集 杂著

议 茶 法

国家罢榷茶之法①,而使民得自贩,于方今实为便,于古义实为宜,而有非之者。盖聚敛之臣,将尽财利于毫末之间,而不知与之为取之过也②。夫茶之为民用,等于米盐,不可一日以无,而今官场所出③,皆粗恶不可食,故民之所食大率皆私贩者。夫夺民之所甘而使不得食,则严刑峻法有不能止者,故鞭扑流徒之罪未常少弛,而私贩私市者亦未尝绝于道路也。既罪榷之之法,则凡此之为患皆可以无矣。然则虽尽充岁入之利④,亦为国者之所当务也。况关市之入,自足侔昔日之利乎?昔桑弘羊兴榷酤之议⑤,当时以为财用待此而给,万世不可易者;然至霍光不学无术之人,遂能屈其论而罢其法,盖义之胜利久矣⑥。今朝廷之治,方欲刬百代之弊而复尧、舜之功⑦,而其为法度,乃欲出于霍光之所羞为者⑧,则可乎?以今之势,虽未能尽罢榷货,而能缓其一⑨,亦所以示上之人恤民之深而兴治之渐也。彼区区聚敛之臣,务以求利为功,而不知与之为取,上之人亦当断以义,岂可以人人合其私说,然后行哉?扬雄曰:"为人父而榷其子,纵利,如子何?"⑩以雄之聪明,其讲天下之利害,宜可信。然则今虽国用甚不足,亦不可以复易已行之法矣⑪。是以国家之势,苟修其法度,以使本盛而末衰⑫,则天下之财不胜用,庸讵而必区区于此哉?

[注释]①榷茶之法:茶叶由政府专收专卖及向产茶园户和商人征税的制度。榷,指专卖制度。宋代曾于嘉祐四年(1059)罢榷茶,允许茶商与园户直接交易。 ②与之为取:有给予才能有收取。喻国家理财之道,必先利民,方可取之于民。 ③官场:指设有官吏主管榷茶事宜的茶场。宋初有淮南十三山场,自嘉祐间弛茶禁而相继废。 ④岁入:指国家财政。 ⑤榷酤:指汉武帝时由理财大臣桑弘羊(前152—前80)主持推行的盐、铁、酒官营政策。 ⑥义之胜利:义胜于利。此实指汉昭帝时反对盐铁官营者对桑弘羊理财政策的攻击和否定。时霍光(?—前68)专权,曾于始元六年(前81)召开盐铁会议,废罢全国的酒类专卖和关内铁官。 ⑦划(chǎn):铲平,除去。 ⑧霍光之所羞为:喻指聚敛财富而与民争利。 ⑨缓其一:缓行榷货之一,指罢榷茶。 ⑩语出《法言·寡见》。 ⑪不可以复易已行之法:指茶禁已弛的措施不宜再变。 ⑫使本盛而末衰:指利农强本而抑制妨农的工商业。

茶商十二说

臣窃以须仰巨商有十二之损①,为害甚广,请试陈之。

须仰巨商,巨商数少,相率既易②,邀赇遂繁③。故有场饶④,明减暗减⑤,累累不已,岁数百万⑥。是饶减之损一也。

[注释]①须仰:依赖。此指官府榷茶许商人转销,而对大商人多所依赖。 ②相率:相互结伙。 ③邀贱:指与官府讨价还价,要求尽量压低其领茶的价格。 ④场饶:指茶场的产量高。饶,多。 ⑤明减暗减:明里暗里压低茶价。 ⑥岁数百万:指官府每年因此减少的榷茶收入就达数百万缗。

又既仰巨商,巨商稀少,积压等候,陈损既多,或弃或焚,或充杂用①。此税既陷②,正税又饶③。是陷税之损二也。

又既仰巨商,饶丰价薄④,园民困耗⑤,逋欠岁程⑥。至如石桥一场⑦,祖额一百七万⑧,而近岁买纳⑨,才得十万⑩。而亏及累年,便乞减额。是退额之损三也。

[注释]①杂用:指茶叶挪作他用。 ②此税:指所收茶商的专卖税。陷:降落,即减少。 ③正税:指所收茶农的租税。 ④饶丰价薄:产茶多则价钱低。 ⑤困耗:被迫减产。 ⑥逋欠岁程:拖欠每年的额定标准。 ⑦石桥一场:石桥茶场,在宋代蕲州蕲水县石桥镇,今属湖北浠水县。 ⑧祖额一百七万:最初定额107万斤。 ⑨买纳:征购。 ⑩才得十万:沈括《梦溪笔谈》卷十二载嘉祐六年(1061)"石桥场买茶五十五万斤,卖钱三万六千八十贯"。

又既仰巨商,须凭力禁,是以捕捉之旅所在屯布①,掩缉之众弥占川落②。官员请俸③,卒旅衣粮,扰民费财④,总计不细。是力禁之损四也。

又既仰巨商,须置榷务⑤。诸郡津置⑥,或数千里,所载纲运⑦,率自省破⑧。船材兵费,风波盗窃⑨,每岁之计,不为不甚。是远萃之损五也⑩。

[注释]①捕捉之旅:指抓捕私贩的军兵。 ②掩缉:突袭搜捕。弥占川

落:布满河川村落。　③请俸:即请给,亦即俸禄,合称请俸。　④抚民:指安抚民众。《周礼·太宰》"抚万民"郑玄注:"抚,犹驯也。"本指驯养,转意为安抚。　⑤榷务:榷茶的机构。　⑥津置:在渡口设置机构。　⑦纲运:此指水路运输。成批运送货物,以若干船只为一组,称为一纲,谓之"纲运"。　⑧率自省破:指皆由中央三司(计省)支出费用。破,支破,即破费支出。　⑨风波盗窃:指船只遇风浪倾覆的损失及货物被盗的风险。　⑩远萃:远途集聚。萃,聚。

又既仰巨商,必先多备,茶体轻怯①,难掌易损。架阁利燥②,封角利密③,而官数浩瀚,堆积敖廪④,风枯雨湿,气味失夺,俟售待给,已反陈损。是堆积之损六也。

又失物分⑤:轻则得众,得众则易竭⑥;今仰巨商,本不及数千缗则不能行,是分重而不得众也,故难竭而成积滞⑦。分重之损七也。

[注释]①轻怯:轻弱,分量轻而不耐拨弄。　②架阁利燥:藏架子上宜于干燥。　③封角利密:封装和缄束越严密越好。　④敖廪:廒仓,贮藏库。敖,通"廒"。　⑤失物分:指茶叶专卖的批次不合理。　⑥此处意指每批专卖的茶叶总量较少(总价为轻)则买者多,买者多即容易售罄。　⑦以上意谓经大商人转手专卖,每批的本钱不到数千缗则不能行销,如此则分量太大而买者少,即难以售罄而造成积压。

又凡货,利己则精心①,精心则货善,货善则易售。今仰巨商,非己甚众②:始从小户,次输主人,方纳官场,复支商旅③。是以小户偷窃④,主人敔杂⑤,奸吏容庇⑥,皆以非己,而致货不善也。是非己之损八也。

又既仰巨商,遂为二等⑦,新好者支算商旅⑧,低陈者留卖南中⑨。食用不堪,遂皆私易,故一县大率每岁以茶被刑者⑩,往往百数。是烦刑之损九也。

[注释] ①利己:为己有而利之。 ②非己甚众:非为己有的环节太多。 ③此处指茶叶官营的程序:茶叶生产从租佃种茶的小农户开始,然后将茶叶上交茶园主,才又由茶园主缴纳于官府的茶场,再由官场支给茶商专卖。按:宋代大多数茶园属于私人占有,园户有实力者则出租经营,故有小户与主人之别。 ④偷窃:指私下苟且制作。 ⑤殽杂:指将各种类型的茶制品相混杂。 ⑥容庇:指包庇各种不法行为。 ⑦二等:指茶叶有好坏之分。 ⑧"新好"句:指种茶园户将新茶好茶卖给入中的茶商。宋代募商人人纳粮草于规定的沿边地点,发给钞引,使至京师或他处领取现金或金银、盐、茶、香药等,谓之入中。入中折算茶叶则称算茶或入算茶,故此称"支算"。又有贴射法,即商人贴纳官买官卖每斤茶叶应得的净利后,便可凭官给的券据直接向园户买茶出售。 ⑨"低陈"句:指劣质和陈年茶留下来卖给官府。南中,指中央榷货务在南方产茶地区所设的派出机构。 ⑩以茶被刑:指因私贩茶叶而被刑处。

又既仰巨商,茶多积坏,坏不堪卖,遂转蚕茶①。俵给户民②,悉不堪食,虚纳所直③,诸郡甚多。是剡本之损十也④。

又巨商悉系通商南方,尽从官卖。官卖既不堪食,多配寺院、茶坊,茶多弃损,钱实虚敛。是削民之损十一也⑤。

既仰巨商,货终难尽,诸般折给⑥,从是生焉。虽依元价折钱变卖⑦,杂收什一⑧,请实虚损⑨,官亦虚损。是刻士之损十二也⑩。

其为害广也如此,不可不去也。

[注释]①蚕茶:被茶蚕(一种茶树害虫)食过的茶叶,指劣质茶。 ②俵给:配给,指政府强行摊派。 ③直:通"值"。 ④剗本:折本,不抵本钱。 ⑤削民:剥夺民众。 ⑥折给:指园户将积压的茶叶降价出售或易他物变卖以纳税。实际相当于一种变相的加税。 ⑦元价:原价。折钱:即降价。 ⑧杂收什一:拉杂收取原价的十之一二。 ⑨请实虚损:实际徒然损耗。请实,犹"情实"。 ⑩刻士:刻察、苛察,指苛捐杂税。《尔雅·释诂》:"士,察也。"

乞制置三司条例①

窃观先王之法,自畿之内赋入精粗以百里为之差②,而畿外邦国各以所有为贡,又为经用通财之法以懋迁之③。其治市之货财,则亡者使有④,害者使除;市之不售、货之滞于民用,则吏为敛之,以待不时而买者。凡此,非专利也⑤。盖聚天下之人不可以无财,理天下之财不可以无义。夫以义理天下之财,则转输之劳逸不可以不均,用度之多寡不可以不通,货贿之有无不可以不制,而轻重敛散之权不可以无术。

今天下财用窘急无余,典领之官拘于弊法,内外不以相知,盈虚不以相补。诸路上供,岁有定额,丰年便道可以多致而不敢不赢⑥,年俭物贵难于供备而不敢不足。远方有倍蓰之输⑦,中都有半价之鬻⑧,三司、发运使按簿书促期会而已⑨,无所可否增损于其间。至遇军国、郊祀之大费,则遣使划刷⑩,殆无余藏。诸司财用事,往往为伏匿,不敢实言,以备缓急。又忧年计之不足,则多为支移折变以取之⑪,民纳租税数至,或倍其本数。而朝廷所用之物，多求于不产，责于非时，富商大贾因时乘公私之急，以擅轻重敛散之权。臣等以谓发运使总六路之赋入⑫，而其职以制置茶、盐、矾税为事，军储国用多所仰给。宜假以钱货，继其用之不给⑬，使周知六路财赋之有无而移用之⑭。凡籴买税敛上供之物⑮，皆得徙贵就贱，用近易远，令在京库藏年支见在之定数所当供办者⑯，得以从便变卖，以待上令。稍收轻重敛散之权⑰，归之公上，而制其有无，以便转输省劳费，去重敛，宽农民，庶几国用可足、民财不匮矣。所有本司合置官属⑱，许令辟举，及有合行事件，令依条例以闻奏，下制置司参议施行。

[注释]①制置三司条例：即制定处置三司事务的条例法规，其机构即称制置三司条例司。是为王安石变法之初的决策机构，熙宁二年（1069）二月置，"掌经画邦计，议变旧法，以通天下之利"《宋史·职官志》）。次年五月废去，其权归于中书。　②精粗：指贡物的品类。差（cī）：等次。　③经用：常行的。懋迁：贸易，互通有无。　④亡：无。　⑤专利：专擅天下之利。　⑥便道：条件好的地区。　⑦倍蓰：一倍或数倍。　⑧中都：京城。鬻：出售。　⑨按簿书促期会：意指按登记册子督促如期缴纳。　⑩划刷：搜刮，征调。　⑪支移折变：为两种输纳赋税的方式。送纳赋税有固定地点，以有余补不足，则移此输彼，移近输远，谓之支移。征敛赋税有固定物品，一时所需而不足者，则折价变取其他物品，谓之折变。支移远处者或可纳脚钱以免支移，折变物色者则常不等价而多收，皆成为变相的加税。　⑫发运使、六路：见前《看详杂议》篇注。　⑬继其用之不给：使其不足开支的费用能够接续。　⑭移用：犹调剂。　⑮籴买：征购。　⑯年支见在之定数：目前每年开支的固定数量。见在，即"现在"。　⑰稍：逐渐。　⑱合：应当。

先大夫述①

王氏其先出太原，今为抚州临川人，不知始所以徙。

其后有隐君子某②,生某③,以子故赠尚书职方员外郎。职方生卫尉寺丞某,公考也④。公讳某,始字损之⑤,年十七,以文干张公咏⑥,张公奇之,改字公舜良。

祥符八年,得进士第,为建安主簿。时尚少,县人颇易之⑦,既数月,皆畏翕然⑧,令赖以治⑨。尝疾病,阖县为祷祠。县人不时入税⑩,州咎县⑪,公曰:"孔目吏尚不时入税⑫,贫民何独为邪?"即与校至府门⑬,取孔目吏以归,杖二十,与之期三日。尽期,民之税亦无不入,自将已下皆侧目⑭。

[注释]①先大夫:指王安石之父王益。 ②隐君子某:指王安石高祖父。隐,指不曾仕宦。 ③某:指王安石曾祖父王明。赠尚书职方员外郎。 ④公考:先公的父亲,即王安石祖父王用之。官至卫尉寺丞。 ⑤损之:原作"捐之",当是误刻,据缪氏本《王临川全集》及《文章辨体汇选》卷六二八、《临江府志》卷十一所引改。 ⑥干:干谒,为求引荐而谒见。张公咏:张咏(946—1015),字复之,真宗时官至礼部尚书。 ⑦易:轻视。 ⑧畏翕然:畏惧顺从。 ⑨令:县令。 ⑩不时入税:不按时纳税。 ⑪咎:归罪。 ⑫孔目吏:官府吏人头目。 ⑬校:军校,指驻防当地的低级武官。 ⑭将已下:将领以下。

为判官临江军,守不法①,公遇事辄据争之,以故事一政②。吏为文书谩其上,至公辄阁③。军有萧滩④,号难度,以腐船度辄返,吏呼公为判官滩云⑤,豪吏大姓至相与出钱求转运使下吏⑥。出公领新淦县,县大治,今三十年,吏民称说如公在⑦。改大理寺丞知庐陵县,又大治。移知新繁县,改殿中丞。到县,条宿奸数人上府⑧,流恶处⑨,自余一以恩信治之,尝历岁不笞一人。

[注释]①守不法：指本军长官不依法行事。 ②以故事一政：一依原有的规章事例行政。 ③阁：搁置。 ④萧滩：赣江渡口，在临江军驻地。其地旧称萧滩镇，宋时改称临江镇。 ⑤判官滩：喻吏人作奸难过判官这一关。 ⑥下吏：下狱吏治其罪。 ⑦称说：即"称悦"，指吏民皆喜王益治此县。按：曾巩所作《尚书都官员外郎王公墓志铭》（见《元丰类稿》卷四十四），记载王益为临江军判官及出领新淦县事如下："军多诸豪大姓之家，以财力自肆，而二千石亦有所挟，为不法吏乘其然，干没无所忌。公至，以义折正二千石，使不能有所纵；以明惮吏，使不敢动摇。居顷之，部中肃然。诸豪大吏见公，皆侧目而视，至以鄙言目公，曰：'是不可欺也。'卒不得已，以他计出公领新淦县，县以治闻。" ⑧条：上书条列。宿奸：一贯作奸者。上府：指条上新繁县所属的成都府。 ⑨流恶处：流放环境恶劣之地。

知韶州，改太常博士尚书屯田员外郎。夷越无男女之别，前守类以为俗然，即其得可已①，皆弗究。公曰："同是人也，不可渎其伦②。夫所谓因其俗者，岂谓是邪？"凡有萌蘖③，一切擿矜穷治之④。时未几，男女之行于市者不敢一涂⑤，胡先生瑗为《政范》亦掇公此事⑥。部县翁源多虎⑦，公教捕之。民言虎自毙者五，令断虎头舆致州⑧，为颂以献，公麾舆者出⑨，以颂还令。其不喜怪，不以其道说之，不说也如此⑩。蜀效忠士屯者五百人⑪，代不到⑫，谋叛。韶小州，即有变，无所可枝梧⑬。佐吏始殊恐⑭，公不为动，独捕其首五人，即日断流之⑮，护出之界上⑯。初⑰，佐吏固争请付狱，既而闻其徒谋，若以首赴狱，当夜劫之以叛，众乃愈服。公完营驿仓库，建坊道⑱，随所施设有条理。长老言，自岭海服朝廷⑲，为吾置州守，未有贤公者⑳。

[注释]①即其得可已:即使其俗可得以禁止。已,止。曾巩《墓志铭》作"凡奸事虽得有可已者"。 ②渎:亵渎,轻慢混乱。 ③萌蘖:指恶行萌发。《墓志铭》作"萌孽"。 ④擿矜(tī jīn):揭露其危害。《墓志铭》作"擿发"。 ⑤一涂:一起走路。 ⑥胡先生瑗:胡瑗(993—1059),字翼之,宋初道学三先生之一。《政范》:《直斋书录解题》著录《先朝政范》一卷十二篇,题为石介编。掇:拾,采录。 ⑦部县翁源:即今广东韶关市所属翁源县。 ⑧令:县令。舆致:车载送至。 ⑨麾舆者出:把驾车者赶出去。麾,通"挥"。 ⑩此句意思是:先父不喜怪异之事,县令用不正当的方法取悦他,以至他如此不高兴。二"说"字皆通"悦"。《墓志铭》载其事谓:"令喻媚公,言虎自死者五,舆之致州,为颂以献。公使归之,曰:'政在德,不在异。'" ⑪蜀效忠士屯者:指蜀人隶于禁军在韶州屯戍者。效忠,禁军番号之一。 ⑫代:指按规定应当轮换屯戍的禁军士兵。 ⑬枝梧:亦作"支吾",支撑。 ⑭佐吏:指州府的属官。 ⑮断流:判决流配。 ⑯护:押送。界:州界。 ⑰初:四库本及明嘉靖刻本皆作"劫",据龙舒本改。《文章辨体汇选》亦作"初"。 ⑱完营驿仓库,建坊道:完缮兵营、驿站、仓库,修建街坊、道路。 ⑲岭海:指岭南地区。 ⑳贤公者:贤于公者。

丁卫尉府君忧①,服除,通判江宁府。阅两将②,一以府倚公办③。宝元二年二月二十三日,以疾弃诸孤官下④,享年四十六。

[注释]①丁卫尉府君忧:指遭父亡而服丧。卫尉府君,对王益之父卫尉寺丞的尊称。 ②阅两将:指经历两任节度使(武官高级虚衔)。江宁府于天禧二年(1018)升为建康军节度使的节镇。 ③一以府倚公办:指节镇事务均靠先公在府内办理。《墓志铭》作"二千石常以事倚公,公亦为之尽"。 ④弃诸孤:死的讳称,犹言弃子女而去。官下:指当下官任,现任。

公于忠义孝友非勉也①,宦游常奉亲行②。独西川以远,又法不听③,在新繁,未尝剧饮酒,岁时思慕④,哭殊悲。其自奉如甚啬者,异时悉所有、又贷于人治酒食须⑤,以娱其亲,无秋毫爱也⑥,人乃或以为奢。居未尝怒笞子弟⑦,每置酒,从容为陈孝悌仁义之本,古今存亡治乱之所以然。甚适其自任以世之重也⑧,虽人望公则亦然⑨,卒之官不充其材以夭⑩。呜呼,其命也!母谢氏,以公故封永安县君。娶某氏,封长寿县君。子男七人;女一人适张氏,处两人⑪。将以某月日葬某处,子某等谨撰次公事如右,以求有道而文者铭焉,以取信于后世。

[注释]①非勉:非勉力为之。言天性如此。　②奉亲:携父母双亲。③法不听:指官法不许携带家眷。　④岁时:指岁时节日。　⑤异时:他时。贷:借。治酒食须:治酒食所需。须,通"需"。　⑥爱:吝啬。　⑦居:平居,平时。　⑧"甚适"句:甚适意于他自以担当治世重任为己任的职分。　⑨亦然:承上句指亦可担当重任。　⑩官不充其材:官职与其才能不相称。以夭:而早逝。　⑪《墓志铭》:"母谢氏,封永安县君。娶徐氏,又娶吴氏,封长寿县君。"又《元丰类稿》卷四十五《仁寿县太君吴氏墓志铭》:"仁寿县太君抚州金溪吴氏,尚书都官员外郎赠尚书刑部侍郎抚州临川王公讳益之夫人,卫尉寺丞讳用之妇。年六十有六,嘉祐八年八月辛巳卒于京师,十月乙酉葬于江宁府之蒋山。……其平生养舅姑甚孝。盖侍郎七子,而少子五人,吴氏出也。……七子者,曰安仁、安道、安石、安国、安世、安礼、安上。安仁宣州司户参军,安石尚书工部郎中知制诰,安世太平州当涂县主簿,安礼大名府莘县主簿,余未仕也。女三人,长适尚书虞部员外郎沙县张奎,次适前衢州西安县令天长朱明之,次适扬州沈季长。孙男九人,曰雱、旁、旂、旈、防、斿、旗、放。孙女九人,长适鲜州安邑县主簿徐公翊,次许嫁太庙斋郎吴安持,余尚幼。"按:王安石所称"处两人",指其为此文时,二妹、三妹尚未出嫁。

先大夫集序

　　君子于学,其志未始不欲张而行之以致君①,下膏泽于无穷②。唯其志之大,故或不位于朝。不位于朝而势不足以自效,则思慕古之人而作为文辞,亦不失其所志也。二帝三王群圣人之时,贤俊并用,虽穷处岩穴,亦扳而在高位③,其志莫不得施,而文之传于后者少矣。后之时非古之时也,人之不得志者常多,而以文自传者纷如也。先大夫少而博学,及强年有仕进之望,其志欲有以为而遽没④,其于文所不暇也。一日诸子阅橐中⑤,乃得旧歌诗百余篇。虽此不足尽识其志,然讽咏情性,其亦有以助于道者,不忍弃去也,辄序次之。呜呼!公之诗,君子视之当自知矣,不敢赞也。

[注释]①张而行之:张大其学而践行之。致君:为君主所用而仕于朝。 ②下膏泽于无穷:布降君上无穷的恩泽于民。 ③扳:通"攀",援引。 ④遽没:猝然谢世。 ⑤阅:检。橐:囊,指王益的书囊。

题王逢原讲《孟子》后①

逢原在常江阴时②,学者有问以《孟子》,而逢原为之论说,是以如是其详也。未几而逢原卒,故其书才终于一篇,而考之时不同③,盖其志犹未就也。虽然,观其说亦足以概见之矣。若逢原,所谓"见其进,未见其止"也④。其卒时年二十八,呜呼,惜哉!逢原卒于嘉祐己亥六月,后七年讲义方行。

[注释]①王逢原:即王令(1032—1059)。初字钟美,后改字逢原。幼孤,有学行,以困苦早卒。王安石有《王逢原墓志铭》。 ②常江阴:常州江阴。王令于嘉祐三年(1058)十二月为生计至常州讲学。 ③时不同:偶尔解

说不一致。　④此引语见《论语·子罕》,原为孔子赞扬颜渊好学不止而惜其早卒的话。

伤　仲　永

金溪民方仲永①,世隶耕。仲永生五年,未尝识书具②,忽啼求之。父异焉,借旁近与之③,即书诗四句,并自为其名。其诗以养父母、收族为意④,传一乡秀才观之。自是指物作诗立就,其文理皆有可观者。邑人奇之,稍稍宾客其父⑤。或以钱币乞之⑥,父利其然也⑦,日扳仲永环谒于邑人⑧,不使学。

予闻之也久,明道中从先人还家,于舅家见之,十二三矣。令作诗,不能称前时之闻。又七年,还自扬州,复到舅家问焉,曰:泯然众人矣⑨。

王子曰⑩:仲永之通悟,受之天也;其受之人也,贤于材人远矣⑪。卒之为众人,则其受于人者不至也。彼其受之天也如此,其贤也不受之人,且为众人⑫。今夫不受之天固众人,又不受之人,得为众人而已邪⑬?

[注释]①金溪:今江西金溪县。　②未尝识书具:未曾接触过写字的物什。即未写过字。　③旁近:近邻。　④收族:团结族人。　⑤宾客:待之如宾客,即尊重之意。　⑥乞之:求其写诗写字。　⑦利其然:以为如此可图利。　⑧扳:引。环谒:四处拜访。　⑨泯然众人:犹言混同一般人。泯,同"泯"(明嘉靖刻本作"泯"),指失去其本来特点。　⑩王子:王安石自称。⑪"其"字下是说:假如他再接受成人的教育,那么其能力将远超于众人中有才能的人。其,表示转折。按:"受之人"三字,缪氏本《王临川全集》及清人《古文辞类纂》、《唐宋文醇》、《王荆公年谱考略》等多改作"受之天",今人皆从

之,不妥,当仍以作"受之人"为是。 ⑫且:将。 ⑬得为众人而已邪:难道还能如同一般人吗?

《同学》一首别子固

江之南有贤人焉,字子固①,非今所谓贤人者②,予慕而友之。淮之南有贤人焉,字正之③,非今所谓贤人者,予慕而友之。二贤人者,足未尝相过也,口未尝相语也,辞币未尝相接也④,其师若友岂尽同哉⑤?予考其言行,其不相似者何其少也?曰:学圣人而已矣。学圣人,则其师若友必学圣人者,圣人之言行岂有二哉?其相似也适然⑥。予在淮南为正之道子固,子固不予疑也⑦;还江南为子固道正之,子固亦以为然。予又知所谓贤人者,既相似,又相信不疑也。子固作《怀友》一首遗予⑧,其大略欲相扳以至乎中庸而后已⑨,正之盖亦常云尔。夫安驱徐行,辅中庸之庭而造于其堂⑩,舍二贤人者而谁哉?予昔非敢自必其有至也⑪,亦愿从事于左右焉尔,辅而进之其可也。噫!官有守,私有系⑫,会合不可以常也⑬。作《同学》一首别子固⑭,以相警且相慰云。

[**注释**]①子固:即曾巩(1019—1083)。字子固,早年为王安石挚友,元丰中官至中书舍人。 ②今所谓贤人:指俗间所称有名望之人。 ③正之:即孙侔(1019—1084)。初名处,字正之,后改名侔,字少述。早年屡举进士不第,仁宗时与王安石、曾巩游。后客居江淮间,不仕而终。 ④辞币:问候与礼物。按:此处指曾巩与孙侔初未有往来。 ⑤师若友:或师或友,即在师友之间。 ⑥适然:正如此。 ⑦子固不予疑:此"子固",缪氏本《王临川全集》作"正之",清人所引亦多作"正之"。疑王安石原稿作"正之固"三字,宋刻误

删改为"子固"。 ⑧《怀友》一首:现存《元丰类稿》未见载,今见于吴曾《能改斋漫录》卷十四《曾子固〈怀友〉寄荆公》条所录。其文末云:"为作《怀友书》两通,一自藏,一纳介卿(介甫)家。"疑原有诗,今未见。 ⑨相扳:互相援引,指切磋提携。 ⑩辚(lìn):车轮碾过,引申为经由。造于其堂:进至其堂奥。 ⑪必其有至:必将有造诣。 ⑫系:犹言情结之所在,即交往所系的基础。 ⑬会合:相遇而相得。 ⑭《同学》一首:当是指《临川文集》卷十二所载长篇五言古诗《寄曾子固》。按:其诗又载李壁《王荆公诗注》卷十七,题下有李壁按语云:"公集有《〈同学〉一首别子固》。子固作《怀友》一篇遗公,可见其相爱也,至晚年乃方相违尔。"据考证,曾巩《怀友书》及王安石《〈同学〉一首别子固》均作于庆历三年(1043),时王安石尚初仕于扬州为淮南签判。同学,共同治学。

读《孟尝君传》①

世皆称孟尝君能得士,士以故归之,而卒赖其力,以脱于虎豹之秦②。嗟乎!孟尝君特鸡鸣狗盗之雄耳,岂足以言得士?不然,擅齐之强,得一士焉,宜可以南面而制秦,尚何取鸡鸣狗盗之力哉?夫鸡鸣狗盗之出其门,此士之所以不至也。

[注释]①《孟尝君传》:指《史记·孟尝君列传》。 ②《史记·孟尝君列传》载齐愍王时孟尝君出使秦国,秦昭王以为相,继又囚而欲杀之。孟尝君使其门客"能为狗盗者",窃回已献进秦宫的白色狐裘,复以贿赂秦王的幸姬,由此得以逃去;夜半至函谷关,又使门客"有能为鸡鸣"者引群鸡齐鸣,遂得以骗开关门而躲过追兵。其事盖出传闻,以讽孟尝君门下多鸡鸣狗盗之徒。

读《柳宗元传》①

余观八司马②,皆天下之奇材也,一为叔文所诱,遂陷于不义。至今士大夫欲为君子者,皆羞道而喜攻之。然此八人者既困矣,无所用于世,往往能自强,以求列于后世,而其名卒不废焉。而所谓欲为君子者,吾多见其初而已;要其终,能毋与世俯仰以自别于小人者少耳,复何议彼哉?

[**注释**]①《柳宗元传》:当是指《旧唐书·柳宗元传》。 ②八司马:指唐顺宗时参与改革而在顺宗退位后被贬逐的韦执谊、韩泰、陈谏、柳宗元、刘禹锡、韩晔、凌准、程异八人。改革由王叔文、王伾(pī)主导,失败后王叔文被杀,王伾贬死,韦执谊等皆被贬为地方官的司马。

读《江南录》

故散骑常侍徐公铉①,奉太宗命撰《江南录》②,至李氏亡国之际,不言其君之过,但以历数存亡论之。虽有愧于实录,其于《春秋》之义《春秋》,臣子为君亲讳,礼也③。箕子之说,周武王克商,问箕子商所以亡,箕子不忍言商恶,以存亡国宜告之,徐氏《录》为得焉。然吾闻国之将亡,必有大恶。恶者,无大于杀忠臣;国君无道,不杀忠臣,虽不至于治,亦不至于亡。纣为君至暴矣,武王观兵于孟津,诸侯请伐纣,武王曰:"未可。"及闻其杀王子比干,然后知其将亡也,一举而胜焉。季梁在随④,随人虽乱,楚人不敢加兵。虞以不用宫之奇之言⑤,晋人始有纳璧假道之谋。然则忠臣,国之与也⑥,存与之存,亡与之亡。

予自为儿童时,已闻金陵臣潘佑以直言见杀⑦。当时京师因举兵来伐,数以杀忠臣之罪。及得佑所上谏李氏表观之，词意质直，忠臣之言。予诸父中旧多为江南官者，其言金陵事颇详，闻佑所以死则信。然则李氏之亡，不徒然也。今观徐氏《录》言，佑死颇似妖妄，与予旧所闻者甚不类。不止于佑，其它所诛者，皆以罪戾，何也？予甚怪焉。若以商纣及随、虞二君论之，则李氏亡国之君，必有滥诛。吾知佑之死，信为无罪，是乃徐氏匿之耳。何以知其然？吾以情得之。大凡毁生于嫉⑧，嫉生于不胜，此人之情也。吾闻铉与佑皆李氏臣，而俱称有文学，十余年争名于朝廷间。当李氏之危也，佑能切谏，铉独无一说；以佑见诛，铉又不能力诤。卒使其君有杀忠臣之名，践亡国之祸，皆铉之由也。铉惧此过，而又耻其善不及于佑，故匿其忠而污以它罪⑨，此人情之常也。以佑观之，其它所诛者，又可知矣。噫！若果有此，吾谓铉不唯厚诬忠臣，其欺吾君不亦甚乎！

[注释]①徐公铉：徐铉（916—991），字鼎臣，原为南唐大臣，南唐灭亡后归宋。历散骑常侍，世称徐骑省。　②《江南录》：《宋史·艺文志》著录为"徐铉、汤悦《江南录》十卷"。　③此为王安石自注。下句小注同。　④季梁：春秋初期随国大夫。以谏随君修政、使楚国不敢侵随著称，事见《左传》桓公六年。　⑤宫之奇：春秋时虞国大夫。以谏虞君勿假道于晋著称，虞君不用其言，以致亡国，事见《左传·僖公二年》。　⑥国之与：与国家同命运。　⑦潘佑：南唐诤臣，历中书舍人。国将亡，以极谏时政被囚，自杀，时年三十六。⑧毁：诋毁。嫉：嫉妒。　⑨污：玷污。

书《李文公集》后①

文公非董子作《仕不遇赋》，惜其自待不厚②。以予观之,《诗》三百发愤于不遇者甚众;而孔子亦曰:"凤鸟不至,河不出图,吾已矣夫!"③盖叹不遇也。文公论高如此,及观于史,一不得职,则诋宰相以自快④。"今吾于人也,听其言而观其行。"⑤言不可独信久矣。虽然,彼宰相名实固有辨。彼诚小人也,则文公之发,为不忍于小人可也,为史者独安取其怒之以失职耶⑥?世之浅者,固好以其利心量君子,以为触宰相以近祸,非以其私则莫为也⑦。夫文公之好恶,盖所谓皆过其分者耳。方其不信于天下,更以推贤进善为急,一士之不显,至寝食为之不甘,盖奔走有力,成其名而后已。士之废兴,彼各有命,身非王公大人之位,取其任而私之⑧,又自以为贤,仆仆然忘其身之劳也,岂所谓知命者耶?记曰:"道之不行,贤者过之,不肖者不及也。"⑨夫文公之过也,抑其所以为贤欤?

[注释]①《李文公集》:唐代李翱(772—841)的文集。翱字习之,韩愈门生,曾任山南东道节度使,谥曰文。 ②句意谓李翱批评西汉董仲舒作《仕不遇赋》而叹惜自己未得器重。董氏《仕不遇赋》见《古文苑》卷三。 ③语出《论语·子罕》。 ④怏:怏怏,不乐之貌。此指李翱不得意时,即指责当时宰相。 ⑤语出《论语·公冶长》。 ⑥"为史"句:指史官著史为何单取其因未得到所欲得到的官职而发怒之事。 ⑦以其私:指因循宰相的好恶。 ⑧取其任而私之:意谓把官职看成是私物。 ⑨语出《礼记·中庸》,有节括。原文意谓中庸之道不明、不行,贤者、智者常觉得不足而行之有过,不肖者、愚者则常担心过头而行之不及。

书《洪范传》后

王某曰:古之学者,虽问以口而其传以心,虽听以耳而其受以意，故为师者不烦，而学者有得也。孔子曰："不愤不启，不悱不发。举一隅不以三隅反，则不复也。"①夫孔子岂敢爱其道②，骜天下之学者③，而不使其蚤有知乎？以谓其问之不切，则其听之不专；其思之不深，则其取之不固。不专不固而可以入者，口耳而已矣；吾所以教者，非将善其口耳也。

孔子没，道日以衰熄，浸淫至于汉④，而传注之家作⑤。为师则有讲而无应，为弟子则有读而无问，非不欲问也，以经之意为尽于此矣，吾可无问而得也。岂特无问，又将无思，非不欲思也，以经之意为尽于此矣，吾可以无思而得也。夫如此，使其传注者皆已善矣，固足以善学者之口耳，不足善其心，况其有不善乎？宜其历年以千数，而圣人之经卒于不明，而学者莫能资其言以施于世也。

予悲夫《洪范》者，武王之所以虚心而问，与箕子之所以悉意而言，为传注者汩之⑥，以至于今冥冥也⑦。于是为作《传》，以通其意。呜呼！学者不知古之所以教，而蔽于传注之学也久矣。当其时，欲其思之深、问之切而后复焉⑧，则吾将孰待而言邪？孔子曰"予欲无言"⑨，然未尝无言也；其言也，盖有不得已焉。孟子则天下固以为好辩，盖邪说暴行作，而孔子之道几于熄焉；孟子者，不如是不足与有明也。故孟子曰："予岂好辩哉？予不得已也。"⑩夫予岂乐反古之所以教，而重为此谠谠哉⑪？其亦不得已焉者也。

[注释]①语出《论语·述而》。悱，郁积于心而又表达不出之意。

②爱:吝惜。 ③骜(ào):通"傲"。 ④浸淫:渐渐侵染(某种风气)。 ⑤传注之家:指解释经典章句文字的流派。 ⑥汩:乱。 ⑦冥冥:暗昧不明。 ⑧复:指复其经文本意。 ⑨语见《论语·阳货》。 ⑩语见《孟子·滕文公下》。 ⑪哓哓(náo):形容多言而争辩不已。

题张忠定书①

忠定公没久矣,士大夫至今称之,岂不以刚毅正直、有劳于世如公者少欤！先公年十七,以文见公,实见称赏,遂易字舜良,时在升州也②。窃观遗迹③,不胜感恻之至。

[注释]①张忠定:即张咏,见前《先大夫述》。 ②升州:宋初属江南东路,治所在今江苏南京。王益初见张咏在真宗大中祥符三年(1010),时张咏为升州知州兼本州及宣州等十州宣抚使。③遗迹:遗存的手迹。

庚集　书、启

答韩求仁书①

　　比承手笔问以所疑②，哀荒久不为报③。勤勤之意不可以虚辱，故略以所闻致左右，不自知其中否也，唯求仁所择尔。

　　盖序《诗》者，不知何人，然非达先王之法言者④，不能为也。故其言约而明，肆而深，要当精思而熟讲之尔，不当疑其有失也。《二南》皆文王之诗，而其所系不同者，《周南》之诗其志美，其道盛，微至于赳赳武夫、兔罝之人，远至于江汉、汝坟之域，久至于衰世之公子，皆有以成其德。《召南》则不能与于此，此其所以为诸侯之风，而系之召公者也。夫事出于一人，而其不同如此者，盖所入有浅深，而所施有久近故尔。

　　所谓《小雅》、《大雅》者，诗之《序》固曰："政有小大，故有《小雅》焉，有《大雅》焉。"然所谓《大雅》者，积众小而为大，故《小雅》之末有疑于《大雅》者⑤，此不可不知也。

又作诗者,其志各有所主,其言及于大而志之所主者小,其言及于小而志之所主者大,此又不可不知也。司马迁以为"《大雅》言王公大人而德逮黎庶,《小雅》讥小己之得失而其流及上"⑥,此言可用也。又宣王之《大雅》,其善疑于小;而幽王之《小雅》,其恶疑于大。盖宣王之善微矣⑦,其大者如此而已;幽王之恶大矣,其小者犹如此也。

凡《序》言"刺某者",一人之事也;言"刺时者",非一人之事也。刺言其事,疾言其情⑧,或言其事,或言其情,其实一也。何以知其如此?"《墙有茨》,卫人刺其上也",而卒曰:"国人疾之,而不可道也。"是以知其如此也。"刺乱",为乱者作也;"闵乱"⑨,为遭乱者作也。何以知其如此?平王之"扬之水"先束薪而后束楚,忽之"扬之水"先束楚而后束薪,周之乱在上而郑之乱在下故也。乱在上则刺其上,乱在下则闵其上,是以知其如此也。管、蔡为乱,成王幼冲,周公作《鸱鸮》以遗王,非疾成王而刺之也,特以救乱而已,故不言刺乱也。言"刺乱"、"刺褊"⑩、"刺奢"、"刺荒",序其所刺之事也。言"刺时者",明非一人之事尔,非谓其不乱也。

[注释]①韩求仁:即韩宗恕。字求仁,北宋神宗、哲宗时大臣韩维长子。登进士第,曾为基层官吏。载籍谓之自以经术浅薄,曾向王安石请教。 ②比:近来。 ③哀荒:指王安石在嘉祐末、治平初服母丧期间。 ④达:通晓。法言:合乎礼法之言。 ⑤疑:读作"拟",比。本段下"疑"字同此。 ⑥引语见《史记·司马相如列传》"太史公曰"。 ⑦微:及于小事。 ⑧疾:恨。 ⑨闵:哀伤。 ⑩褊:气量狭小。

《关雎》之诗所谓"悠哉悠哉,辗转反侧"者,孔子所谓哀而不伤者也。《何彼秾矣》之诗所谓平王者,犹格王、宁王而已①,非东周之平王也;所谓齐侯者,犹康侯、宁侯而已②,非营丘之齐侯也③。

郑《缁衣》之诗,宜也、好也、席也,此其先后之序也。此诗言武公父子善善之无已④,故《序》曰"以明有国,善善之功焉"。席,多也。宜者,以言其所善之当也;多者,以言其所善之众也。缁衣者,君臣同朝之服也。"适子之馆"者,就之也。为之改作缁衣而授之以粲者,举而养之也。能就之又能举而养之,此所以为有国者之善善,而异于匹夫之善善也。夫有国善善如此,则优于天下矣。其能父子善于其职,而国人美之,不亦宜乎?

《生民》之诗,所谓"是任是负,以归肇祀"者,言后稷既开国,任负所种之谷,以归而肇祀尔,非以谓兆帝祀于郊也⑤。所谓"卬盛于豆⑥,于豆于登,其香始升,上帝居歆"者,言我既为天子得祀郊,则盛于豆登⑦,其香始升,而上帝居歆尔⑧,非以为后稷得郊也。其卒曰"胡臭亶时,庶无罪悔,以迄于今"者,言上帝所以居歆,何臭之亶时乎⑨?乃以后稷肇祀,则庶无罪悔,以迄于今,得郊祀之时尔。盖所谓文武之功,起于后稷,故推以配天者此也。

卫有《邶》、《鄘》之诗,而说者以谓卫后世并邶、鄘而取之,理或然也。既无所受之⑩,则疑而阙之可也。

[注释] ①格王:至于道之王,犹言圣王。宁王:指周文王。古字"宁"、"文"可通。 ②康侯:指康叔。武王之弟,始封于康地,为卫国始祖。宁侯:顺从的诸侯。 ③营丘之齐侯:即齐国太公。旧注多以为《何彼秾矣》之"齐

侯"是指姜太公。 ④武公父子:指西周末、春秋初郑国初建时的桓公、武公父子。 ⑤兆:意同"肇",始。 ⑥卬:我。 ⑦豆登:盛器、祭器之名。古人谓此种盛器木制曰豆,陶制曰登。 ⑧居歆:指神灵安然享受祭祀食物的香气。 ⑨臭:香气。亶时:诚得其时。 ⑩受之:指学说的传承。

意诚而心正,心正则无所为而不正。故孔子曰:"《诗》三百,一言以蔽之,曰:'思无邪'。"①此《诗》之言,故曰"《诗》三百一言以蔽之"也,非以它经为有异乎此也。吾之所受者为此,则彼者吾之所弃也;所谓"彼哉彼哉"者,盖孔子之所弃也。孔子曰管仲"如其仁",仁也;扬子谓屈原"如其智",不智也。犹之诗以不明为明,又以不明为昏。考其辞之终始,则其文虽同,不害其意异也。忠足以尽己,恕足以尽物,虽孔子之道,又何以加于此?而论者或以谓孔子之道神明不测,非忠恕之所能尽。虽然,此非所以告曾子者也②。"好勇过我"也者,所谓能勇而不能怯者也。能勇而不能怯,非成材也,故孔子无所取。古者凤鸟至,河出图,皆圣人在上之时。其言"凤鸟不至,河不出图"者,盖曰无圣人在上而已矣。颜子具圣人之体而微,所谓"美人"也③。其于尊五美,屏四恶,非待教也;若夫郑声、佞人,则由外铄我者也④。虽若颜子者,不放而远之⑤,则其于为邦也不能无败。《书》曰:"能哲而惠,何忧乎驩兜,……何畏乎巧言令色孔壬?"⑥由此观之,佞人者,尧、舜之所难,而况于颜子者乎?夫佞人之所以入人者,言而已。言之入人,不如声之深,则郑声之可畏,固又甚矣。孔子曰:"如有所誉,其有所试矣。"⑦谓颜子三月不违仁者,盖有所试矣。虽然,颜子之行非终于此,其后孔子告之以克己复礼,而请事斯语矣。夫能言动视听以礼,则盖已终身未尝违仁,非特三月而已也⑧。

[注释]①语出《论语·为政》。 ②告曾子者:指《论语·里仁》所载曾子曰:"夫子之道,忠恕而已矣。" ③微:低微。美人:成他人之美。 ④铄:熔化,销蚀。 ⑤放而远之:指孔子所称的"放郑声,远佞人"(见《论语·卫灵公》)。 ⑥语出《尚书·皋陶谟》。 ⑦语出《论语·卫灵公》。 ⑧此所述颜子事,见《论语·雍也》及《颜渊》篇。

语道之全,则无不在也,无不为也。学者所不能据也,而不可以不心存焉。道之在我者为德,德可据也;以德爱者为仁,仁譬则左也,义譬则右也。德以仁为主,故君子在仁义之间,所当依者仁而已。孔子之去鲁也,知者以为为无礼也,乃孔子则欲以微罪行也。以微罪行也者,依于仁而已。礼,体此者也;智,知此者也;信,信此者也。孔子曰"志于道,据于德,依于仁"①,而不及乎义、礼、智、信者,其说盖如此也。扬子曰:"道以道之,德以得之,仁以人之,义以宜之,礼以体之,天也。合则浑,离则散,一人而兼统四体者,其身全乎!"②老子曰:"失道而后德,失德而后仁,失仁而后义,失义而后礼。"③扬子言其合,老子言其离,此其所以异也。韩文公知"道有君子有小人,德有凶有吉"④,而不知仁义之无以异于道德,此为不知道德也。管仲九合诸侯,一正天下,此孟子所谓天之大任者也。不能如大人正己而物正,此孔子所谓小器者也。言各有所当,非相违也。

[注释]①语出《论语·述而》。 ②语出《法言·问道》。 ③语出今本《老子》第三十八章。 ④语出韩愈《原道》。

昔之论人者,或谓之圣人,或谓之贤人,或谓之君子,或谓之仁人,或谓之善人,或谓之士。《微子》一篇,记古之人出处去就,盖略有次序,其终所记八士者,其行特可谓之士而已矣①。当记此时,此八人之行盖犹有所见,今亡矣,其行不可得而考也。无君子小人,至于五世则流泽尽②。泽尽则服尽,而尊亲之礼息。万世莫不尊亲者,孔子也,故孟子曰:"予未得为孔子徒也,予私淑诸人也③。"

孟子所谓"市廛而不征,法而不廛"者,先儒以国中之地谓之廛④。以《周官》考之,此说是也。"廛而不征"者,赋其市地之廛,而不征其货⑤;"法而不廛"者,治之以市官之法,而不赋其廛⑥。或"廛而不征",或"法而不廛",盖制商贾者恶其盛,盛则人去本者众⑦;又恶其衰,衰则货不通,故制法以权之。稍盛则"廛而不征",已衰则"法而不廛"。文王之时,关讥而不征⑧;及周公制礼,则凶荒札丧⑨,然后无征,盖所以权之也。贡者,夏后氏之法,而孟子以为不善者⑩。不善,非夏后氏之罪也,时而已矣。

[注释]①此所述见《论语·微子》篇之末:"周有八士:伯达、伯适、仲突、仲忽、叔夜、叔夏、季随、季骒(guā)。" ②流泽:留给后代的恩惠。《孟子·离娄下》:"君子之泽五世而斩,小人之泽五世而斩。" ③私淑诸人:私善于诸贤人。敬仰而师之之意。 ④国中:城中。廛:指房产、店铺等所占之地。此所引孟子语见《孟子·公孙丑上》。 ⑤此句意指征土地税而不征货物税。 ⑥此句意指征货物税而不征土地税。 ⑦恶其盛:不欲其太盛。去本:离开农业。 ⑧关讥而不征:关市只稽查而不征税。其说出于《孟子·梁惠王

下》。　⑨凶荒札丧：灾荒及疾疫死丧。札，瘟疫。《周礼·地官·司市》谓"国凶荒札丧，则市无征而作布（铸钱）。"　⑩贡：实物税。孟子不善贡法，见《孟子·滕文公上》。

责难于君者，吾闻之矣；责善于友者，吾闻之矣①。虽然，其于君也，曰："以道事之，不可则止。"其于友也，曰："忠告而善道之，不可则止。"②王骥于孟子，非君也，非友也，彼未尝谋于孟子，则孟子未尝与之言，不亦宜乎③？

求仁所问于《易》者，尚非《易》之蕴也，能尽于《诗》、《书》、《论语》之言，则此皆不问而可知。某尝学《易》矣，读而思之，自以为如此则书之，以待知《易》者质其义④。当是时，未可以学《易》也，唯无师友之故，不得其序⑤。以过于进取⑥，乃今而后知昔之为可悔，而其书往往已为不知者所传，追思之未尝不愧也。以某之愧悔，故亦欲求仁慎之。盖以求仁之才能，而好问如此，某所以告于左右者，不敢不尽，冀有以亮之而已⑦。至于《春秋》三传，既不足信，故于诸经尤为难知，辱问皆不果答，亦冀有以亮之。

[注释]①此二句括述孟子之说。《孟子·离娄上》谓"责难于君谓之恭"，《离娄下》谓"责善，朋友之道也"。"责难"指责求难为之事，当是就进谏而言的，盖谓忠而敢谏才是真正的恭敬。　②此处二句引语分见《论语·先进》及《颜渊》篇。　③《孟子·公孙丑下》记载孟子为卿于齐，奉命出使滕国，齐王使大夫王骥为副使，孟子一路未与王骥言及出使之事。　④此处所述"学《易》"，指王安石曾著《易解》一书。安石自以为此书为早年所作，不甚满意。　⑤序：指其书之条理。　⑥过于进取：指急于求成。　⑦亮：通"谅"。

答龚深父书①

某得手笔，感慰尤喜，侍奉万福。所示王深父事甚晓然②。不为小廉曲谨③,以投众人耳目,而趣舍必度于仁义,是乃深父所以合于古人,而众人所以不识深父者也,言之于深父何病?扬雄亦用心于内,不求于外,不修廉隅,以徼名当世。故某以谓深父于为雄④,几可以无悔。扬雄者,自孟轲以来,未有及之者,但后世士大夫多不能深考之尔。孟轲,圣人也;贤人则其行不皆合于圣人,特其智足以知圣人而已。故某以谓深父,其知能知轲,其于为雄几可以无悔。扬雄之仕,合于孔子无不可之义⑤,奈何欲非之乎?若以深父不仕为过于雄,则自雄以来能不仕者多矣,岂皆能过于雄乎?若以深父之不仕为与雄异,则孟子称"禹、稷、颜回同道"⑥,深父之于为雄,其以强学力行之所至,仕不仕特其所遭义命之不同,未可以议于此。深父吾友也,言其美,尤不敢略,亦不敢诬,所以致忠信于吾友。然以久废学,恐所论尚不中,不惜更详喻及也⑦。

[**注释**]①龚深父:即龚原(约1043—1110)。字深之,亦称深父、深甫,王安石弟子,官至工部、兵部侍郎。　②王深父:见此下所录《答王深甫书》。③小廉曲谨:指谨小慎微。　④为雄:扬雄之为人。　⑤《论语·微子》:"虞仲、夷逸,隐居放言,身中清,废中权。我则异于是,无可无不可。"　⑥语见《孟子·离娄下》。　⑦喻:通"谕"。句意指希望龚原更为详论。

再答龚深父《论语》《孟子》书

某启:所论及异论其晓然。道德性命,其宗一也。道有君子有小人,德有吉有凶,则命有顺有逆,性有善有恶,固其理，又何足以疑？伊尹曰："兹乃不义，习与性成。"①出善就恶，谓之性亡，不可谓之性成，伊尹之言何谓也②？召公曰"惟不敬厥德，乃早坠厥命"者③，所谓命凶也。命凶者固自取，然犹谓之命；若小人之自取或幸而免，不可谓之命，则召公之言何谓也？是古之人以无君子为无道，以无吉德为无德，则出善就恶谓之性亡，非不可也。虽然，可以谓之无道，而不可谓之道无小人；可谓之无德，而不可以谓德无凶；可以谓之性亡，而不可以谓之性无恶。孔子曰："性相近也，习相远也。"④言相近之性，以习而相远，则习不可以不慎，非谓天下之性皆相近而已矣。孔子见南子为有礼，则孔子不可告子路曰是礼也，而曰"天厌之"乎⑤？孟子曰："男女授受不亲，礼也；嫂溺，援之以手者，权也。"⑥若有礼而无权，则何以为孔子？天下之理，固不可以一言尽。君子有时而用礼，故孟子不见诸侯；有时而用权，故孔子可见南子。孔子与蒲人盟而适卫者，将以行法也，不如是，则要盟者得志矣。且有至于人而不得行，则圣人之无所奈何；孔子适卫，非蒲之所能至，则孔子何为而不适卫？盖适卫然后足以明义，此孔子之所微也⑦。凡此皆略为深甫道之，以深甫之明，何难于答是，而千里以书见及，此固深甫之好问，嗜学之无已也。久废笔墨，言不逮意，幸察！

[注释]①语出《尚书·太甲上》，意谓不义之行由习性造成。　②此处意指孟子曾称人性本善，若弃善从恶则失其本性，故对伊尹"性成"之说出以疑问之辞。　③语出《尚书·召诰》，意谓不恭敬地养德就会早早地丧命。④语出《论语·阳货》。　⑤孔子见南子事见《论语·雍也》，原文："子见南

子,子路不说(悦),夫子矢(誓)之曰:'予所否者(有不礼的行为),天厌之,天厌之!'"南子,卫灵公夫人。 ⑥语出《孟子·离娄上》,意谓男女之间交接物品不亲手递送和接受是礼的规定,而嫂子溺水却用手去拉她是权宜行事。⑦所微:指所行的深意。按:上述孔子适卫故事,见《史记·孔子世家》,大意谓孔子周游列国时,在离开陈国后经过蒲地,正碰上蒲地人反叛卫国,于是扣留孔子,不准他到卫国去。孔子不得已,与蒲人约盟,答应不去卫国,蒲人便放了他。但孔子一出蒲城东门即背约,仍去向卫国,并说蒲人要挟约盟,这样的盟约不必信守。由此便引起了对孔子所称"无可无不可"的争议。王安石认为孔子的背约即是一种权宜的行为,其议论大概同时也是对孟子所称"大人者,言不必信,行不必果,惟义所在"的一种诠释,汉人释《论语》则称"亦不必进,亦不必退,唯义所在"。

答王深甫书①

某拘于此,郁郁不乐,日夜望深甫之来,以豁吾心②,而得书乃不知所冀。况自京师去颍良不远③,深甫家事会当有暇时,岂宜爱数日之劳,而不一顾我乎?朋友道丧久矣,此吾于深甫不能无望也。向说"天民"与深甫不同④,虽蒙丁宁相教⑤,意尚未能与深甫相合也。

深甫曰:"事君者,以容于吾君为悦;安社稷者,以安吾之社稷为悦;天民者,以行之天下而泽被于民为达。三者皆执其志之所殖而成善者也⑥,而未及乎知命,大人则知命矣。"某则以谓善者所以继道,而行之可善者也。孔子曰:"智及之,仁能守之,庄以莅之,动之不以礼,未善也。"又曰:"《武》尽美矣,未尽善也。"⑦孔子之所谓善者如此,则以容于吾君为悦者,未可谓能成善者也,亦曰容而已矣。以容于吾君为悦者,则以不容为戚⑧;安吾社稷为悦，则以不安为戚。吾身之不容与社稷之不安，亦有命也，而以为吾戚，此乃所谓不知命也。夫天民者，达可行于天下而后行之者也。彼非以达可行于天下为悦者也，则其穷而不行也，岂以为戚哉？视吾之穷达而无悦戚于吾心，不知命者其何能如此？且深甫谓以民系天者，明其性命莫不禀于天也。有匹夫求达其志于天下，以养全其类，是能顺天者，敢取其号亦曰天民⑨。安有能顺天而不知命者乎？

[**注释**]①王深甫：即王回（1022—1065）。字深甫（深父），汝阴（今安徽阜阳）人。以进士补亳州卫真县（今河南鹿邑）主簿，岁余自免去，不仕而卒。为王安石友人，其生平及学术见王安石《王深父墓志铭》。 ②豁：疏通开朗。 ③颍：颍州，北宋时治汝阴。良：甚。 ④天民：指《孟子·尽心上》所记的"天民"，以"穷则独善其身，达则兼善天下"为言。《尽心上》原文："有事君人者，事是君则为容悦者也；有安社稷臣者，以安社稷为悦者也；有天民者，达可行于天下而后行之者也；有大人者，正己而物正者也。" ⑤丁宁：今写作"叮咛"。 ⑥殖：树立。 ⑦语出《论语·卫灵公》及《八佾》篇。 ⑧戚：忧。 ⑨敢取其号：犹言不妨称之为。

深甫曰："安有能视天以去就，而德顾贬于大人者乎？"某则以谓古之能视天以去就，其德贬于大人者有矣，即深甫所谓管仲是也。管仲不能正己者也，然而至于不死子纠，而从小白①，其去就可谓知天矣。天之意固尝甚重其民，故孔子善其去就，曰："岂若匹夫匹妇之为谅也，自经于沟渎而莫之知也？"②此乃吾所谓德不如大人，而尚能视天以去就者。

深甫曰："正己以事君者，其道足以致容，而己不容则命也,何悦于吾心哉?正己而安社稷者,其道足以致安,而己不安则命也,何悦于吾心哉?正己以正天下者,其道足以行天下,而己不行则命也,何穷达于吾心哉?"某则以谓大人之穷达能无悦戚于吾心,不能毋欲达。孟子曰:"我四十不动心。"又曰:"何为不豫哉?然而千里而见王,是予所欲也。不遇故去,岂予所欲哉?王庶几改之,予日望之。"③夫孟子可谓大人矣,而其言如此。然则所谓无穷达于吾心者,殆非也,亦曰无悦戚而已矣。

深甫曰:"惟其正己而不期于正物,是以使万物之正焉。"某以谓期于正己而不期于正物,而使万物自正焉,是无治人之道也。无治人之道者,是老、庄之为也。所谓大人者,岂老、庄之为哉?正己不期于正物者非也,正己而期于正物者亦非也。正己而不期于正物是无义也,正己而期于正物是无命也。是谓大人者,岂顾无义、命哉?扬子曰:"先自治而后治人之谓大器。"④扬子所谓大器者,盖孟子之谓大人也。物正焉者,使物取正乎我而后能正,非使之自正也。武王曰四方"有罪无罪",惟我在,天下"曷敢有越厥志"!⑤一人横行于天下,武王耻之,孟子所谓"武王一怒而安天下之民"⑥。不期于正物而使物自正,则一人横行于天下,武王无为怒也。孟子没,能言大人而不放于老、庄者⑦,扬子而已。深甫尝试以某之言与常君论之⑧,二君犹以为未也。愿以教我。

[注释]①此述管仲事,指齐桓公小白与其兄公子纠争夺齐国君位,管仲本为公子纠僚属而不能死事,转而为桓公所用。 ②语出《论语·宪问》。谅,信。自经,自缢死。 ③语出《孟子·公孙丑上》及《公孙丑下》。 ④语

出《法言·先知》。　⑤语见《尚书·泰誓上》。　⑥语出《孟子·梁惠王下》。　⑦放：通"仿"。　⑧常君：指常秩(1019—1077)。字夷甫，汝阴人。举进士不中，乡居以经术称，屡荐不起。熙宁七年(1074)受召为谏官兼判国子监，支持王安石新法，不逾年进待制兼判太常寺。九年十二月以病还，次年二月卒。

二

某学未成而仕，仕又不能俛仰以赴时事之会①。居非其好，任非其事，又不能远引以避小人之谤谗，此其所以为不肖而得罪于君子者，而足下之所知也。往者足下邐不弃绝②，手书勤勤，尚告以其所不及，幸甚幸甚！顾私心尚有欲言，未知可否，试尝言之。

某尝以谓古者至治之世，然后备礼而致刑③。不备礼之世，非无礼也，有所不备耳。不致刑之世，非无刑也，有所不致耳。故某于江东得吏之大罪有所不治而治其小罪，不知者以谓好伺人之小过，以为明知者又以为不果于除恶，而使恶者反资此以为言。某乃异于此，以为方今之理势未可以致刑：致刑则刑重矣，而所治者少；不致刑则刑轻矣，而所治者多。理势固然也。一路数千里之间，吏方苟简自然④，狃于养交取容之俗⑤，而吾之治者五人，小者罚金，大者才绌一官，而岂足以为多乎？工尹商阳⑥，非嗜杀人者，犹杀三人而止，以为不如是不足以反命。某之事，不幸而类此。若夫为此纷纷，而无与于道之废兴，则既亦知之矣，抑所谓君子之仕行其义者窃有意焉，足下以为如何？自江东日得毁于流俗之士，顾吾心未尝为之变，则吾之所存固无以媚斯世，而不能合乎流俗也。及吾朋友亦以为言,然后怵然自疑⑦,且有自悔之心。徐自反念,古者一道德以同天下之俗,士之有为于世也,人无异论。今家异道,人殊德,又以爱憎喜怒变事实而传之,则吾友庸讵非得于人之异论、变事实之传,而后疑我之言乎?况足下知我深,爱我厚,吾之所以日夜向往而不忘者,安得不尝试言吾之所自为,以冀足下之察我乎?使吾自为如此而可以无罪固夫善⑧,即足下尚有以告我使释然,知其所以为罪,虽吾往者已不及,尚可以为来者之戒。幸留意以报我,无忽。

[注释]①俛仰:俯仰,周旋应付。 ②遽:竟。 ③致刑:指强化刑治。 ④苟简自然:苟且怠慢,安于现状。 ⑤狃于:习惯于。养交取容:养尊处优,处处以结交为事而附和取容。 ⑥工尹商阳:春秋末楚人。相传与公子弃疾追击吴军,不忍杀人,为完成使命,不得已而射杀三人,又谓杀三人已足可回复王命。事见《礼记·檀弓下》。 ⑦怵然:戒惧貌。 ⑧夫:语助词。

三

某启:不见已两月,虽尘劳汩汩①,企望盛德,何日无之?忽辱惠书,承以《论语》义见教。言微旨奥,直造孔庭,非极高明,孰能为之?仰羡仰羡!近蒙子固、夷甫过我②,因与二公同观,尤所叹服。何时得至金陵,以尽远怀?

[注释]①汩汩:辛苦不安定之貌。 ②子固、夷甫:指曾巩、常秩。

答韶州张殿丞书①

某启:伏蒙再赐书,示及先君韶州之政为吏民称诵,至今不绝,伤今之士大夫不尽知,又恐史官不能记载,以次前世良吏之后。此皆不肖之孤,言行不足信于天下,不能推扬先人之功绪余烈②,使人人得闻知之。所以夙夜愁痛,疚心疾首而不敢息者③,以此也。先人之存,某尚少,不得备闻为政之迹,然尝侍左右,尚能记诵教诲之余。盖先君所存,尝欲大润泽于天下,一物枯槁,以为身羞,大者既不得试④,已试乃其小者耳。小者又将泯没而无传,则不肖之孤,罪大衅厚矣⑤,尚何以自立于天地之间耶?阁下勤勤恻恻⑥,以不传为念,非夫仁人君子乐道人之善,安能以及此!自三代之时,国各有史,而当时之史多世其家⑦,往往以身死职⑧,不负其意,盖其所传皆可考据⑨。后既无诸侯之史,而近世非尊爵盛位,虽雄奇俊烈⑩,道德满衍⑪,不幸不为朝廷所称,辄不得见于史。而执笔者又杂出一时之贵人,观其在廷论议之时,人人得讲其然不⑫,尚或以忠为邪,以异为同,诛当前而不慄⑬,讪在后而不羞⑭,苟以餍其忿好之心而止耳⑮。而况阴挟翰墨,以裁前人之善恶,疑可以贷褒⑯,似可以附毁⑰,往者不能讼当否⑱,生者不得论曲直,赏罚谤誉又不施其间⑲,以彼其私,独安能无欺于冥昧之间邪⑳?善既不尽传,而传者又不可尽信,如此,唯能言之君子有大公至正之道,名实足以信后世者,耳目所遇㉑,一以言载之,则遂以不朽于无穷耳。伏惟阁下于先人非有一日之雅㉒,余论所及无党私之嫌,苟以发潜德为己事㉓,务推所闻,告世之能言而足信者,使得论次以传焉,则先君之不得列于史官,岂有恨哉㉔!

[注释]①张殿丞:疑即张吉甫。曾以殿中丞知资州(今四川资中),后历福建转运副使,熙宁初王安石变法时奉差提举利州路农田水利及免役等事。韩琦有《张吉甫殿丞宰资阳》诗,梅尧臣有《送张殿丞吉甫知资阳》诗,苏轼有《六和塔送张吉甫赴闽漕》诗。其籍贯失考,或为韶州人。 ②功绪余烈:即遗存的业绩。 ③疚心疾首:即今所称痛心疾首。 ④大者:指大作为。句意实谓因官职未至而未得以施展其抱负。 ⑤衅:过失,罪过。 ⑥勤勤恻恻:殷勤恳切。 ⑦世其家:指史职的世袭。 ⑧以身死职:指古代史官秉笔直书而不惜以身殉职。 ⑨盖:大抵。考据:考信依据。 ⑩俊烈:英俊刚烈。 ⑪满衍:充实流布。 ⑫然不:读作"然否",是或不是。 ⑬诛当前而不慄:记当下事苛求人之罪状而不畏惧。诛,苛求。 ⑭讪在后而不羞:记后来事乱加谤议而不知羞耻。 ⑮餍(yàn):满足。忿好:偏私的愤恨与喜欢。 ⑯疑可以贷褒:有疑问的事迹可以宽假而褒扬。 ⑰似可以附毁:相似的事迹可以附加诋毁。 ⑱往者:已逝之人。讼:辩。当否:所记的当与不当。 ⑲赏罚谤誉又不施其间:指对史官记事没有赏罚毁誉的评定。 ⑳冥昧之间:指前人事迹暗昧而不易定夺之际。 ㉑耳目所遇:指耳闻目见,亲历之事。 ㉒雅:素,故交,交情。 ㉓潜德:被掩藏而不为人知的功德。 ㉔恨:遗憾。

答司马谏议书①

某启:昨日蒙教,窃以为与君实游处相好之日久,而议事每不合,所操之术多异故也。虽欲强聒②,终必不蒙见察,故略上报,不复一一自辨。重念蒙君实视遇厚,于反复不宜卤莽,故今具道所以,冀君实或见恕也。

盖儒者所争,尤在于名实,名实已明,而天下之理得矣。今君实所以见教者,以为侵官、生事、征利、拒谏,以致天下怨谤也。某则以谓受命于人主,议法度而修之于朝廷,以授之于有司,不为侵官;举先王之政,以兴利除弊,不为生事;为天下理财,不为征利;辟邪说,难壬人③,不为拒谏。至于怨诽之多,则固前知其如此也。人习于苟且非一日,士大夫多以不恤国事、同俗自媚于众为善。上乃欲变此,而某不量敌之众寡,欲出力助上以抗之,则众何为而不汹汹?然盘庚之迁,胥怨者故也④,非特朝廷士大夫而已。盘庚不为怨者故改其度⑤,度义而后动,是而不见可悔故也⑥。如君实责我以在位久,未能助上大有为,以膏泽斯民,则某知罪矣。如曰今日当一切不事事,守前所为而已,则非某之所敢知。

无由会晤,不任区区向往之至。

[**注释**]①司马谏议:即司马光。字君实,时任翰林学士兼侍读学士、右谏议大夫。其《与王介甫书》见其《传家集》卷六十。 ②强聒(guō):力为聒噪。此为反复辩论的谦称。 ③壬人:佞人。 ④胥怨者故也:承上指盘庚迁殷,相与怨者固如此汹汹。故,通"固",固然。按:此"故"字,明清刻本及引录者多改作"民"字,盖据《尚书·盘庚》篇小序的"盘庚治亳殷,民咨胥怨"而擅改,未可从。 ⑤故:缘故。度:谋。 ⑥是而不见可悔故:这是由于不见可悔的缘故。

答曾公立书①

某启:示及青苗事。治道之兴,邪人不利,一兴异论,群聋和之,意不在于法也。孟子所言利者,为利吾国,如曲防、遏籴②。利吾身耳。至狗彘食人食则检之,野有饿莩则发之③,是所谓政事。政事所以理财,理财乃所谓义也。一部《周礼》,理财居其半,周公岂为利哉?奸人者,因名实之近而欲乱之,以眩上下,其如民心之愿何？始以为不请,而请者不可遏；终以为不纳,而纳者不可却④。盖因民之所利而利之,不得不然也。然二分不及一分,一分不及不利而贷之,贷之不若与之⑤。然不与之,而必至于二分者,何也？为其来日之不可继也⑥。不可继,则是惠而不知为政非惠而不费之道也⑦,故必贷。然而有官吏之俸、輂运之费、水旱之逋、鼠雀之耗⑧,而必欲广之⑨,以待其饥不足而直与之也⑩,则无二分之息可乎？则二分者,亦常平之中正也⑪,岂可易哉？公立更与深于道者论之,则某之所论无一字不合于法,而世之谅谅者不足言也。因书示及,以为如何？

[注释]①曾公立：未详为何人,待考。 ②曲防、遏籴：《孟子·告子下》载齐桓公会诸侯有"五禁",其一为"无曲防,无遏籴",即不得曲为堤防而壅水以为害于邻国,不得于灾荒之年阻止邻国来籴粮食。 ③"狗彘"、"饿莩"二句：变用《孟子·梁惠王上》之文,指丰年不要糟蹋粮食,荒年则要发放粮食。检：敛收。饿莩（piǎo）：饿死之人。 ④"始"、"终"二句：此就青苗法的放贷而言,意指反对者开始时以为农民不会自愿请贷,而愿请贷者却不可阻止；最终以为借贷者不会自动缴纳利息,而当纳息者却不可推卸其责任。 ⑤此全句意谓：为利民着想,贷款利息取二分不如取一分,取一分不如不收息而只放贷收本,只放贷收本又不如直接补贴给农民。 ⑥不可继：指借贷的开支断绝将不可再放贷。 ⑦为政非惠而不费：为政不是只给好处而不破费。 ⑧此句指官俸、运输等开支及灾年农民欠税、其他消耗等收入的减少。 ⑨广之：指推广青苗法。 ⑩待其饥不足而直与之：待其荒年衣食不足而直接给以补贴。 ⑪常平：指建仓以平准粮价而赈济灾民的措施。

与王子醇书四①

某启：得书承动止万福,良以为慰。洮河东西,蕃汉集附,即武胜必为帅府②,今日筑城,恐不当小。若以目前功多难成,城大难守,且为一切之计,亦宜勿隳旧城,审处地势,以待异时增广。城成之后,想当分置市易务③,为蕃巡检大作廨宇④,募蕃汉有力人假以官本,置坊列肆⑤,使蕃汉官私两利,则其守必易,其集附必速矣。因书希详喻经画次第。秋凉自爱,不宣。

[注释]①王子醇:即王韶(1030—1081)。字子醇,官至枢密副使。 ②武胜:今甘肃临洮。 ③市易务:熙宁三年(1070),王韶在秦凤路古渭砦置市易务,借官钱作本,控制蕃汉贸易。 ④蕃巡检:在少数民族地区设置的治安机构。以少数民族首领充差遣,各管理本族事务。廨宇:官舍。 ⑤置坊列肆:设置街坊、市肆。

二

某启:承已筑武胜,又讨定生羌①,甚善。闻郢成珂等诸酋,皆聚所部防拓②,恩威所加,于此可见矣。然久使暴露,能无劳费?恐非所以慰悦众心,令见内附之利。谓宜喻成珂等,放散其众,量领精壮人马防招③,随宜犒劳,使悉怀惠。城成之后,更加厚赏。人少则赏不费财,赐厚则众乐为用,不知果当如此否,请更详酌。荡除强梗,必有谷可获以供军,有地可募人以为弓箭手④。特恐新募未便得力,若募选秦凤、泾原旧人投换⑤,仍许其家人刺手承占本名⑥,官、土人员节级更与转资⑦,即素教之兵足以镇服初附⑧。事难遥度,心所谓然,聊试言之尔。诸当条奏,想不惮烦。露次劳苦⑨,为时自爱,不宣。

[注释]①生羌:指尚未归化的羌人。 ②防拓:也称"防托",提防抗拒

之意。此指内附的羌人部落助宋防边。　③量领:留一定数量统领。防招:防御和招降。　④弓箭手:宋代乡兵的一种。北宋在河东、陕西沿边以闲田招募蕃、汉边民,人给田二顷,出甲士一人,所组成的武装力量称弓箭手;给田三顷或二顷半者,兼出战马一匹。所给田须向政府纳租。　⑤此句指招募拣选秦凤、泾原两路原有的军士报名换身份,到新占领地区充当弓箭手。秦凤路治今陕西凤翔,泾原路治今甘肃平凉。　⑥此句指允许上述报名者由家中再出一人刺手背,占取他原先为军士的名额。刺手,北宋沿边被称为义勇的乡兵按规定要在手背上刺字为标志。　⑦官、土人员节级:指官府所属与土著人员中的低级军佐(如队长之类)。转资:升转资格。　⑧素教之兵:训练有素之兵。　⑨露次:露天驻扎,犹言风餐露宿。

三

某启:得书喻以御寇之方。上固欲公毋涉难冒险,以百全取胜,如所喻,甚善甚善!方今熙河所急在修守备,严戒诸将勿轻举动。武人多欲以讨杀取功为事,诚如此而不禁,则一方忧未艾也①。窃谓公厚以恩信抚属羌,察其材者收之为用。今多以钱粟养戍卒,乃适足备属羌为变,而未有以事秉常、董毡也②。诚能使属羌为我用,则非特无内患,亦宜赖其力以乘外寇矣。自古以好坑杀人致衅③,以能抚养收其用,皆公所览见。且王师以仁义为本,岂宜以多杀敛怨耶?喻及青唐既与诸族作怨,后无复合,理固然也。然则近董毡诸族,事定之后,以兵威临之而宥其罪,使讨贼自赎,随加厚赏,彼亦宜遂为我用,无复与贼合矣。与讨而驱之④,使坚附贼为我患,利害不侔也。事固有攻彼而取此者,服诚能挫董毡⑤,则诸羌自服,安所事讨哉?又闻属羌经讨者,既亡蓄积⑥,又废耕作,后无以自存,安得不屯聚为寇,以梗商旅往来⑦?如募之力役及伐材之类⑧,因以活之,宜有可为,幸留意念恤⑨。边事难遥度,想公自有定计,意所及尝试言之。春暄⑩,为国自爱,不宣。

[注释]①未艾:未止。 ②事:戒备之意。秉常:即西夏惠宗李秉常(1061—1086)。1067年继位,因母后专权,长期不能亲政,忧愤而死。此以代指西夏。董毡(1032—1083):北宋时青海东部吐蕃首领。继其父唃厮啰联宋抗夏,受宋爵为保顺军节度使。 ③畔:通"叛"。 ④与讨:加以征讨。 ⑤服:使之降服。诚能:果能。 ⑥亡:失去。 ⑦梗:作梗,阻塞。 ⑧伐材:伐木。 ⑨念恤:顾念抚恤。 ⑩暄:暖。

四

某启:久不得来问,思仰可知。木征内附①,熙河无复可虞矣②。唯当省冗费,理财谷,为经久之计而已。上以公功信积著,虚怀委任疆场之事,非复异论所能摇沮③,公当展意④,思有以报上,余无可疑者也。某久旷职事,加以疲病,不能自支,幸蒙恩怜,得释重负。然相去弥远,不胜惓惓⑤,唯为国自爱,幸甚!不宣。

[注释]①木征:董毡长兄瞎毡之子。不受董毡控制,于熙宁七年(1074)以洮、河二州降宋,赐名赵思忠,累官至合州防御使。 ②虞:忧虑。 ③摇沮:动摇遏制。 ④展意:施展抱负。 ⑤惓惓:此表示思念。

与赵卨书①

某启:议者多言遽欲开纳西人②,则示之以弱,彼更倔强。以事情料之,殆不如此。以我众大,当彼寡小,我尚疲弊厌兵，即彼偷欲得和可知③。我深闭固距④，使彼不得安息，则彼上下忿惧，并力一心，致死于我，此彼所以能倔强也。我明示开纳，则彼孰敢违众首议，欲为倔强者？就令有敢如此，则彼举国皆将德我而怨彼，孰肯为之致死？此所以怒我而怠寇也⑤。老子曰："抗兵相加，哀者胜矣。"⑥此之谓也。至于开纳之后，与之约和，乃不可遽⑦，遽则彼将骄而易我⑧。盖明示开纳，所以怠其众而纾吾患，徐与之议，所以示之难而坚其约。圣上恐龙图未喻此指⑨，故令以书具道前降指挥。如西人有文字，词理恭顺，即与收接闻奏。宜即明示界上，使我吏民与彼举国皆知朝廷之意。

[注释]①赵禼(xiè)：字公才，举进士，历提点陕西刑狱、知延州、河东转运使、权三司使、知庆州等，经营西北边事屡有功。　②开纳：开门接纳，指接受西夏和解。　③偷欲得和：暗地欲得以讲和。　④距：通"拒"。　⑤怒我而怠寇：激怒我方而使敌方懈怠。　⑥语出今本《老子》第六十九章。　⑦遽：匆忙。　⑧易：轻视。　⑨龙图：指赵禼，禼曾贴职直龙图阁。

回苏子瞻简①

某启：承诲喻累幅，知尚盘桓江北，俯仰逾月，岂胜感怅！得秦君诗②，手不能舍。叶致远适见③，亦以为清新妩丽，与鲍、谢似之④，不知公意如何？余卷正冒眩⑤，尚妨细读，尝鼎一脔，旨可知也⑥。公奇秦君，数口之不置⑦；吾又获诗，手之不舍。然闻秦君尝学至言妙道，无乃笑我与公嗜好过乎？未相见，跋涉自爱，书不宣悉。

[注释]①苏子瞻:即苏轼。按:王安石此简为元丰七年(1084)给苏轼的回简,时苏轼尚在由谪居地黄州(今湖北黄冈)移往汝州(今河南临汝)的途中,致书王安石推荐秦观自编的诗集。随后苏轼改移常州,道经金陵,曾拜访王安石。 ②秦君:即秦观(1049—1100)。字少游,历太学博士,为著名词人,"苏门四学士"之一。 ③叶致远:即叶涛。王安石女婿。哲宗时历中书舍人,徽宗初年擢给事中,数月而罢,不久卒。 ④鲍、谢:有不同说法,一般认为指南朝诗人鲍照和谢朓。 ⑤余卷:未看完的诸卷。冒眩:头晕眼花。 ⑥旨:味道。 ⑦数(shuò):屡次。口之不置:赞不绝口。

答曾子固书①

某启:久以疾病不为问,岂胜乡往②。前书疑子固于读经有所不暇,故语及之。连得书,疑某所谓经者佛经也,而教之以佛经之乱俗。某但言读经,则何以别于中国圣人之经?子固读吾书每如此,亦某所以疑子固于读经有所不暇也。然世之不见全经久矣,读经而已,则不足以知经。故某自百家诸子之书,至于《难经》、《素问》、《本草》、诸小说无所不读③,农夫女工无所不问,然后于经为能知其大体而无疑。盖后世学者与先王之时异矣,不如是不足以尽圣人故也。扬雄虽为不好非圣人之书④,然于墨、晏、邹、庄、申、韩亦何所不读⑤?彼致其知而后读,以有所去取,故异学不能乱也。惟其不能乱,故能有所去取者,所以明吾道而已。子固视吾所知,为尚可以异学乱之者乎?非知我也。方今乱俗,不在于佛,乃在于学士大夫沉没利欲,以言相尚,不知自治而已。子固以为如何?苦寒比日,侍奉万福自爱。

[注释]①曾子固:即曾巩。 ②乡往:向往。 ③《难经》、《素问》、《本草》:皆古医书。小说:指街谈巷语之类杂记之书。 ④不好非圣人之书:不喜欢非议儒家圣人之书。 ⑤墨、晏、邹、庄、申、韩:泛指儒家之外的先秦诸子之书。

上 相 府 书①

某闻古者极治之时,君臣施道以业天下之民,匹夫匹妇有不与其泽者,为之焦然②,耻而忧之,瞽聋侏儒亦各得以其材食之有司③。其诚心之所化,至于牛羊之践,不忍不仁于草木,今《行苇》之诗是也④,况于所得士大夫也哉?此其所以上下辑睦,而称极治之时也。伏惟阁下方以古之道施天下,而某之不肖,幸以此时窃官于朝,受命佐州,宜竭罢驽之力⑤,毕思虑治百姓,以副吾君吾相于设官任材、休息元元之意,不宜以私恩上⑥,而自近于不敏之诛⑦。抑其势有可言,则亦阁下之所宜怜者。某少失先人,今大母春秋高⑧,宜就养于家之日久矣。徒以内外数十口,无田园以托一日之命,而取食不腆之禄⑨,以至于今不能也。今去而野处,念自废于苟贱不廉之地⑩,然后有以共裘葛⑪,具鱼菽⑫,而免于事亲之忧,则恐内伤先人之明,而外以累君子养完人材之德⑬;濡忍以不去⑭,又义之所不敢出也⑮。故辄上书阙下,愿殡先人之丘冢⑯,自托于筦库⑰,以终犬马之养焉。伏惟阁下观古之所以材瞽聋侏儒之道,览《行苇》之仁,怜士有好修之意者,不穷之于无所据以伤其操⑱,使老者得养。而养者虽愚无能,无报盛德,于以广仁孝之政,而曲成士大夫为子孙之谊⑲,是亦君子不宜得已者也？黩冒威尊，不任皇恐之至。

[注释]①上相府书：此为王安石在庆历末给宰相府的上书，时贾昌朝、陈执中为宰相。　②焦然：憔悴之貌。　③以其材食之有司：以其所能在官府服役以糊口。　④《诗经·大雅·行苇》："敦彼行苇,牛羊勿践履。"其小序云："周家忠厚,仁及草木。"　⑤罢驽：低劣的马，喻才能低下。　⑥恩(hùn)：通"混",乱。　⑦不敏：不才。　⑧大母：祖母。　⑨不腆：不丰厚。　⑩自废：指自去官而不仕。苟贱不廉：喻为民的苟且低贱、污秽不洁。　⑪共：通"供"。裘葛：指粗糙的衣服。　⑫鱼菽：鱼、豆,喻粗茶淡饭。　⑬养完人材：指修养成才。　⑭濡忍：顺从忍耐。　⑮义之所不敢出：指不敢违背孝养之义。　⑯殡先人之丘冢：指建好坟墓完成先父之葬。　⑰自托于筦库：意指自己做个像管理仓库的吏人那样的仆从以守护先人坟墓。　⑱不穷：不逼迫。无所据：进退无据。操：节操。　⑲谊：通"义"。

上执政书

窃以方今仁圣在上，四海九州冠带之属望其施为以福天下者皆聚于朝廷，而某得以此时备使畿内，交游、亲戚、知能才识之士莫不为某愿①。此亦区区者思自竭之时也②，事顾有不然者。某无适时才用，其始仕也，苟以得禄养亲为事耳，日月推徙，遂非其据。今亲闻老矣，日夜惟诸子壮大未能以有室家，而某之兄、嫂尚皆客殡而不葬也③，其心有不乐于此。及今愈思自置江湖之上④，以便昆弟亲戚往还之势，而成婚姻葬送之谋。故某在廷二年，所求郡以十数，非独为食贫而口众也，亦其所怀如此。非独以此也，某又不幸，今兹天被之疾⑤，好学而苦眩，稍加以忧思则往往昏瞆不知所为。以京师千里之县，吏兵之众,民物之稠,所当悉心力耳目,以称上之恩施者,盖不可胜数。以某之不肖,虽平居无他,尚惧不给⑥,又况所以乱其心如此,而又为疾病所侵乎?归印有司,自请于天子,以待放绌而归田里,此人臣之明义,而某之所当守也;顾亲老矣,而无所养,势不能为也。偷假岁月,饕禄赐以徼一日之幸⑦,而不忖事之可否,又义之所不敢为。窃自恕而求其犹可以冒者⑧,自非哀怜⑨,东南宽闲之区、幽僻之滨与之一官⑩,使得因吏事之力,少施其所学,以庚禄赐之入⑪,则进无所逃其罪,退无所托其身,不惟亲之欲有之而已⑫。

[注释]①知能:同"智能"。愿:指希望王安石留在京师。 ②区区者:此为自称渺小的谦词。竭:竭尽所能。 ③此处指老母亲日夜念叨诸子已成人而尚未成家,自己去世的兄、嫂也都临时殡在他地而没有正式安葬。 ④自置江湖之上:指为地方官。 ⑤被之:使之遭遇。 ⑥不给:不足,指衣食之忧。 ⑦饕:贪。徼一日之幸:意谓求有朝一日官运亨通而增加俸禄。⑧冒:承担。 ⑨自非哀怜:不是请求怜悯。 ⑩此句指请求在东南地多人少、僻处海滨的地方予一官职。 ⑪庚:通"赓",续。 ⑫亲之欲有之:指家人也希望自己能为地方官。

盖闻古者致治之世,自瞽蒙昏聩、侏儒籧篨戚施之人①,上所以使之,皆各得尽其才;鸟兽鱼鳖、昆虫草木所以养之②,皆各得尽其性而不失也。于是《裳裳者华》、《鱼藻》之诗作于时,而曰:"左之左之,君子宜之。右之右之,君子有之。惟其有之,是以似之。"③言古之君子,于士之宜左者左之,宜右者右之,各因其才而有之,是以人人得似其先人。又曰:"鱼在在藻,依于其蒲。王在在镐,有那其居。"④鱼者潜逃深渺之物,皆得其所安而乐,王是以能那其居也。方今宽裕广大,有古之道,大臣之在内有不便于京而求出,小臣之在外有不便于身而求归,朝廷未尝不可⑤,而士亦未有以此非之者也。至于所以赐某者,亦可谓周矣:为其贫也,使之有屋庐而多禄廪;为其求在外而欲其内也,置之京师。而如其在外之求,顾某之私不得尽闻于上⑥,是以所怀龃龉而有不得也。今敢尽以闻于朝廷,而又私布于执事矣。伏惟执事察其身之疾而从之尽其才,怜其亲之欲而养之尽其性,以完朝廷宽裕广大之政,而无使《裳裳者华》、《鱼藻》之诗作于时,则非独于某为幸甚!

[注释]①侏儒籧篨戚施之人:指身体有残疾之人。侏儒,矮人。籧篨,能仰不能俯之人,或指鸡胸。戚施,能俯不能仰之人,当即佝偻。 ②养之:指使之生息繁殖。 ③语出《诗经·小雅·裳裳者华》。 ④语出《诗经·小雅·鱼藻》,意谓鱼在水草,依于蒲沼;王在镐京,居处安宁。那(nuó),那然,安逸之貌。 ⑤可:允许。 ⑥私:私心所求。

上欧阳永叔书①

今日造门,幸得接余论,以坐有客,不得毕所欲言。某所以不愿试职者,向时则有婚嫁葬送之故,势不能久处京师。所图甫毕,而二兄一嫂,相继丧亡,于今窘迫之势,比之向时为甚。若万一幸被馆阁之选,则于法当留一年。藉令朝廷怜闵,不及一年即与之外任,则人之多言,亦甚可畏。若朝廷必复召试,某以必以私急固辞,窃度宽政必蒙矜允。然召旨既下，比及辞而得请，则所求外补又当迁延矣。亲老口众，寄食于官舟而不得躬养②，于今已数月矣。早得所欲，以纾家之急，此亦仁人宜有以相之也③。翰林虽尝被旨与某试④，然某之到京师，非诸公所当知。以今之体，须某自言或有司以报⑤，乃当施行前命耳。万一理当施行，遽为罢之，于公义亦似未有害。某私计为得⑥，窃计明公当不惜此⑦。区区之意，不可以尽，唯仁明怜察而听从之。

[注释]①欧阳永叔：即欧阳修。按：此篇原有四书，今录其第一书。②寄食于官舟：此指嘉祐二年(1057)王安石将由三司群牧判官出知常州，已备船置办赴职事务。　③相：察。　④翰林：指学士院。时欧阳修为翰林学士。被旨与某试：奉诏给某(王安石自称)考试馆职。　⑤自言或有司以报：意指自奏愿意就试且政府有关机构给以答复。　⑥私计为得：意谓个人的请求将可以得到批准。　⑦不惜此：不为自己不试馆职而惋惜。

与刘原父书①

辱手教勤勤，尤感愧，伏承动止万福，又良慰也。河役之罢②，以转运赋功本狭③，与雨淫不止，督役者以病告④，故止耳。昔梁王堕马，贾生悲哀⑤；泔鱼伤人，曾子涕泣⑥。今劳人费财于前，而利不遂于后，此某所以愧恨无穷也。若夫事求遂，功求成，而不量天时人力之可否，此某所不能，则论某者之纷纷，岂敢怨哉？阁下乃以初不能无意为有憾⑦，此非某之所敢闻也。方今万事所以难合而易坏，常以诸贤无意耳。如鄙宗夷甫辈⑧，稍稍骛于世矣⑨；仁圣在上，故公家元海未敢跋扈耳⑩。阁下论为世师,此虽戏言,愿勿广也。前月被使江东,朝夕当走左右,自余须面请。

[注释]①刘原父:即刘敞(1019—1068)。字原父,历知州、安抚使、纠察在京刑狱等职,长于《春秋》学与《汉书》学。 ②河役:史载王安石在常州,征调民役修运河,以是秋大霖雨而罢。事见《宋史·司马旦传》。 ③转运赋功:指赋役征调的效率。 ④病:有弊端。 ⑤《史记·屈原贾生列传》记载汉文帝少子梁怀王刘揖堕马死,怀王太傅贾谊自伤为傅无状,哭泣岁余亦死。 ⑥《荀子·大略》记载曾子食鱼有剩余,令人浸泡于米水中,其门人以为那样再吃会伤人,曾子因此怕别人误会他有异心而泣涕。 ⑦初不能无意:意指王安石兴河役别有打算。 ⑧鄙宗夷甫:指与王安石同姓的西晋大臣王衍(256—311)。衍字夷甫,官至尚书令、太尉,以清谈误国,后为前赵石勒所害。按:刘敞因王安石治河不成,曾致书王安石戏言:"要当如宗人夷甫,不与世事可也。"故王安石有此回答。 ⑨鹜于世:追求用世。 ⑩公家元海:指与刘敞同姓的北朝汉政权创建者刘渊(?—310)。渊字符海,匈奴后裔,乘西晋八王之乱而建国。按:刘敞以"夷甫"讥介甫,故王安石亦以"元海"讥"原父"(元、原字通)。

与王逢原书①

某顿首逢原足下:比得足下于客食中,窘窘相造谢。不能取一日之闲,以与足下极所欲语者,而舟即东矣。间阅足下之诗,切有疑焉,不敢不以告。

足下诗有叹苍生泪垂之说。夫君子之于学也,固有志于天下矣。然先吾身而后吾人,吾身治矣,而人之治不治,系吾得志与否耳。身犹属于命,天下之治其可以不属于命乎?孔子曰:"不知命,无以为君子。"又曰:"道之将行也欤,命也;道之将废也欤,命也。"②孔子之说如此,而或以为君子之学汲汲以忧世者惑也。惑于此,而进退之行不得于孔子者有之矣,故有孔不暇暖席之说③。吾独以圣人之心未始有忧。有难予者曰:然则圣人忘天下矣。曰:是不忘天下也。《否》之《象》曰:"君子以俭德避难,不可荣以禄。"《初六》曰:"拔茅茹,以其汇,贞吉。"《象》曰:"拔茅,贞吉,志在君也。""在君"者,不忘天下者也。"不可荣以禄"者,知命也。吾虽不忘天下,而命不可必合,忧之其能合乎?《易》曰:"遁世无闷。"乐天知命是也。《诗》三百,如《柏舟》、《北门》之类,有忧也。然仕于其时,而不得其志,不得以不忧也。仕不在于天下国家,与夫不仕者未始有忧,《君子阳阳》、《考盘》之类是也。借有忧者,不能夺圣人不忧之说。孟子曰伊尹视天下匹夫匹妇有不被其泽者,"若己推而纳之沟中",可谓忧天下也;然汤聘之,犹嚣嚣然曰我处畎亩之间,"以乐尧、舜之道"④。岂如彼所谓忧天下者,仆仆自枉而幸售其道哉?又论禹、稷、颜回同道,曰"乡邻有斗者,被发缨冠而救之则惑也"⑤。今穷于下,而曰我忧天下,至于恸哭者,无乃近救乡邻之事乎?孔子所以极其说于知命不忧者,欲人知治乱有命,而进不可以苟,则先王之道得伸也。世有能谕知命之说而不能重进退者有矣,由"知及之,仁不能守之"也⑥。

始得足下文,特爱足下之才耳。既而见足下衣刓屦缺⑦,坐而语,未尝及己之穷;退而询,足下终岁食不荤,不以丝忽妄售于人。世之自立如足下者有几?吾以谓"知及之,仁又能守之",故以某之所学报足下。

[注释]①此书原有七首,今只选第一首。 ②此处引语分见《论语·尧

曰》及《宪问》。　③韩愈《争臣论》:"孔席不暇暖,而墨突(烟囱)不得黔(黑)。"　④此处括述《孟子·万章上》之语。　⑤此语见《孟子·离娄下》。　⑥引语出《论语·卫灵公》。　⑦衣刓(wán)屦(jù)缺:衣服鞋子破败,指极贫穷。

上杜学士言开河书①

十月十日,谨再拜奉书运使学士阁下:某愚不更事物之变,备官节下,以身得察于左右,事可施设,不敢因循苟简,以孤大君子推引之意,亦其职宜也。鄞之地邑,跨负江海,水有所去,故人无水忧。而深山长谷之水四面而出,沟渠浍川,十百相通。长老言钱氏时②,置营田吏卒,岁浚治之,人无旱忧,恃以丰足。营田之废六七十年,吏者因循,而民力不能自并,向之渠川稍稍浅塞,山谷之水转以入海而无所潴③。幸而雨泽时至,田犹不足于水,方夏历旬不雨,则众川之涸可立而须。故今之邑民最独畏旱,而旱辄连年,是皆人力不至,而非岁之咎也。某为县于此,幸岁大穰④,以为宜乘人之有余,及其暇时,大浚治川渠,使有所潴,可以无不足水之患。而无老壮稚少,亦皆惩旱之数,而幸今之有余力,闻之翕然,皆劝趋之,无敢爱力。夫小人可与乐成,难与虑始,诚有大利,犹将强之,况其所愿欲哉?窃以为此亦执事之所欲闻也。伏惟执事聪明辨智,天下之事悉已讲而明之矣,而又导利去害汲汲若不足。夫此最长民之吏当致意者,故辄具以闻州。州既具以闻执事矣,顾其厝事之详⑤,尚不得彻⑥,辄复条件以闻。唯执事少留聪明,有所未安,教而勿诛,幸甚!

[注释]①杜学士:即杜杞(1005—1050)。字伟长,强敏有才,历官两浙、河北转运使,拜天章阁待制、环庆路经略安抚使。 ②钱氏时:指五代吴越政权统治时期。 ③潴(zhū):积聚。 ④大穰(ráng):丰收。 ⑤厝(cuò):通"措",处置。 ⑥彻:通达详说。

答段缝书①

段君足下:某在京师时,尝为足下道曾巩善属文,未尝及其为人也。还江南,始熟而慕焉友之,又作文粗道其行。惠书以所闻诋巩行无纤完②,其居家亲友惴畏焉③,怪某无文字规巩④,见谓有党⑤。果哉,足下之言也?巩固不然。

[注释]①段缝:"缝"原作"逢",误,据《宋文鉴》卷一百一十六及明嘉靖本《临川集》改。载籍所引皆作"缝"。缝字约之,居金陵,与王安石游,意不相协。历知军、知州,对熙宁新法多持异议,元祐初以朝散大夫提举宫观。 ②行无纤完:德行无细小完美可称之处。 ③惴畏焉:惴惴而畏之。 ④规:规劝。 ⑤见谓有党:被认为对他有袒护。

巩文学论议,在某交游中不见可敌。其心勇于适道①,殆不可以刑祸利禄动也。父在困厄中②,左右就养无亏行③,家事铢发以上皆亲之④。父亦爱之甚,尝曰:"吾宗敝,所赖者此儿耳。"此某之所见也。若足下所闻,非某之所见也。巩在京师,避兄而舍⑤,此虽某亦罪之也,宜足下深攻之也。于罪之中,有足矜者⑥,顾不可以书传也⑦。事固有迹⑧,然而情不至是者⑨,如不循其情而诛焉⑩,则谁不可诛邪?巩之迹固然邪?然巩为人弟,于此不得无过。但在京师时未深接之,还江南又既往不可咎,未尝以此规之也。巩果于从事,少许可,时时出于中道⑪,此则还江南时尝规之矣,巩闻之辄瞿然⑫。巩固有以教某也,其作《怀友书》两通,一自藏,一纳某家,皇皇焉求相切劘以免于悔者略见矣⑬。尝谓友朋过差,未可以绝,固且规之⑭;规之从则已,固且为文字自著见然后已邪?则未尝也⑮。凡巩之行如前之云,其既往之过亦如前之云而已,岂不得为贤者哉?

[注释]①适道:之道、至于道,犹言学而进于道。《论语·子罕》:"可与共学,未可与适道;可与适道,未可与立;可与立,未可与权。" ②父:曾巩之父曾易占(989—1047),字不疑,天圣二年(1024)进士。历太常博士,屡为县令,以刚正不阿,景祐中遭诬陷被除名编管,家居十二年而卒。 ③左右就养:陪伴左右照料。 ④铢发以上:指大大小小的事。铢发,铢两毫发,代指小事。亲:亲为。 ⑤兄:指曾晔,曾巩之兄。字叔茂,皇祐五年(1053)试进士不中,得疾归而卒,年四十五。 ⑥矜:同情,理解。 ⑦不可以书传:不可在书信中说。 ⑧迹:踪迹,影象。 ⑨情不至是:真相不至于如此(像所传的那样)。 ⑩诛:指责。 ⑪出于中道:脱离中和之道。按:曾巩为人多傲忽,故王安石有此言。 ⑫瞿然:警戒之貌。 ⑬皇皇焉:惶恐不安之貌。切劘(mó):切磋(以求改正)。 ⑭固且:同"姑且"。 ⑮此处"规之"下意思说:当面规劝他听从也就完了,是不是姑且写成文字表明自己曾规劝他才算完呢?那我是没有这样做过的。按:此就本书开头的"怪某无文字规巩"言之。

天下愚者众而贤者希,愚者固忌贤者,贤者又自守不与愚者合,愚者加怨焉。挟忌怨之心,则无之焉而不谤①;君子之过于听者②,又传而广之,故贤者常多谤,其困于下者尤甚。势不足以动俗,名实未加于民③,愚者易以谤,谤易以传也。凡道巩之云云者,固忌、固怨、固过于听者也④。足下乃欲引忌者、怨者、过于听者之言,县断贤者之是非⑤,甚不然也。孔子曰:"众好之,必察焉;众恶之,必察焉。"⑥孟子曰:"国人皆曰可杀,未可也。见可杀焉,然后杀之。"⑦匡章,通国以为不孝,孟子独礼貌之⑧。孔、孟所以为孔、孟者,为其善自守,不惑于众人也。如惑于众人,亦众人耳,乌在其为孔、孟也?足下姑自重,毋轻议巩。

[注释]①无之焉而不谤:意指对他人任何行为都无不加以诽谤。 ②过于听:误听传言。 ③名实:指功业。 ④此处"过于听者也"下,《宋文鉴》卷一百一十六、《崇古文诀》卷二十及《文章辨体汇选》卷二百二十八所引有"家兄未尝亲巩也,顾亦过于听耳"十三字。按:疑此原为注字,意指曾巩与其兄关系不好,坊间亦有误传。 ⑤县断:同"悬断",评价。 ⑥语出《论语·卫灵公》。 ⑦语出《孟子·梁惠王下》。 ⑧匡章事见《孟子·离娄下》。按:《宋文鉴》于"礼貌之"下有"以为孝"三字。

答姚辟书①

姚君足下:别足下三年于兹,一旦犯大寒,绝不测之江②,亲屈来门,出所为文书,与谒并入③,若见贵者然。始惊以疑,卒观文书,词盛气豪,于理悖焉者希④。间而论众经,有所开发⑤,私独喜故旧之不予遗,而朋友之足望也⑥。今冠衣而名进士者,用万千计,蹈道者有焉⑦,蹈利者有焉。蹈利者则否⑧,蹈道者则未免离章绝句,解名释数,遽然自以圣人之术单此者有焉⑨。夫圣人之术修其身、治天下国家,在于安危治乱,不在章句名数焉而已;而曰圣人之术单此者,皆守经而不苟世者也⑩。守经而不苟世,其于道也几⑪,其去蹈利者则缅然矣⑫。观足下固已几于道,姑汲汲乎其可急于章句名数乎?徐徐之⑬,则古之蹈道者,将无以出足下上。足下以为何如?

[注释]①姚辟:字子张,金坛(今属江苏)人。早年从欧阳公修问学,又以独究心经学,与王安石往来讨论。皇祐元年(1049)举进士,授项城县令,擢通州通判卒。　②绝:渡。　③谒:拜访时通姓名的名帖。　④希:同"稀",少。　⑤开发:启发。　⑥"故旧"下谓不忘记我为故旧,足以期待为知交朋友。　⑦蹈道:践履正道(圣人之道)。　⑧否:意指非正道。　⑨单:通"殚",尽。　⑩不苟世:不苟且用于世。　⑪几(jī):近。　⑫缅然:遥远之貌。　⑬徐徐之:意指不急于章句之学而趋向通经致用。

与祖择之书①

治教政令,圣人之所谓文也②;书之策③,引而被之天下之民,一也。圣人之于道也,盖心得之,作而为治教政令也,则有本末先后,权势制义而一之于极④;其书之策也,则道其然而已矣。彼陋者不然,一适焉,一否焉,非流焉则泥,非过焉则不至⑤;甚者置其本,求之末,当后者,反先之,无一焉不悖于极⑥。彼其于道也,非心得之也;其书之策也,独能不悖耶?故书之策而善,引而被之天下之民反不善焉无矣⑦。二帝三王,引而被之天下之民而善者也;孔子、孟子,书之策而善者也。皆圣人也,易地则皆然⑧。

某生十二年而学,学十四年矣,圣人之所谓文者,私有意焉,书之策则未也。间或悱然⑨,动于事而出于词,以警戒其躬若施于友朋⑩,褊迫陋庳,非敢谓之文也。乃者执事欲收而教之使献焉⑪,虽自知明,敢自盖邪⑫?谨书所为《书序》、《原说》若干篇,因叙所闻与所志献左右,惟赐览观焉。

[注释]①祖择之:即祖无择(1006—1085)。字择之,历权知开封府、秘书监等职,加官至集贤院学士。　②文:指成文法。　③策:同"册",典册。此指文章或著述。　④权势制义:权衡形势,制定规章义理。极:法则,准则。　⑤此全句意指浅陋者治学作文,一会儿要适道,一会儿又不适道,不是流于空泛就是牵于拘泥,不是过于中道就是不及于中道。适,归从。　⑥悖:乖违。　⑦无:指无书册所称之善。　⑧易地:指二帝三王与孔、孟地位不同。　⑨悱(fěi)然:语塞貌,想说而说不出。此指欲有所著述,而谦称有待启迪,即《论语·述而》"不愤不启,不悱不发"之意。　⑩躬:自身。若:或。　⑪乃者:往日。收:收列门下。　⑫盖:藏。

免参政上两府启①

忽奉明缗②,俾参大政,蒙恩则厚,抚己不遑③。切以圣明之时,尤艰辅弼之任,置人或误,累上非轻。内揆拙疏,仰惭优渥,虽已陈情而恳避,犹疑涣汗之难回④,敢竭吝衷⑤,更烦公议。伏惟某官,望隆熙世⑥,谋协睿聪⑦,傥矜一介之诚,愿借半辞之助⑧,使安常分,无忝盛时⑨,亦所以正选用之缪恩⑩,不独荷保全之私惠。

[注释]①两府:中书门下和枢密院。　②明缗:同"明纶",指皇帝诏书。　③抚己:自问,自省。　④涣汗:指帝王号令。典出《周易·涣》卦象辞"涣汗其大号"。　⑤吝衷:自惜之衷心,言真实意愿。　⑥望隆熙世:企盼美好世道更盛。　⑦睿聪:喻指皇帝之圣明。　⑧半辞:一言半语。　⑨忝

(tiǎn)：辱。　⑩缪：通"谬"。

罢相出镇回谢启

比奉制恩①，许还宰柄。妨贤废事，但淹历于岁时②；辞剧就安③，更叨逾于宠数④。受方国蕃宣之寄⑤，兼将相威仪之多，在于无功，是谓叨宠。此盖留守太师忠能与善⑥，美务成人，顾惟疲曳之余⑦，每赖推扬之助。得纡符绂⑧，归贲丘园⑨，仰玷宠光之私⑩，实逾分愿之素⑪。

[注释]①制：制书。处理国家大事的皇帝诏旨文书。　②淹历：迟滞。　③辞剧：指辞去事务繁剧的相职。　④更叨逾于宠数：意指罢相后更冒承超过本分的荣宠恩数。　⑤蕃宣：同"藩垣"，藩镇，指王安石罢相后出镇江宁。　⑥留守太师：疑指文彦博。熙宁七年(1074)，文彦博以河东节度使检校太师守司徒兼侍中判大名府。　⑦疲曳：衰老疲困。　⑧纡：系。符绂：官印。绂(fú)，系印丝绳。　⑨归贲丘园：隐退之意。典出《周易·贲》卦象辞"贲于丘园"。　⑩玷：玷污。宠光之私：指皇上对自己的恩遇。　⑪分愿之素：平素的名分愿望。

除宰相上两府大王免启二①

伏奉制命特授云云，纶綍之言布宣于朝廷②，钧衡之任总率于臣工③，必收特出之才，乃称具瞻之实④。某叨尘事任，参豫政机，虽有许国之愚忠，初无济时之明效，久思自弛，以免庶尤。敢图眷注之私，更置辨章之地⑤，方蒙曲谕，未获终辞。伏望某官深亮恳诚⑥，俯垂怜恻，少借半辞之助，以纾旷责之惭。

二

窃以钧衡之任,实总于百工⑦,苟非经济之材,曷熙于庶绩⑧!某曩叨柄用,已乏事功,方追虚责之尤,岂称具瞻之实!敢图隆眷⑨,未获固辞。伏惟某官仁以曲成,义惟兼济,愿借重言之助⑩,庶逃虚授之惭。

[注释]①大王:指皇室诸王。免启:请求免去新命相职的书札。 ②纶綍(fú):指皇帝诏书。 ③钧衡之任:指宰相职任。 ④具瞻:为众人所瞻望。代指宰辅重臣。 ⑤辨章:同"平章"。唐以后以同中书门下平章事为宰相职名。 ⑥亮:通"谅",理解。 ⑦百工:百官。 ⑧曷:通"何"。熙:振兴。庶绩:各项事功。 ⑨隆眷:深厚的眷顾。 ⑩重言:为世人所重之言。

辛集　记、序

虔州学记

　　虔州江南地最旷①,大山长谷,荒翳险阻②,交、广、闽越铜盐之贩道所出入,椎埋盗夺、鼓铸之奸视天下为多③。庆历中,尝诏立学州县,虔亦应诏,而卑陋褊迫,不足为美观。州人欲合私财迁而大之久矣,然吏常力屈于听狱而不暇顾此。凡二十一年,而后改筑于州所治之东南,以从州人之愿。盖经始于治平元年二月,提点刑狱宋城蔡侯行州事之时④;而考之以十月者⑤,知州事钱塘元侯也⑥。二侯皆天下所谓才吏,故其就此不劳,而斋祠讲说、侯望宿息以至庖湢⑦,莫不有所;又斥余财市田及书,以待学者。内外完善矣,于是州人相与乐二侯之适己⑧,而来请文以记其成。

[注释]①虔州:即今江西赣州,宋代属江南西路。按:"州"字,《唐宋八大家文钞》及《江南通志》、《宋文选》皆引作"于"。　②荒翳:荒凉隐蔽。　③椎埋盗夺:杀人抢劫。鼓铸:采矿冶炼。　④蔡侯:指蔡挺(1014—1079)。字

子正,应天宋城(今河南商丘)人,官至枢密副使。 ⑤考:成,建成。 ⑥元侯:指元积中。字子发,钱塘(今浙江杭州)人,屡历知州,元丰中官至祠部员外郎直龙图阁。 ⑦斋祠讲说:祭祀与讲学。侯望:指官吏与士大夫。庀湢(bì):炊饮与洗浴。 ⑧乐二侯之适己:喜二官长来本地为官。

余闻之也,先王所谓道德者,性命之理而已。其度数在乎俎豆、钟鼓、管弦之间①,而常患乎难知,故为之官师、为之学,以聚天下之士,期命辩说、诵歌、弦舞,使之深知其意。夫士,牧民者也。牧知地之所在,则彼不知者驱之尔②;然士学而不知,知而不行,行而不至,则奈何?先王于是乎有政矣。夫政,非为劝沮而已也③,然亦所以为劝沮。故举其学之成者以为卿大夫,其次虽未成而不害其能至者以为士,此舜所谓庸之者也;若夫道隆而德骏者,又不止此,虽天子北面而问焉,而与之迭为宾主,此舜所谓承之者也;蔽陷畔逃④,不可与有言,则挞之以诲其过,书之以识其恶,待之以岁月之久而终不化,则放弃杀戮之,刑随其后,此舜所谓威之者也⑤。盖其教法,德则异之以智仁圣义忠和⑥,行则同之以孝友睦姻任恤⑦,艺则尽之以礼乐射御书数;淫言诐行诡怪之术不足以辅世,则无所容乎其时。而诸侯之所以教,一皆听于天子,天子命之矣,然后兴学。命之历数,所以时其迟速⑧;命之权量,所以节其丰杀⑨。命不在是,则上之人不以教,而为学者不道也。士之奔走、揖让、酬酢、笑语、升降出入乎此,则无非教者。高可以至于命,其下亦不失为人用;其流及乎既衰矣,尚可以鼓舞群众,使有以异于后世之人。故当是时,妇人之所能言,童子之所可知,有后世老师宿儒之所惑而不悟者也;武夫之所道,鄙人之所守,有后世豪杰名士之所惮而愧之者也。尧、舜、三代,从容无为,同四海于一堂之上,而流风余俗,咏叹之不息⑩,凡以此也。

[注释]①度数:伦理法度。句意谓纲常伦理体现于祭祀与礼乐制度。俎豆,泛指祭器。 ②"牧知"句意谓:放牧要知道牧地之所在,若不知道,则驱赶牲畜去寻找牧地。 ③劝沮:鼓励与抑制。 ④蔽陷畔逃:指偏蔽陷于非礼,言行叛离正道。畔,同"叛"。 ⑤以上三分句的舜所谓"庸"、"承"、"威",本于《尚书·益稷》篇的下列文字:"予违汝弼,汝无面从,退有后言。钦四邻!庶顽谗说,若不在时(是),侯以明之,挞以记之,书用识哉,欲并生哉!工以纳言,时而飏之,格则承之、庸之,否则威之。"大意谓臣僚敬职者则用之,能以道辅佐者则承之,不从教及不改悔者则威之。庸,同"用"。承,从而进用之。威,罚。 ⑥异:区分。智仁圣义忠和:《周礼·地官·大司徒》称之为"六德",皆为具体的道德名目。 ⑦孝友睦姻任恤:《周礼·地官·大司徒》称之指为"六行",皆为具体的行为标准,包括孝亲、收族、和邻、睦姻、信任朋友、抚恤族人等,与"六德"互补。任,信。 ⑧历数:指教学的程序。时其迟速:使之循序渐进而有时。 ⑨权量:权衡其掌握程度。节其丰杀:节制其所学知识的多少。丰杀,增多或减少。 ⑩咏叹:赞颂。

周道微,不幸而有秦,君臣莫知屈己以学,而乐于自用。其所建立悖矣,而恶夫非之者,乃烧《诗》、《书》,杀学士,扫除天下之庠序①。然后非之者愈多,而终于不胜,何哉?先王之道德出于性命之理,而性命之理出于人心,《诗》、《书》能循而达之,非能夺其所有而予之以其所无也。经虽亡,出于人心者犹在,则亦安能使人舍己之昭昭,而从我于聋昏哉?然是心非特秦也,当孔子时,既有欲毁乡校者矣②。盖上失其政,人自为义,不务出至善以胜之，而患乎有为之难，则是心非特秦也。墨子区区③，不知失者在此，而发尚同之论④，彼其为愚，亦独何异于秦？

呜呼！道之不一久矣。扬子曰："如将复驾其所说，莫若使诸儒金口而木舌。"⑤盖有意乎辟雍学校之事。善乎其言，虽孔子出，必从之矣。今天子以盛德新即位，庶几能及此乎！今之守吏，实古之诸侯，其异于古者，不在乎设施之不专⑥，而在乎所受于朝廷未有先王之法度；不在乎无所于教⑦，而在乎所以教未有以成士大夫仁义之材。虔虽地旷以远，得所以教，则虽悍昏嚚凶⑧、抵禁触法而不悔者，亦将有以聪明其耳目而善其心，又况乎学问之民⑨？故余为书二侯之绩，因道古今之变及所望乎上者，使归而刻石焉。

[注释]①扫除天下之庠序：指秦时禁止私学。　②毁乡校：《左传》襄公三十一年载郑国子产执政时，有人曾提议撤去乡里学校，子产止之。　③区区：自得之貌。　④尚同：墨家主张"一同天下之义"，"上之所是，亦必是之；上之所非，亦必非之"，又谓"总天下之义，以尚同于天"。王安石以为此种"尚同"与秦王朝的禁私学、灭百家无异。　⑤语出《法言·学行》，意谓若要复传孔子的学说，莫如使诸儒皆成木铎。驾，传。金口而木舌，指木铎，即以木为舌的铜铃。《周礼》载古时宣布政教法令，则使人摇木铎而巡行于道路。《论语·八佾》有"天下之无道也久矣，天将以夫子为木铎"之语，以木铎喻传播者。　⑥设施：指制度举措。　⑦所：场所，指学校而言。　⑧悍昏嚚凶：凶悍愚昧而顽固。　⑨学问之民：指入学受教之民。

桂州新城记①

侬智高反南方②，出入十有二州。十有二州之守吏，或死或不死,而无一人能守其州者,岂其材皆不足欤？盖夫城郭之不设,甲兵之不戒,虽有智勇,犹不能以胜一日之变也。唯天子亦以为任其罪者,不独守吏,故特推恩褒广死节,而一切贷其失职③。于是遂推选士大夫所论以为能者,付之经略,而今尚书户部侍郎余公靖当广西焉④。

[注释]①桂州:即今广西桂林。北宋属广南西路,南宋为静江府治。新城:指桂城在战后新建城墙。按:北宋承平时,为防止有人聚众造反,皆毁去郡县城郭。　②侬智高(1025—1055):北宋时广源州(今广西靖西、田东一带)壮族首领。庆历初建大历国,皇祐四年(1052)举兵反宋,破邕州(今南宁),又沿江而下,攻掠九郡,进围广州,受挫后还军。次年为宋军所镇压,逃入大理,不知所终。　③贷:赦免。　④余公靖:余靖(1000—1064),字安道,皇祐四年受命以知桂州经制广南西路,次年与狄青、孙沔共破侬智高,就迁给事中,留镇广西。后出知广州,官至工部尚书。

寇平之明年,蛮越接和,乃大城桂州,其方六里。其木甓瓦石之材①,以枚数之,至四百万有奇;用人之力,以工数之,至一十余万。凡所以守之具,无一求而有不给者焉。以至和元年八月始作,而以二年之六月成。夫其为役亦大矣,盖公之信于民也久,而费之欲以卫其材②,劳之欲以休其力,以故为是有大费与大劳,而人莫或以为勤也③。古者君臣父子夫妇兄弟朋友之礼失,则夷狄横而窥中国。方是时,中国非无城郭也,卒于陵夷毁顿,陷灭而不救。然则城郭者,先王有之,而非所以恃而为存也;及至喟然觉寤,兴起旧政,则城郭之修也,又尝不敢以为复④。盖有其患而图之无其具,有其具而守之非其人,有其人而治之无其法,能以久存而无败者,皆未之闻也。故文王之兴也，有四夷之难则城于朔方，而以南仲⑤；宣王之起也，有诸侯之患则城于东方，而以仲山甫⑥。此二臣之德协于其君，于为国之本末与其所先后可谓知之矣。虑之以悄悄之劳而发赫赫之名⑦，承之以翼翼之勤而续明明之功⑧，卒所以攘戎夷而中国以全安者，盖其君臣如此，而守卫之有其具也。今余公亦以文武之材，当明天子承平日久，欲补弊立废之时，镇抚一方，修扞其民，其勤于今，与周之有南仲、仲山甫盖等矣，是宜有纪也。故其将吏相与谋而来取文，将刻之城隅而以告后之人焉。至和二年九月丙辰，群牧判官太常博士王某记。

[注释]①甓(pì)：砖。 ②材：明嘉靖刻本及《崇古文诀》卷二十、《事类备要别集》卷四、《续文章正宗》卷十四、《唐宋八大家文钞》卷八十七所引均同此，《宋文鉴》卷七十九、《事类备要后集》卷六十九、《事文类聚外集》卷七、《文编》卷五十五及《(雍正)广西通志》卷一百零六、《渊鉴类函》卷一百零九所引则均作"财"。按："财"可通"材"。 ③勤：劳倦，辛苦。 ④复：明嘉靖刻本及《宋文鉴》、《崇古文诀》、《事类备要别集》、《续文章正宗》、《唐宋八大家文钞》、《(雍正)广西通志》及《文章辨体》卷三十所引均作"后"，而其他载籍亦无作"复"者。疑以"后"为是，犹言迟。 ⑤南仲：其事见《诗经·小雅·出车》："王命南仲，往城于方。出车彭彭，旗旐央央，天子命我，城彼朔方。赫赫南仲，玁狁于襄。"今本《竹书纪年》载为商王帝乙时事："三年，王命南仲西拘昆夷，城朔方。" ⑥仲山甫：其事见《诗经·大雅·烝民》："王命仲山甫，城彼东方。"今本《竹书纪年》载为周宣王七年事："王命樊侯仲山甫城齐。" ⑦悄悄之劳：为国担忧的劳苦。悄悄，忧心貌。按：此句指南仲而言。 ⑧翼翼之勤：谓谨慎勤职。按：此句指仲山甫而言。《大雅·烝民》："仲山甫之德，柔嘉维则，令仪令色，小心翼翼。古训是式，威仪是力，天子是若，明命使赋。"

繁昌县学记①

奠先师先圣于学而无庙,古也;近世之法,庙事孔子而无学。古者自京师至于乡邑皆有学,属其民人相与学道艺其中②,而不可使不知其学之所自,于是乎有释菜奠币之礼③,所以著其不忘。然则事先师先圣者,以有学也;今也无有学,而徒庙事孔子,吾不知其说也。而或者以谓孔子百世师,通天下州邑为之庙,此其所以报且尊荣之。夫圣人与天地同其德,天地之大,万物无可称德,故其祀质而已④,无文也。通州邑庙事之,而可以称圣人之德乎⑤?则古之事先圣,何为而不然也?宋因近世之法而无能改,至今天子始诏天下有州者皆得立学,奠孔子其中,如古之为;而县之学,士满二百人者,亦得为之。而繁昌小邑也,其士少,不能中律⑥。旧虽有孔子庙,而庳下不完;又其门人之像,惟颜子一人而已。今夏君希道太初至⑦,则修而作之,具为子夏、子路十人像;而治其两庑⑧,为生师之居,以待县之学者。以书属其故人临川王某,使记其成之始。夫离上之法,而苟欲为古之所为者无法⑨;流于今俗而思古者,不闻教之所以本,又义之所去也⑩。太初是无变今之法,而不失古之实⑪,其不可以无传也。

[注释]①繁昌:即今安徽繁昌。宋时属江南东路太平州。 ②属(zhǔ):聚。 ③释菜奠币之礼:古代学校入学时举行的祭祀先圣先师的典礼,亦简称"释奠"。释菜,亦作"释采",即布置祭物。释,置。采,物色、物品。奠币,指祭奠时献上丝帛。币,古时指丝织品,作为礼物亦泛指玉器等。 ④

质:质朴。　⑤称(chèn):符合,相当。　⑥中律:合乎规定。　⑦夏君希道:夏希道,字太初,庆历七年(1047)为繁昌县令。《江南通志》卷八十九:"繁昌县儒学在县治西,宋庆历间建于旧县内。"　⑧两庑(wǔ):孔子庙前院落两侧的厢房。　⑨此句意思是:脱离了现在朝廷的规定(指释奠先师先圣于学校而无庙),而姑且欲行古人之所行则无章法可循。　⑩此句意思是:拘泥于时下流俗而企慕古道者,不知教化以何种途径本于先圣先师(指只祀先师先圣于庙而不立学校),则又将失去教化之义。　⑪此处称道夏太初于文庙中办学,使庙与学并存,既合于今法,又不失古道。

芝　阁　记

祥符时,封泰山以文天下之平①,四方以芝来告者万数②,其大吏则天子赐书以宠嘉之,小吏若民辄锡金帛。方是时,希世有力之大臣穷搜而远采③,山农野老攀缘徂枿④,以上至不测之高,下至涧溪壑谷,分崩裂绝,幽穷隐伏⑤,人迹之所不通,往往求焉。而芝出于九州四海之间,盖几于尽矣。至今上即位,谦让不德⑥,自大臣不敢言封禅,诏有司以祥瑞告者皆勿纳。于是神奇之产,销藏委翳于蒿藜榛莽之间⑦,而山农野老不复知其为瑞也。则知因一时之好恶,而能成天下之风俗,况于行先王之治哉?太丘陈君学文而好奇⑧,芝生于庭,能识其为芝,惜其可献而莫售也⑨,故阁于其居之东偏⑩,掇取而藏之。盖其好奇如此。噫!芝,一也,或贵于天子,或贵于士,或辱于凡民,夫岂不以时乎哉?士之有道,固不役志于贵贱⑪,而卒所以贵贱者,何以异哉?此予之所以叹也。皇祐五年十月日记。

[注释]①文:文饰,指宋真宗大中祥符年间以"天书"闹剧及封禅泰山文饰太平。 ②芝:灵芝,古人以为祥瑞之物。 ③希世有力:迎合世俗而有丰厚财力。 ④徂杙(cúyì):通作"狙杙"。本指系猴的小木桩,后被用以指奇险山路上供人攀援的木桩。 ⑤分崩裂绝,幽穷隐伏:指山崩地裂所造成的深峡及极其隐蔽之处。 ⑥谦让不德:自谦无高明的道德,即不自得、不自伐。 ⑦销藏委翳:消散藏匿而萎谢。销,通"消"。委,通"萎"。 ⑧太丘陈君:未详为何人。太丘,今河南永城。 ⑨可献而莫售:指欲献于朝廷,而官府不受,遂不得出手。 ⑩阁:建阁。 ⑪不役志:不用心,无意。

余姚县海塘记①

自云柯而南②,至于某,有堤若干尺,截然令海水之潮汐不得冒其旁田者,知县事谢君为之也③。始,堤之成,谢君以书属予,记其成之始,曰:使来者有考焉,得卒任完之以不隳。谢君者,阳夏人也④,字师厚,景初其名也。其先以文学称天下,而连世为贵人,至君遂以文学世其家。其为县,不以材自负而忽其民之急。方作堤时,岁丁亥十一月也⑤,能亲以身当风霜氛雾之毒,以勉民作而除其菑⑥。又能令其民翕然皆劝趋之,而忘其役之劳,遂不逾时,以有成功。其仁民之心,效见于事如此,亦可以已,而犹自以为未也,又思有以告后之人,令嗣续而完之,以永其存。善夫!仁人长虑却顾⑦,图民之灾如此其至,其不可以无传。而后之君子考其传,得其所以为,其亦不可以无思。而异时予尝以事至余姚,而君过予,与予从容言天下之事。君曰:"道以闳大隐密,圣人之所独鼓万物以然而皆莫知其所以然者⑧,盖有所难知也。其治政教令,施为之详,凡与人共,而尤丁宁以急者⑨,其易知较然者也⑩。通涂川,治田桑,为之堤防沟浍渠川,以御水旱之灾;而兴学校,属其民人相与习礼乐其中,以化服之,此其尤丁宁以急而较然易知者也。"今世吏者,其愚也,固不知所为;而其所谓能者,务出奇为声威以惊世震俗,至或尽其力以事刀笔簿书之间而已,而反以谓古所为尤丁宁以急者吾不暇以为,吾曾为之而曾不足以为之,万有一人为之且不足以名于世而见谓材⑪。嘻,其可叹也!夫为天下国家,且百年而胜残去杀之效则犹未也⑫,其不出于当时⑬,予良以其言为然⑭。既而闻君之为其县,至则为桥于江,治学者以教养县人之子弟,既而又有堤之役,于是又信其言之行而不予欺也。已为之书其堤事,因并书其言终始而存之,以告后之人。庆历八年七月日记。

[注释]①余姚县:今浙江余姚。按:此文为庆历八年(1048)王安石知鄞县时所作。 ②云柯:宋代余姚县乡名。 ③谢君:指谢景初(1020—1084)。字师厚,庆历进士,知余姚县,累官成都府路提点刑狱,熙宁初以反对王安石变法被劾免。《嘉泰会稽志》卷十记在余姚筑堤事云:"东部塘,在县北四十里,庆历中谢景初董役。《海塘》诗云:'五行交相陵,海水不润下。处处坏堤防,白浪高于马。董众完筑塞,跋履率旷野。'自塘以西为长堤。"又云:"余姚海堤,绵亘八乡,其袤百四十里。庆历中县令谢景初治堤事,始筑二万八千尺,王文公安石记之。" ④阳夏:今河南太康。按:谢景初为真宗时知制诰谢绛子,《宋史·谢绛传》云:"谢绛,字希深,其先阳夏人,祖懿文为杭州盐官县令,葬富阳,遂为富阳人。" ⑤丁亥:庆历七年。 ⑥菑(zāi):通"灾"。 ⑦却顾:顾虑,反复考虑。 ⑧独:语助词,犹"唯"。鼓万物:鼓动万物。语出《周易·系辞上》,意谓使万物生生不息。 ⑨丁宁以急者:即叮咛以为急务者。 ⑩易知较然者:即显然易知之事。按:此处复述谢景初之言,大意谓道

虽难知，而施政当具体，注重实行，以关乎百姓切身利益而易知之事为急务。　⑪见谓材：被认为有才能。　⑫胜残去杀：语出《论语·子路》，为感化去刑、以德治民而致太平之意。按：句意指北宋建国百年而尚未达到太平之治。　⑬其不出于当时：指所说"胜残去杀"之效未出现于国力强盛时。　⑭良：甚。按：此句表示赞成谢景初之言，意在指斥当时的吏治不作为。

鄞县经游记

　　庆历七年十一月丁丑，余自县出，属民使浚渠川①，至万灵乡之左界，宿慈福院②。戊寅，升鸡山，观碶工凿石③，遂入育王山，宿广利寺④。雨，不克东。辛巳，下灵岩浮石湫之壑以望海⑤，而谋作斗门于海滨⑥，宿灵岩之旌教院⑦。癸未，至芦江⑧，临决渠之口，转以入于瑞岩之开善院⑨，遂宿。甲申，游天童山，宿景德寺⑩。质明，与其长老瑞新上石⑪，望玲珑岩，须猿吟者久之⑫，而还食寺之西堂，遂行至东吴⑬，具舟以西。质明⑭，泊舟堰下，食大梅山之保福寺庄⑮。过五峰，行十里许，复具舟以西，至小溪以夜中。质明，观新渠及洪水湾⑯，还食普宁院⑰。日下昃，如林村⑱，夜未中，至资寿院⑲。质明，戒桃源、清道二乡之民以其事。凡东西十有四乡，乡之民毕已受事，而余遂归云。

　　[注释]①属(zhǔ)民：指给民众布置疏浚川渠事。　②慈福院：《宝庆四明志》："慈福院县东三十里，旧号盛店保安院，周显德二年(955)建，皇朝治平元年(1064)赐今额。"　③鸡山：《宝庆四明志》："招宝山在县东北八里，一名候涛山，为海控扼。""金鸡山居招宝山外，屹立海中。"碶(qì)工：修水闸的工匠。水闸又称碶闸，其地有枢纽性水闸名大碶头。　④广利寺：《宝庆四明

志》:"阿育王山广利寺县东三十里,晋义熙元年建,梁武帝赐阿育王额,皇朝大中祥符元年赐名广利。" ⑤灵岩:乡名。浮石湫之壑:《宝庆四明志》:"石湫县东南三十里,水源出太白,王荆公《经行记》所谓下灵岩浮石湫之壑是也。" ⑥斗门:水闸。 ⑦旌教院:《延祐四明志》:"华岩禅寺县南四十里,唐广明中知禅师置名云岩,宋大中祥符初赐额名旌教,景定初改今额。" ⑧芦江:村名,属海晏乡。 ⑨瑞岩:山名。开善院:《宝庆四明志》:"开善院县东南九十里,唐景福二年置名瑞岩,皇朝治平二年改今额。" ⑩天童山、景德寺:《宝庆四明志》:"天童山,县东六十里……山前有玲珑岩,石多嵌虚,支径透其绝顶,景象尤胜。""景德寺子城东南二里,旧号鄞江院,唐清泰元年建,皇朝大中祥符元年赐今额。" ⑪瑞新:见前《杂著·书瑞新道人壁》注。 ⑫须:等待。 ⑬东吴:村名,属阳堂乡。 ⑭质明:天刚刚亮。 ⑮保福寺庄:《宝庆四明志》:"大梅山保福院县东南七十里,唐贞元十二年建号北兰院,大中元年改报国仙居院,皇朝大中祥符三年赐今额。" ⑯洪水湾:河湾名,在县西南五十里它山堰下。 ⑰普宁院:《宝庆四明志》:"普宁院县西南五十里,旧号天王院,唐咸通十三年建,皇朝大中祥符三年赐今额。" ⑱林村:村名,在桃源乡。 ⑲资寿院:《宝庆四明志》:"教慈资福寺县西南六十里,唐光化四年建,名广学,皇朝大中祥符元年改名资寿。"

游褒禅山记

褒禅山,亦谓之华山,唐浮图慧褒始舍于其址①,而卒葬之,以故其后名之曰褒禅。今所谓慧空禅院者,褒之庐冢也。距其院东五里,所谓华山洞者,以其乃华山之阳名之也。距洞百余步,有碑仆道,其文漫灭②,独其为文犹可识曰花山。今言华如华实之华者,盖音谬也。

其下平旷,有泉侧出,而记游者甚众③,所谓前洞也。由山以上五六里,有穴窈然④,入之甚寒,问其深,则其好游者不能穷也,谓之后洞。余与四人拥火以入,入之愈深,其进愈难,而其见愈奇。有怠而欲出者,曰:"不出,火且尽。"遂与之俱出。盖予所至,比好游者尚不能十一,然视其左右,来而记之者已少。盖其又深,而其至又加少矣。方是时,予之力尚足以入,火尚足以明也。既其出,则或咎其欲出者,而予亦悔其随之,而不得极夫游之乐也。

于是予有叹焉。古人之观于天地山川、草木虫鱼鸟兽,往往有得,以其求思之深,而无不在也。夫夷以近则游者众⑤,险以远则至者少,而世之奇伟瑰怪、非常之观,常在于险远而人之所罕至焉,故非有志者不能至也。有志矣,不随以止也,然力不足者,亦不能至也;有志与力,而又不随以怠,至于幽暗昏惑而无物以相之⑥,亦不能至也。然力足以至焉,于人为可讥,而在己为有悔;尽吾志也,而不能至者,可以无悔矣,其孰能讥之乎?此予之所得也。

余于仆碑,又以悲夫古书之不存,后世之谬其传而莫能名者,何可胜道也哉!此所以学者不可以不深思,而慎取之也。

四人者,庐陵萧君圭君玉⑦,长乐王回深父,余弟安国平父、安上纯父。至和元年七月某日,临川王某记。

[注释]①慧褒:相传为唐贞观年间僧人,结庐于含山县(今属安徽)东北山麓,寒暑不出,时人莫测。今其山仍名为褒禅山。 ②漫灭:漫漶而字画泯灭。 ③记游者:指刻石或题字以记其游者。 ④窈然:幽深之貌。 ⑤夷:平坦。 ⑥相:助。 ⑦萧君圭君玉:名君圭,字君玉,未详为何人。

慈溪县学记①

天下不可一日而无政教,故学不可一日而亡于天下②。古者井天下之田而党庠遂序③,国学之法立乎其中,乡射饮酒④、春秋合乐⑤、养老劳农⑥、尊贤使能、考艺选言之政⑦,至于受成、献馘、讯囚之事⑧,无不出于学。于此养天下智、仁、圣、义、忠、和之士,以至一偏、一技、一曲之学无所不养⑨。而又取士大夫之材行完洁、而其施设已尝试于位而去者以为之师⑩,释奠释菜以教不忘其学之所自⑪,迁徙逼逐以勉其怠而除其恶⑫,则士朝夕所见所闻,无非所以治天下国家之道。其服习必于仁义,而所学必皆尽其材,一日取以备公卿大夫、百执事之选⑬,则其材行皆已素定。而士之备选者,其设施亦皆素所见闻而已,不待阅习而后能者也⑭。古之在上者,事不虑而尽功⑮,不为而足其要⑯,如此而已。此二帝三王所以治天下国家而立学之本意也。后世无井田之法,而学亦或存或废,大抵所以治天下国家者,不复皆出于学;而学之士群居族处,为师弟子之位者,讲章句、课文字而已⑰。至其陵夷之久⑱,则四方之学者废,而为庙以祀孔子于天下,斫木抟土如浮屠、道士法为王者象⑲,州县吏春秋帅其属释奠于其堂,而学士者或不预焉。盖庙之作出于学废,而近世之法然也。

[**注释**]①慈溪县学:《宝庆四明志·慈溪县志·县学》条:"学旧在县西四十步,皇朝雍熙元年(984)(县)令李昭文建先圣殿居其中,端拱元年(988)

令张颖记;庆历八年(1048)令林肇徙建于县治之东南一里,鄞县宰王公安石记之,贻书招邑之宿学杜醇为诸生师。"慈溪,浙江今县。　②亡:通"无"。　③井天下之田:即天下实行井田制。党庠遂序:即党有庠,遂有序。党、遂,古代居民及行政单位,《周礼·地官·大司徒》谓"五族为党,五党为州",又谓"五鄙为县,五县为遂"。庠、序,学校。　④乡射饮酒:指古代乡射礼、乡饮酒礼,即民间射箭比赛及以尊老敬贤为宗旨的聚会饮酒之礼。　⑤春秋合乐:指春秋两季在国子学举行综合的乐舞演习。《周礼·春官·大司乐》:"以乐舞教国子……以六律、六同、五声、八音、六舞大合乐,以致鬼神。"　⑥劳(lào)农:慰劳农耕有功者。　⑦考艺选言:考核技艺,选拔才士。《礼记·王制》:"命乡论秀士,升之司徒,曰选士。"选言,犹选论。　⑧受成、献馘、讯囚:指天子出兵征伐的定谋及凯旋后的庆功仪式。《礼记·王制》:"天子将出征,类乎上帝,宜乎社,造乎祢,禡于所征之地,受命于祖,受成于学。出征执有罪,反,释奠于学,以讯、馘告。"受成,指决断兵谋。献馘(guó),即献上在战场所断敌人左耳以计战功。讯囚,审讯俘虏。　⑨一偏、一技、一曲之学:皆指片面的技艺或学问。　⑩施设:指谋略才能。试于位而去者:用之为官而去位者。　⑪释奠释菜:见前《繁昌学记》。　⑫迁徙逼逐以勉其怠而除其恶:此括用《礼记·王制》之文。《王制》原文:"命乡简不帅教者以告……不变,命国之右乡简不帅教者移之左,命国之左乡简不帅教者移之右,如初礼;不变,移之郊,如初礼;不变,移之遂,如初礼;不变,屏之远方,终身不齿。"意指对不从教者,先在乡学移其左右之序而使之继续习礼;若其不变,则相继移之于郊学、遂学而仍使之习礼;若依旧不变,则斥逐于化境之外,终身不录用。　⑬百执事:指百官。　⑭阅习:教阅训练。　⑮功:成其功。　⑯足其要:主要措施皆备。　⑰讲章句、课文字:逐句讲解经文而考试文章。指脱离实际而不能致用。　⑱陵夷:衰微。　⑲"斫木抟土"句:指有如佛寺、道庙为王者塑像那样,为孔子制作木质或泥塑的偶像。

今天子即位若干年,颇修法度,而革近世之不然者。当此之时,学稍稍立于天下矣,犹曰州之士满二百人乃得立学,于是慈溪之士不得有学,而为孔子庙如故。庙又坏不治,今刘君在中言于州①,使民出钱,将修而作之,未及为而去②,时庆历某年也。后林君肇至③,则曰:"古之所以为学者,吾不得而见;而法者,吾不可以毋循也。虽然,吾之人民,于此不可以无教。"即因民钱,作孔子庙如今之所云④,而治其四旁,为学舍讲堂其中,帅县之子弟,起先生杜君醇为之师而兴于学⑤。噫,林君其有道者耶! 夫吏者无变今之法,而不失古之实,此有道者之所能也。林君之为,其几于此矣。林君固贤令,而慈溪小邑,无珍产淫货,以来四方游贩之民⑥;田桑之美,有以自足,无水旱之忧也。无游贩之民,故其俗一而不杂;有以自足,故人慎刑而易治。而吾所见,其邑之士亦多,美茂之材易成也。杜君者,越之隐君子,其学行宜为人师者也。夫以小邑得贤令,又得宜为人师者为之师,而以修醇一易治之俗⑦,而进美茂易成之材,虽拘于法、限于势,不得尽如古之所为,吾固信其教化之将行而风俗之成也。夫教化可以美风俗,虽然,必久而后至于善,而今之吏其势不能以久也⑧。吾虽喜且幸其将行,而又忧夫来者之不吾继也,于是本其意以告来者。

[注释]①刘君在中:其事未详。依文意,当是指此时刘在中为慈溪县令,但《宝庆四明志》记载庆历三年(1043)王永昌为县令,而无刘姓者。《江南通志》有政和八年(1118)进士刘在中,字伯正,历官永州录事参军,时代与此不合。 ②去:指去官。 ③林君肇:林肇,字公权,景祐四年(1037)进士,庆历五年为慈溪县令,官至屯田郎中。 ④如今之所:如今址所建。 ⑤杜君醇:《宝庆四明志》:"杜醇,慈溪人,经明行修,不求闻达。庆历中县令林肇一

新乡校,请公为之师,不可,王文公安石再为林作师说以勉之。"时称明州"五先生"之一,特授国子监学录。王安石所作《请杜醇先生入县学书》及再书,见《临川文集》卷七十七,本书未选;另有《悼四明杜醇》一诗,见《临川文集》卷九。　⑥来:通"徕",招徕。　⑦修醇:修治教化而使之醇正。　⑧今之吏其势不能以久:指今之官吏不能久任一地。

《周礼义》序

士弊于俗学久矣,圣上闵焉①,以经术造之②。乃集儒臣,训释厥旨,将播之校学,而臣某实董《周官》。惟道之在政事,其贵贱有位,其后先有序,其多寡有数,其迟数有时③,制而用之存乎法,推而行之存乎人。其人足以任官,其官足以行法,莫盛乎成周之时。其法可施于后世,其文有见于载籍,莫具乎《周官》之书。盖其因习以崇之,庚续以终之④,至于后世无以复加,则岂特文、武、周公之力哉?犹四时之运,阴阳积而成寒暑,非一日也。自周之衰,以至于今,历岁千数百矣,太平之遗迹扫荡几尽,学者所见无复全经。于是时也,乃欲训而发之,臣诚不自揆⑤。然知其难也,以训而发之之为难,则又以知夫立政造事、追而复之之为难。然窃观圣上致法就功,取成于心,训迪在位⑥,有冯有翼⑦,亹亹乎乡六服承德之世矣⑧。以所观乎今,考所学乎古,所谓见而知之者,臣诚不自揆,妄以为庶几焉⑨,故遂昧冒自竭,而忘其材之弗及也。谨列其书为二十有二卷,凡十余万言,上之御府⑩,副在有司,以待制诏颁焉。谨序。

[注释]①闵:通"悯",忧。 ②造之:指造士,即培养人才。 ③数:读作"速"。 ④庚续:同"赓续",持续。 ⑤不自揆:谦称不自量(学问能力之高下)。 ⑥训迪在位:训导启迪在位之人。 ⑦有冯有翼:有依凭和辅佐。冯,同"凭"。翼,辅助。 ⑧亹亹(wěi)乎:,勤勉不倦貌。乡:通"向"。六服承德:语出《尚书·周官》,本指远近诸侯皆承天子恩泽,此以喻太平之治。 ⑨庶几:指差不多可完成训释。 ⑩御府:指皇家藏书处。

《诗义》序

《诗》三百十一篇,其义具存,其辞亡者六篇而已。上既使臣雱训其辞,又命臣某等训其义。书成,以赐太学,布之天下,又使臣某为之序。谨拜手稽首言曰:《诗》上通乎道德,下止乎礼义,放其言之文,君子以兴焉①;循其道之序,圣人以成焉②。然以孔子之门人,赐也、商也,有得于一言,则孔子悦而进之③。盖其说之难明如此,则自周衰以迄于今,泯泯纷纷④,岂不宜哉?伏惟皇帝陛下内德纯茂,则神罔时恫⑤;外行恂达,则四方以无侮⑥。"日就月将,学有缉熙于光明"⑦,则《颂》之所形容,盖有不足道也。微言奥义,既自得之,又命承学之臣训释厥遗⑧,乐与天下共之。顾臣等所闻如爝火焉⑨,岂足以庚日月之余光⑩?姑承明制,代匮而已⑪。《传》曰:"美成在久。"⑫故《棫朴》之作,人以寿考为言,盖将有来者焉,追琢其章,缵圣志而成之也⑬。臣衰且老矣,尚庶几及见之⑭。谨序。

[注释]①"放其"句:意谓《诗经》之言无拘无束而有文采,君子用以起兴而咏志。 ②"循其"句:意谓《诗经》寓义理于歌诗,圣人依循其义理之次序而纂成之。 ③以上谓孔子的门人端木赐(子贡)对于《诗经》的"如切如磋,

如琢如磨",卜商(子夏)对于《诗经》的"巧笑倩兮,美目盼兮,素以为绚兮",各有自己的体会和心得,孔子皆高兴地说"始可与言《诗》",表彰他们的进步。事见《论语·学而》与《八佾》。 ④泯泯纷纷:指历代对于《诗经》文辞义理的理解和训释皆纷然不一。 ⑤内德纯茂:内在的德性纯正茂盛。神罔时恫:语出《诗经·大雅·思齐》,原谓神明对于周文王的德行无所伤痛。时,读作"是"。恫,痛。此喻宋神宗有圣人之型范。 ⑥外行恂达:外在的行为谦谨通达。四方以无侮:语出《诗经·大雅·皇矣》,孔颖达疏:"四方服其德,畏其威,是以无敢侮慢。" ⑦此引文为《诗经·周颂·敬之》诗句,意谓为学要日有所成,月有所行,渐进于美好的境界而光明其德行。缉熙,美好。 ⑧厥遗:其所存留的未训释之处。 ⑨爝(jué)火:小火炬。此以微光喻学识不博。 ⑩庚:通"赓",续。 ⑪代匮:代匮乏之用,犹言权且供取用。 ⑫语出《庄子·人间世》。王雱《南华真经新传》云:"美者充实……充实非一朝之所致,故言在久。" ⑬《棫朴》:《诗经·大雅》篇名。诗中的"周王寿考,遐不作人"句,孔颖达疏以为是"取文王之名以解寿考"的,故王安石于此谓"人以寿考为言",推测诗作者之意大概是有待后人追修雕琢其诗章,按圣人之意再加编纂而成圣人之意。缵,用同"纂"。按:此喻王安石希望后学修改其《诗经新义》以纂成宋神宗圣训之意。 ⑭庶几及见之:指希望生前还能见到纂成神宗圣志。

《书义》序

熙宁二年,臣某以《尚书》入侍,遂与政。而子雱实嗣讲事①,有旨,为之说以献②。八年,下其说太学班焉③。惟虞、夏、商、周之遗文,更秦而几亡④,遭汉而仅存,赖学士大夫诵说,以故不泯,而世主莫或知其可用。天纵皇帝大知⑤,实始操之以验物⑥,考之以决事,又命训其义,兼明天下后世⑦。而臣父子以区区所闻,承乏与荣焉⑧。然言之渊懿而释以浅陋⑨,命之重大而承以轻眇⑩,兹荣也,祇所以为愧欤。谨序。

[注释]①嗣讲事:指继任经筵讲官。 ②为之说:指命编撰训释之书,即后来的《三经新义》。 ③班:颁行。 ④更:通"经",经过。 ⑤知:同"智"。 ⑥验物:验证事物,实指用以指导政治。 ⑦明天下后世:使天下后世明其义。 ⑧与荣:荣幸地参与编撰。 ⑨渊懿:深奥美好,指《尚书》的言论。 ⑩轻眇:轻微,谦称所作不足道。

《熙宁字说》序①

文者,奇偶刚柔杂比以相承,如天地之文,故谓之文。字者,始于一二,而生生至于无穷,如母之字子②,故谓之字。其声之抑扬开塞、合散出入,其形之衡从曲直、邪正上下、内外左右,皆有义,皆本于自然,非人私智所能为也;与夫伏羲八卦,文王六十四,异用而同制,相待而成《易》③。先王以为不可忽,而患天下后世失其法,故三岁一同④。同之者,一道德也⑤。秦烧《诗》、《书》,杀学士,而于是时始变古而为隶⑥。盖天之丧斯文也,不然,则秦何力之能为?余读许慎《说文》,而于书之意时有所悟,因序录其说为二十卷,以与门人所推经义附之。惜乎先王之文缺已久,慎所记不具,又多舛,而以余之浅陋考之,且有所不合。虽然,庸讵非天之将兴斯文也?而以余赞其始⑦,故其教学必自此始。能知此者,则于道德之意已十九矣。

[注释]①《熙宁字说》序:四库本《临川文集》卷八十四卷首小目作"《熙宁字说》序",其正文篇名则无"序"字,今据小目补。《唐宋八大家文钞》等亦

皆有"序"字。　②字：生，生育。　③相待而成《易》：指《易》之卦由卦画组成，其名则用字表示，字、画相互对待而成卦义。　④同：指统一文字的写法。《周礼·秋官大行人》谓"九岁属瞽史，谕书名，听声音"，郑玄注："书名，书文字也。"　⑤一道德：指统一文字的目的在统一社会道德和风俗。　⑥隶：泛指汉以后的通行字体。在王安石看来，秦统一文字为小篆，又由小篆变隶书，已失去古文字字画的意义。　⑦赞其始：明其本始。赞，明。

《新秦集》序

《新秦集》者①，故龙图阁直学士尚书礼部郎中知谏院虢略杨公之文②。公以嘉祐七年四月某日甲子卒官，而外姻开封府推官尚书度支员外郎中山李寿朋廷老治其稿为二十卷③。公讳畋，字乐道，世家新秦④。其先人以忠力智谋为将帅，名闻天下，至公始折节读书，用进士起家。尝提点荆湖北路刑狱，数自击叛蛮有功，得士卒心，故侬智高反时，自丧服中特起之往击。其后为三司副使、天章阁待制、侍读、知制诰，数以言事，有直名，故迁龙图阁直学士知谏院。又数言事，无所顾望，所言有人所不能言者。故其卒，天子录其忠，赙赐之加等⑤，而士大夫知公者为朝廷惜也。公所为文，庄厉谨洁⑥，类其为人。而尤好为诗，其词平易不迫，而能自道其意。读其书，咏其诗，视其平生之大节如此。嗟乎！盖所谓善人之好学而能言者也。

[注释]①《新秦集》：《文献通考》著录为《杨乐道集》，已佚。　②虢略杨公：即杨畋（1007—1062）。字乐道，仁宗天圣末枢密使杨崇勋之孙，《宋史》有传，其历官大致如王安石此序所记。虢略，北宋县名，其地在今河南灵宝市。

③李寿朋(？—1071)：字廷老(一作延老)，官至盐铁副使。　④新秦：亦北宋县名，即今陕西神木。　⑤赗赐：治丧所赐之物。《宋史》本传载其"及卒，家无余赀，特赐黄金二百两"。　⑥庄厉谨洁：庄重严肃，整饬简洁。

《老杜诗后集》序

予考古之诗，尤爱杜甫氏作者。其辞所从出，一莫知穷极，而病未能学也。世所传已多，计尚有遗落，思得其完而观之。然每一篇出自然①，人知非人之所能为，而为之者惟其甫也，辄能辨之。予之令鄞，客有授予古之诗，世所不传者二百余篇。观之，予知非人之所能为，而为之实甫者②。其文与意之著也③，然甫之诗④，其完见于今者，自予得之。世之学者至乎甫，而后为诗不能至⑤，要之不知诗焉尔⑥。呜呼！诗其难，惟有甫哉！自《洗兵马》下序而次之⑦，以示知甫者，且用自发焉⑧。皇祐壬辰五月日，临川王某序。

[注释]①自然：谓之天成。　②实甫者：填补杜甫的诗。　③其文与意之著：这些诗文是为之意度而加以著录的。指纂为《老杜诗后集》。　④然：然则，如此则……　⑤不能至：指不能达到理想境界。　⑥不知诗：不算真正懂得诗。　⑦《洗兵马》：杜甫的七言古诗，作于唐肃宗乾元二年(759)春，写平定安史之乱后期形势，多欣喜愿望之词。　⑧用自发：因而以己意发明之。

《唐百家诗选》序

余与宋次道同为三司判官时①，次道出其家藏唐诗百余编，诿余择其精者②，次道因名曰《百家诗选》。废日力于此,良可悔也。虽然,欲知唐诗者,观此足矣。

[注释]①宋次道:即宋敏求(1019—1079)。字次道,为北宋大藏书家,官至知制诰、判太常寺,卒赠礼部侍郎。 ②诿:委托。《宋文鉴》及《文章辨体汇编》作"委"。精:《宋文鉴》作"佳",《文章辨体汇编》作"嘉",《苕溪渔隐丛话》引《遁斋闲览》作"善"。

《灵谷诗》序

吾州之东南有灵谷者①,江南之名山也。龙蛇之神,虎豹、犀翟之文章②,梗柟豫章、竹箭之材③,皆自山出;而神林鬼冢、魑魅之穴,与夫仙人、释子恢诡之观④,咸附托焉。至其淑灵和清之气,盘礴委积于天地之间⑤,万物之所不能得者,乃属之于人,而处士君实生其址⑥。君姓吴氏,家于山址,豪杰之望临吾一州者,盖五六世,而后处士君出焉。其行孝悌忠信,其能以文学知名于时。惜乎其老矣,不得与夫虎豹、犀翟之文章,梗柟豫章、竹箭之材,俱出而为用于天下,顾藏其神奇,而与龙蛇杂此土以处也。然君浩然有以自养,遨游于山川之间,啸歌讴吟以寓其所好,终身乐之不厌,而有诗数百篇传诵于闾里。他日出《灵谷》三十二篇,以属其甥曰:"为我读而序之。"惟君之所得,盖有伏而不见者,岂特尽于此诗而已。虽然,观其镂刻万物而接之以藻缋⑦,非夫诗人之巧者,亦孰能至于此!

[注释]①《江西通志》卷十抚州府:"灵谷山在府城东南四十里,诸峰连抱如障……其阳属金溪,其阴属临川,山半瀑泉,春夏益壮。"王安石之祖父葬

于此。　②翚翟(huīdí)：五色山鸡和长尾山鸡，旧称"雉"。文章：指兽皮鸟羽的彩色纹理。　③楩柟(piánnán)豫章：古人以为指楷木（俗称黄樱木、水冬瓜树等）、楠木、枕木（类似樟木）、樟木，皆优质木材。柟，即"楠"。章，通"樟"。竹箭：指用以制作箭矢的优质细竹。　④仙人、释子：指道教、佛教。恢谲(jué)：壮丽瑰伟。　⑤盘礴委积：磅礴积聚。　⑥处士君：指王安石的舅父吴蕃(1012—1054)。字彦弼，屡举进士，不第而卒，见《临川文集》卷九十八《金溪吴君墓志铭》。　⑦镂刻：犹言刻画。藻缋：即"藻绘"，藻饰。

送陈升之序①

　　今世所谓良大夫者有之矣，皆曰是宜任大臣之事者。作而任大臣之事②，则上下一失望③，何哉？人之材有小大，而志有远近也。彼其任者小而责之近，则煦煦然仁而有余于仁矣④，孑孑然义而有余于义矣⑤。人见其仁义有余也，则曰是其任者小而责之近，大任将有大此者。然上下俟之云尔⑥，然后作而任大臣之事。作而任大臣之事，宜有大此者焉，然则煦煦然而已矣，孑孑然而已矣，故上下一失望。岂惟失望哉？后日诚有堪大臣之事，其名实炫然于上⑦，上必惩前日之所竦而逆疑焉⑧；暴于下⑨，下必惩前日之所竦而逆疑焉。上下交疑，诚有堪大臣之事者，而莫之或任；幸欲任，则左右小人得引前日之所竦惩之矣。噫！圣人谓知人难，君子恶名之溢于实，为此则奈何？亦精之而已矣⑩。恶之则奈何？亦充之而已矣⑪。知难而不能精之，恶之而不能充之，其亦殆哉！

　　予在扬州，朝之人过焉者，多堪大臣之事，可信而望者，陈升之而已矣。今去官于宿州⑫，予不知复几何时乃一见之也。予知升之作而任大臣之事,固有时矣。煦煦然仁而已矣,孑孑然义而已矣,非予所以望于升之也。

[注释]①陈升之(1011—1079):初名旭,避宋神宗嫌名,以字行,改字旸叔。熙宁初以知枢密院事同制置三司条例司,协助王安石变法,先于王安石为宰相。多智数,后以与王安石小有不合而去职。 ②作:起,起用。 ③一:皆。 ④煦煦然:和乐温暖之貌。喻平易近人。有余于仁:其仁比之常人之仁更多。 ⑤孑孑然:特立出众之貌。 ⑥俟(sì):等待。 ⑦烝然:升进之貌。 ⑧惩:戒,存戒心。逆疑:预先有疑。 ⑨暴:显露。 ⑩精之:指知人用人精审。 ⑪充之:指充实其德行。语本于《孟子·公孙丑下》:"凡有四端于我者,知皆扩而充之矣。……苟能充之,足以保四海;苟不充之,不足以事父母。" ⑫去官于宿州:指庆历中陈升之由通判宿州(今安徽宿州市)徙知汉阳军而去。按:王安石此序作于庆历初,可见陈升之之为人。

送孙正之序①

时然而然,众人也;已然而然,君子也。已然而然,非私己也,圣人之道在焉尔。夫君子有穷苦颠跌,不肯一失诎己以从时者,不以时胜道也。故其得志于君,则变时而之道,若反手然②,彼其术素修而志素定也。时乎杨、墨已不然者,孟轲氏而已;时乎释、老已不然者,韩愈氏而已。如孟、韩者,可谓术素修而志素定也,不以时胜道也。惜也,不得志于君,使真儒之效不白于当世!然其于众人也卓矣。呜呼!予观今之世,圆冠峨如,大裙襜如③,坐而尧言,起而舜趋,不以孟、韩之心为心者,果异众人乎?予官于扬,得友曰孙正之。正之行古之道,又善为古文,予知其能以孟、韩之心为心而不已者也。夫越人之望燕为绝域也,北辕而首之④,苟不已,无不至。孟、韩之道去吾党,岂若越人之望燕哉?以正之之不已,而不至焉,予未之信也。一日得志于吾君,而真儒之效不白于当世,予亦未之信也。正之之兄官于温⑤,奉其亲以行,将从之,先为言以处予⑥,予欲默,安得而默也?庆历二年闰九月十一日。

[注释]①孙正之:即孙侔。初名处,字正之,后改名侔,字少述。简州通判孙及之子,幼随母在扬州,后来先后家于吴兴、丹阳及真州(今江苏仪征)。早年与王安石、曾巩游,名动一时,以其母去世时尚举进士不第,遂不复求仕。客居江淮间,刘敞、韩维等连荐之,皆不受,朝廷授官亦不赴。晚年待宰相王安石仍如布衣交,卒年六十六。 ②反手:翻一下手掌,喻轻易。 ③襜(chān)如:衣帽整齐之貌。 ④北辕:驾车北行。首:面向,向着固定方位进发。 ⑤兄:指孙观,仕至太常博士。 ⑥处予:止于我处。

送胡叔才序

叔才,铜陵大宗①,世以资名②,子弟豪者驰骋渔弋为己事,谨者务多辟田以殖其家。先时,邑之豪子弟有命儒者③,耗其千金之产卒无就④,邑豪以为谚,莫肯命儒者,遇儒冠者皆指目远去,若将浼己然⑤,虽胡氏亦然。独叔才之父母不然,于叔才之幼,捐重币逆良先生教之⑥。既壮可以游,资而遣之,无所靳⑦。居数年,朋试于有司⑧,不合而归,邑人之訾者半⑨,窃笑者半,其父母愈笃不悔,复资而遣之。叔才,纯孝人也,悱然感父母所以教己之笃,追四方才贤,学作文章,思显其身以及其亲。不数年,遂能褒然为材进士⑩,复朋试于有司,不幸复诎于不己知。不予愚而从之游⑪,尝谓予言父母之思⑫,而惭其邑人,不能归。予曰:归也,夫禄与位,庸者所待以为荣者也。彼贤者道㳭于中而襮之以艺⑬,虽无禄与位,其荣者固在也。子之亲,矫群庸而置子于圣贤之途,可谓不贤乎?或訾或笑而终不悔,不贤者能之乎?今而舍道德,而荣禄与位,殆不其然,然则子之所以荣亲而释惭者亦多矣。昔之訾者、窃笑者,固庸者尔,岂子所宜惭哉?姑持予言以归,为父母寿,其亦喜无量,于子何如?因释然寤,治装而归,予即书其所以为父母寿者送之云。

[注释]①铜陵:今安徽铜陵。 ②资:资产。 ③命儒者:聘请儒者为师。 ④无就:无成就。 ⑤浼(měi):污染。 ⑥币:礼物。逆:迎。 ⑦靳(jìn):吝惜。 ⑧朋试:与众人一同应试。 ⑨訾(zī):非毁,说风凉话。 ⑩褎(yòu)然:出众之貌。 ⑪不予愚:不以我为愚。 ⑫谓予言父母之思:为我说对父母的思念。 ⑬道㳭于中而襮之以艺:指道与艺相为表里。㳭(péng),充满。中,心。襮(bó),表。艺,学艺、学业。

参考书目

《临川文集》,《四库全书》本(简称四库本)。
《王文公文集》(龙舒本),上海:上海人民出版社,1974年版。
《临川先生文集》,明嘉靖二十五年(1546)临川令应云鸑重刻本(山东大学图书馆藏,简称应刻本)。
《临川先生文集》,《四部丛刊》影印明嘉靖三十九年(1560)刻本(简称明嘉靖刻本)。
《王临川全集》,清光绪九年(1883)听香馆刻本(简称听香馆本)。
《王临川全集》,清光绪九年(1883)溧阳缪氏小岯山馆刻本(简称缪氏本)。
《临川先生文集》,北京:中华书局,1959年版。
[南宋]吕祖谦编:《宋文鉴》,《四库全书》本。
[南宋]不著撰人:《宋文选》,《四库全书》本。
[南宋]朱熹纂集、李幼武补编:《宋名臣言行录》,《四库全书》本。
[南宋]赵汝愚:《宋名臣奏议》,《四库全书》本。
[南宋]楼昉:《崇古文诀》,《四库全书》本。
[南宋]江少虞:《事实类苑》,《四库全书》本。
[南宋]祝穆撰:《事文类聚》,《四库全书》本。
[南宋]谢维新编:《古今合璧事类备要》,《四库全书》本。

［南宋］真德秀原本、倪澄重编、［明］胡松增订:《续文章正宗》,《四库全书》本。

［南宋］魏齐贤、叶棻辑:《五百家播芳大全文粹》,《四库全书》本。

［明］杨士奇等:《历代名臣奏议》,《四库全书》本。

［明］茅坤编:《唐宋八大家文钞》,《四库全书》本。

［明］贺复征编:《文章辨体汇选》,《四库全书》本。

［明］唐顺之编:《文编》,《四库全书》本。

［清］允禄等编:《御选唐宋文醇》,《四库全书》本。

［清］姚鼐:《古文辞类纂》,上海:上海古籍出版社,1998年版。

［南宋］李壁撰:《王荆公诗注》,《四库全书》本。

［清］沈钦韩:《王荆公诗集注》、《王荆公文集注》,《续修四库全书》本,上海:上海古籍出版社,2002年版。

［清］蔡上翔:《王荆公年谱考略》,北京:中华书局,1959年版。

程元敏:《三经新义辑考汇评》,上海:华东师范大学出版社,2011年版。

李之亮:《王荆公文集笺注》,成都:巴蜀书社,2005年版。

旧题［汉］孔安国传、［唐］孔颖达等疏:《尚书正义》,《十三经注疏》本,北京:中华书局,1980年版。

［南宋］林之奇:《尚书全解》,《四库全书》本。

［西晋］王弼注、［唐］孔颖达等疏:《周易正义》,《十三经注疏》本。

［北宋］耿南仲:《周易新讲义》,《四库全书》本。

［明］叶良佩辑:《周易义丛》,明嘉靖刻本,北京图书馆。

［清］李士鉁撰:《周易注》,上海:上海古籍出版社,2002年版。

［东汉］郑玄笺、［唐］孔颖达等疏:《毛诗正义》,《十三经注疏》本。

［南宋］吕祖谦:《吕氏家塾读诗记》,《四库全书》本。

［南宋］李樗、黄櫄:《毛诗集解》,《四库全书》本。

［东汉］郑玄注、［唐］贾公彦等疏:《周礼正义》,《十三经注疏》本。

〔北宋〕王安石:《周官新义》,《四库全书》本。

〔北宋〕王昭禹:《周礼详解》,《四库全书》本。

〔元〕不著撰人:《周礼集说》,《四库全书》本。

〔东汉〕郑玄注、〔唐〕孔颖达等疏:《礼记正义》,《十三经注疏》本。

〔西晋〕杜预注、〔唐〕孔颖达等疏:《春秋左传正义》,《十三经注疏》本。

〔北宋〕刘敞:《春秋权衡》,《四库全书》本。

〔北宋〕苏辙:《春秋集解》,《四库全书》本。

杨伯峻:《春秋左传注》,北京:中华书局,2009年版。

旧题唐明皇注、〔北宋〕邢昺疏:《孝经注疏》,《四库全书》本。

〔三国吴〕韦昭注:《国语》,上海:上海古籍出版社,2008年版。

〔西汉〕刘向整理:《战国策》,上海:上海古籍出版社,1998年版。

方诗铭:《古本竹书纪年辑证》,上海:上海古籍出版社,2005年版。

王国维:《今本竹书纪年疏证》,《王国维遗书》本,上海:上海古籍出版社,1983年版。

〔西汉〕司马迁:《史记》,《二十五史》影印本,上海:上海古籍出版社、上海书店,1986年版。

〔东汉〕班固:《汉书》,《二十五史》影印本。

〔南朝宋〕范晔:《后汉书》,《二十五史》影印本。

〔西晋〕陈寿:《三国志》,《二十五史》影印本。

〔唐〕魏征等:《隋书》,《二十五史》影印本。

〔唐〕房玄龄等:《晋书》,《二十五史》影印本。

〔唐〕令狐德棻等:《周书》,《二十五史》影印本。

〔五代〕刘昫等:《旧唐书》,《二十五史》影印本。

〔北宋〕欧阳修、宋祁等:《新唐书》,《二十五史》影印本。

〔元〕脱脱等:《宋史》,《二十五史》影印本。

〔北宋〕王偁:《东都事略》,济南:齐鲁书社,2000年版。

［明］陈邦瞻：《宋史纪事本末》，北京：中华书局，1977年版。

［北宋］司马光：《资治通鉴》，上海：上海古籍出版社，1987年版。

［北宋］刘恕：《资治通鉴外纪》，《资治通鉴》附刊本。

［南宋］李焘：《续资治通鉴长编》（附拾补），上海：上海古籍出版社，1985年版。

［南宋］杨仲良：《续资治通鉴长编纪事本末》，北京：北京图书馆出版社，2003年版。

［南宋］李心传：《建炎以来系年要录》，北京：中华书局，1988年版。

［南宋］陈均：《九朝编年备要》，《四库全书》本。

［清］徐乾学等：《资治通鉴后编》，《四库全书》本。

［南宋］陆游：《南唐书》，北京：商务印书馆，1985年版。

［北宋］王溥：《唐会要》，上海：上海古籍出版社，2006年版。

［元］马端临：《文献通考》，北京：中华书局，1986年版。

［北宋］王存等：《元丰九域志》，《四库全书》本。

［南宋］施宿：《嘉泰会稽志》，台北：成文出版社，1983年版。

［南宋］罗浚：《宝庆四明志》，台北：成文出版社，1983年版。

［元］袁桷：《延祐四明志》，台北：成文出版社，1983年版。

［清］赵宏恩等修：《（乾隆）江南通志》，《四库全书》本。

［清］金鉷等修：《（雍正）广西通志》，《四库全书》本。

［北宋］陈祥道：《论语全解》，《四库全书》本。

［清］刘宝楠：《论语正义》，《诸子集成》本，北京：中华书局，1988年版。

［清］焦循：《孟子正义》，《诸子集成》本。

［北宋］王雱等：《道德真经集注》，《道藏》本。

陈鼓应：《老子注译及评价》，北京：中华书局，1984年版。

［北宋］王雱：《南华真经新传》，《道藏》本。

［清］郭庆藩：《庄子集释》，《诸子集成》本。

［清］王先谦:《荀子集解》,《诸子集成》本。
［清］毕沅校:《吕氏春秋》,《诸子集成》本。
陈奇猷:《吕氏春秋新校释》,上海:上海古籍出版社,2002年版。
黎翔凤:《管子校注》,北京:中华书局,2004年版。
蒋礼鸿:《商君书锥指》,北京:中华书局,1986年版。
苏舆:《春秋繁露义证》,北京:中华书局,1992年版。
［西汉］贾谊:《新书》,《四库全书》本。
［西汉］扬雄:《扬子法言》,《四库全书》本。
［东汉］桓谭:《新论》,上海:上海人民出版社,1977年版。
［东汉］王充:《论衡》,《诸子集成》本。
［西晋］皇甫谧:《高士传》,北京:中华书局,1985年版。
［东晋］葛洪:《抱朴子》,《诸子集成》本。
［东晋］葛洪:《神仙传》,北京:中华书局,1991年版。
［南朝宋］刘义庆:《世说新语》,杭州:浙江古籍出版社,1986年版。
王利器:《新语校注》,北京:中华书局,1986年版。
［唐］李善:《文选注》,《四库全书》本。
［唐］马总:《意林》,《四库全书》本。
［清］王照圆:《列仙传校正》,嘉庆十七年(1812)双莲书屋校刊本。
［唐］张说:《张燕公集》,上海:上海古籍出版社,1992年版。
［唐］韩愈:《昌黎先生文集》,上海:上海古籍出版社,1994年版。
［唐］柳宗元:《柳河东集》,《四库全书》本。
［唐］李翱:《李文公集》,上海:上海古籍出版社,1993年版。
［北宋］范仲淹:《范文正奏议》,《四库全书》本。
［北宋］胡宿:《文恭集》,北京:中华书局,1985年版。
［北宋］石介:《徂徕集》,《四库全书》本。
［北宋］李觏:《旴江集》,《四库全书》本。
［北宋］张方平:《乐全集》,《四库全书》本。

［北宋］欧阳修：《文忠集》，《四库全书》本。
［北宋］司马光：《传家集》，《四库全书》本。
［北宋］邵雍：《邵雍集》，北京：中华书局，2010年版。
［北宋］张载：《张子全书》，《四库全书》本。
［北宋］沈括：《梦溪笔谈》，长沙：岳麓书社，2002年版。
［北宋］沈括：《长兴集》，《四库全书》本。
［北宋］程颐、程颢：《二程集》，北京：中华书局，2004年版。
［北宋］苏轼：《东坡全集》，《四库全书》本。
［北宋］黄庭坚：《山谷集》，《四库全书》本。
［北宋］杨时：《龟山集》，《四库全书》本。
［北宋］张舜民：《画墁集》，《四库全书》本。
［北宋］陈师道：《后山谈丛》，《四库全书》本。
［北宋］陈瓘：《尊尧集》，上海：上海古籍出版社，1995年版。
［北宋］不著撰人：《宣和书谱》，《四库全书》本。
［北宋］晁说之：《嵩山文集》，上海：上海书店出版社，1985年版。
［北宋］晁说之：《儒言》，《四库全书》本。
［南宋］叶梦得：《石林诗话》，《四库全书》本。
［南宋］周麟之：《海陵集》，《四库全书》本。
［南宋］章樵增订：《古文苑》，上海：商务印书馆，1937年版。
［南宋］洪迈：《容斋随笔》，《四库全书》本。
［南宋］朱熹：《晦庵集》，《四库全书》本。
［南宋］黎靖德等编：《朱子语类》，北京：中华书局，1986年版。
［南宋］陆九渊：《象山集》，《四库全书》本。
［南宋］陆游：《渭南文集》，《四库全书》本。
［南宋］陆游：《老学庵笔记》，《四库全书》本。
［南宋］魏泰：《东轩笔录》，北京：中华书局，2006年版。
［南宋］佚名：《京口耆旧传》，北京：中华书局，1991年版。

［南宋］姚宽:《西溪丛语》,北京:中华书局,1985年版。
［南宋］谢深甫:《庆元条法事类》,北京:中华书局,2010年版。
［南宋］吕中:《宋大事记讲义》,《四库全书》本。
［南宋］赵昇:《朝野类要》,北京:中华书局,2007年版。
［南宋］胡仔撰:《苕溪渔隐丛话》,《四库全书》本。
［南宋］林希逸:《竹溪鬳斋十一稿续集》,《四库全书》本。
［南宋］倪思:《经锄堂杂志》,长沙:岳麓书社,2005年版。
［南宋］王应麟:《困学纪闻》,《四库全书》本。
［南宋］周密:《齐东野语》,北京:中华书局,1983年版。
［元］陶宗仪等:《说郛三种》,上海:上海古籍出版社,1988年版。
［元］陈汝锜:《甘露园短书》,影印本,济南:齐鲁书社,1997年版。
［清］顾炎武著、黄汝成集释:《日知录集释》,石家庄:花山文艺出版社,1991年版。
［清］朱彝尊:《经义考》,《四库全书》本。
［清］全祖望:《鲒埼亭集》,上海:上海古籍出版社,1995年版。
［清］李绂:《穆堂类稿》,乾隆五年(1740)无怒轩刻本。
［清］阎镇珩辑:《六典通考》,上海:上海古籍出版社,1995年版。
梁启超:《王安石》,北京:东方出版社,2009年版。
邓广铭:《王安石》(修订本),北京:人民出版社,1979年版。
丁传靖:《宋人轶事汇编》,北京:中华书局,1981年版。
孔凡:《苏轼年谱》,北京:中华书局,1998年版。
李剑国:《宋代传奇集》,北京:中华书局,2002年版。
［清］永瑢等:《四库全书总目》,北京:中华书局,1965年版。
［南宋］晁公武:《郡斋读书志》,《四库全书》本。
［南宋］陈振孙:《直斋书录解题》,《四库全书》本。
［东汉］许慎:《说文解字》,北京:中华书局,1963年版。
［三国魏］张揖:《广雅》,《四库全书》本。

［清］张英、王士禛等撰：《御定渊鉴类函》,《四库全书》本。

臧励龢：《中国人名大辞典》,北京：商务印书馆,1998年版。

［元］释般剌密帝译、惟则会解：《大佛顶首楞严经会解》,上海：上海古籍出版社,2011年版。

近期国学读物要目

国学新读本

诗经　梁锡锋　注说
论语　臧知非　注说
尚书　姜建设　注说
国语　曹建国　张玖青　注说
孔子家语　杨朝明　注说
山海经　郑慧生　注说
墨子　苏凤捷　程梅花　注说
孟子　何晓明　周春健　注说
庄子　曹础基　注说
荀子　杨朝明　注说
韩非子　赵沛　注说
孙子兵法　赵国华　注说
楚辞　李中华　邹福清　注说
潜夫论　王健　注说
文心雕龙　戚良德　注说

礼记　杨天宇　注说
老子　曹峰　注说
吕氏春秋　张富祥　注说
商君书　徐莹　注说
战国策　张彦修　注说
淮南子　杨有礼　注说
春秋繁露　曾振宇　注说
世说新语　赵成林　注说
史通　李振宏　注说

周易　龚留柱　注说
新语　李振宏　注说
新书　徐莹　注说
新论　臧知非　注说
说苑　赵国华　范正娥　注说
搜神记　王利锁　注说
颜氏家训　郭宝军　注说

文中子　王路曼　池　桢　注说
潜书　池　桢　王路曼　注说
六祖坛经　姚彬彬　注说
韩愈集　刘真伦　注说
柳宗元集　岳　珍　注说
贞观政要　苏士梅　注说
通书　张文瀚　注说
正蒙　李　峰　注说
王弼集　党圣元　注说
欧阳修集　杨　亮　注说
王安石集　张富祥　李玉诚　注说
容斋随笔　张富祥　注说
论语集注　梁振杰　注说
大学中庸集注　梁振杰　注说
孟子集注　赵庆伟　注说
近思录　路新生　注说
传习录　岳淑珍　注说
焚书　李竞艳　注说
明夷待访录　赵轶峰　注说
闲情偶寄　惠　萍　注说
龚自珍集　曹志敏　注说
校邠庐抗议　刘克辉　戴宁淑　注说
劝学篇　马小泉　注说

百年河大国学旧著新刊
河洛方言诠诂　王广庆　著
三统历表　邵瑞彭　著
中国戏剧概论　卢　前　著
晚明思想史散论　嵇文甫　著
论语新探　赵纪彬　著
天问研究　孙作云　著
汉魏六朝文学史　李嘉言　著
金艺文志　金登科记考　万　曼　著
唐集叙录　万　曼　著
中国文学史新编　张长弓　著
汉碑集释　高　文　著
袁中郎研究　任访秋　著
东夷杂考　李白凤　著
宋会要辑稿考校　王云海　著
长江集新校　李嘉言　著

高适岑参选集　高　文　王刘纯　选著
花间集注　华锺彦　著
庆湖遗老诗集校注　王梦隐　著
曾瑞散曲集校注　李春祥　著
辛弃疾选集　佟培基　选著
汉魏六朝韵谱　于安澜　著
毡推闲话　武慕姚　著
中国救荒史　邓云特　著
红学二百年　李春祥　著
文心雕龙选讲　温绎之　著

于安澜书画学四种
画论丛刊
画史丛书
画品丛书
书学名著选

元典文化丛书
中华第一经——《周易》与中国文化　宋会群　苗雪兰　著
教化百科——《诗经》与中国文化　孙克强　张小平　著
经国治民之典——《周礼》与中国文化　郝铁川　著
哲人的智慧——《老子》与中国文化　高秀昌　龚　力　著
圣人箴言录——《论语》与中国文化　李振宏　著
武学圣典——《孙子兵法》与中国文化　龚留柱　著
亚圣思辨录——《孟子》与中国文化　何晓明　著
逍遥之祖——《庄子》与中国文化　白本松　王利锁　著
外王之学——《荀子》与中国文化　张曙光　著
中国帝王术——《韩非子》与中国文化　王宏斌　著
史家绝唱——《史记》与中国文化　邓鸿光　著
诸经总龟——《春秋》与中国文化　涂文学　周德钧　著
管理宝典——《管子》与中国文化　袁　闯　著
纵横家书——《战国策》与中国文化　张彦修　著
人仙之间——《抱朴子》与中国文化　徐仪明　冷天吉　著
医学圣典——《黄帝内经》与中国文化　王庆宪　梁晓珍　著
礼乐渊薮——《礼记》与中国文化　黄宛峰　著
词章之祖——《楚辞》与中国文化　李中华　著
星学宝典——《历书天官书》与中国文化　郑慧生　著
天人衡中——《春秋繁露》与中国文化　曾振宇　范学辉　著
王政全书——《吕氏春秋》与中国文化　张富祥　著
神话之源——《山海经》与中国文化　高有鹏　孟　芳　著

新道鸿烈——《淮南子》与中国文化　杨有礼　著
史家龟鉴——《史通》与中国文化　曾凡英　著
政事纲纪——《尚书》与中国文化　姜建设　著
春秋弦歌——《左传》与中国文化　龚留柱　著
平民理想——《墨子》与中国文化　苏凤捷　程梅花　著
人伦本原——《孝经》与中国文化　臧知非　著
法典之王——《唐律疏议》与中国文化　徐永康　吉霁光　郑取　著
文论巨典——《文心雕龙》与中国文化　戚良德　著

宋代研究丛书
北宋诗学　张海鸥　著
宋代东京研究　周宝珠　著
宋代地域经济　程民生　著
宋代监察制度　贾玉英　著
宋代官员选任和管理制度　苗书梅　著
宋代地域文化　程民生　著
宋代文学通论　王水照　主编
宋代司法制度　王云海　主编
宋代教育　苗春德　主编
清明上河图与清明上河学　周宝珠　著
宋代文化史　姚瀛艇　主编
黄庭坚与宋代文化　杨庆存　著
宋代交通管理制度研究　曹家齐　著
岳飞和南宋前期政治与军事研究　王曾瑜　著
成圣之道——北宋二程修养工夫论之研究　温伟耀　著
宋代绘画研究　邓乔彬　著

汉语史专书语法研究丛书
《三朝北盟会编》语法研究　刁晏斌　著
《荀子》虚词研究　黄珊　著
《晏子春秋》词类研究　姚振武　著
《聊斋俚曲》语法研究　冯春田　著
《孟子》词类研究　崔立斌　著
《朱子语类辑略》语法研究　吴福祥　著
敦煌变文12种语法研究　吴福祥　著
《吕氏春秋》句法研究　殷国光　著
《尚书》语法论稿　钱宗武　著
《左传》语法研究　何乐士　著
《元典章·刑部》语法研究　李崇兴　祖生利　著
汉语语法史断代专书比较研究　何乐士　著

图书在版编目(CIP)数据

王安石集/张富祥,李玉诚注说. —郑州:河南大学出版社,2015.9

(国学新读本)

ISBN 978-7-5649-2172-9

Ⅰ.①王… Ⅱ.①张… ②李… Ⅲ.①王安石(1021~1086)－文学欣赏 Ⅳ.①I206.2

中国版本图书馆 CIP 数据核字(2015)第 225165 号

责任编辑　胡玲霞
责任校对　何　果
封面设计　马　龙

出　版	河南大学出版社
	地址:郑州市郑东新区商务外环中华大厦 2401 号　邮编:450046
	电话:0371－86059701(营销部)　网址:www.hupress.com
排　版	郑州市今日文教印制有限公司
印　刷	河南新华印刷集团有限公司
版　次	2016 年 10 月第 1 版　印次　2016 年 10 月第 1 次印刷
开　本	650mm×960mm　1/16　印张　22
字　数	276 千字　定价　44.00 元

(本书如有印装质量问题请与河南大学出版社营销部联系调换)